生态养老

主编：蒋洪卫
副主编：雷应朝　曹卓君

华龄出版社
HUALING PRESS

图书在版编目（CIP）数据

生态养老 / 蒋洪卫主编 . -- 北京：华龄出版社，2020.12

ISBN 978-7-5169-1793-0

Ⅰ. ①生…　Ⅱ. ①蒋…　Ⅲ. ①养老—服务业—产业发展—研究—中国　Ⅳ. ① F726.99

中国版本图书馆 CIP 数据核字（2020）第 239239 号

责任编辑　苏　辉　　**责任印制**　李未圻

书　　名	生态养老	**作　　者**	蒋洪卫　主编　雷应朝　曹卓君　副主编
出版发行	华龄出版社 HUALING PRESS		
社　　址	北京市东城区安定门外大街甲 57 号	**邮　　编：**	100011
发　　行	（010）58122255	**传　　真：**	（010）84049572
承　　印	北京建宏印刷有限公司		
版　　次	2021 年 3 月第 1 版	**印　　次**	2022 年 5 月第 2 次印刷
规　　格	787mm × 1092mm	**开　　本**	1/16
印　　张	15.75	**字　　数**	250 千字
书　　号	ISBN 978-7-5169-1793-0		
定　　价：	96.00 元		

主要编撰者简介

蒋洪卫　中国林业与环境促进会副秘书长、中国林业与环境促进会生态养老分会秘书长，中国健康养老产业联盟创始人、秘书长，铜仁学院大健康学院客座教授，太原城市学院名誉教授、太原市养老产业促进会高级顾问，陕西省工商联康养产业商会特邀顾问等；长期从事康养产业的政策理论研究、城市康养规划、康养发展趋势、产业商业模式、项目战略定位等研究工作；多年来，通过实地考察、调研，对国内康养产业发展情况、知名的康养项目以及美国、加拿大、日本等发达国家养老产业的发展有深入的理解，2015 年提出“养老 +”发展理论，参与《三峡（宜昌）康养产业试验区发展规划（2019—2023）》《大同市康养产业发展战略规划（2017—2025）》等城市康养规划的编制，以及《基于北京城市副中心建设的通州区养老服务体系五年规划与三年行动计划》专题报告《北京市通州区养老服务产业研究报告》的编写，主持《生态康养基地评定标准》的具体工作，策划、实施了中国康养大会、中国国际养老产业发展高峰论坛、医养结合国际高峰论坛等行业活动，多年坚持努力推进中国康养产业的生态体系建设。

雷应朝　副研究员，研究生学历，具有与康养产业相关的预防医学、计算机应用、MBA、旅游等知识结构，在攀枝花学院从事教学、科研管理工作长达 20 余年，从事旅游专业教学管理 5 年多，现任攀枝花学院科研处副处长，攀枝花市阳光康养产业技术研究院法人、理事长、院长，四川省康养旅游研究院负责人，四川省文化和旅游厅康养产业专家。发表论文十余篇。

程希平　博士，教授，博士生导师，云南省高校森林康养重点实验室主任。2011 年 3 月毕业于日本国立千叶大学，获博士学位，同年 4 月留校从事博士后研究工作。2014 年获评“云南省高等学校青年骨干教师”，2016 年被授予“全国生态建设突出贡献奖先进个人”称号，2019 年入选“云南省万人计划青年拔尖人才”。云南省地理学会理事、云南省社区林业与农村发展学会副理事长、中国自然资源学会资源地理学专业委员会委员、中国林业教育学会自然教育分会副秘书长、中国生态文明研究与促进会生态旅游分会专家组副秘书长。主要从事森林多功能利用、植物地理等方面的研究，近年来发表论文40余篇，主编著作3部，任副主编、参编出版著作5部，制定行业标准与专利各2部。主持国家自然科学基金项目、国际合作项目各2项，主持省部级项目5项。

曹卓君 中健联盟产业研究中心主任，国际注册管理咨询师（CMC），中国健康养老产业联盟副秘书长，和君咨询业务合伙人，和君集团康养事业部副总经理，和伊养老创始人；受聘担任民政部、发展改革委、财政部、中国残联康复辅助器具社区租赁服务试点评审专家，国家开发银行专家委员会专家，中国养老金融50人论坛特邀研究员。多年来坚持聚焦大健康及养老产业的专业咨询与运营管理，服务中国康养产业重点企业及上市公司百余家，走访项目500余个，对康养产业战略规划、大型医养康养项目规划与实施有丰富的经验，在康养人才团队搭建及培训体系建设方面有多个成功案例。

伍小兰 中国老龄科研中心老龄健康与宜居环境研究所副所长，研究员。全国无障碍环境建设专家委员会委员、中国老年保健协会老年人健康环境专业委员会副主任委员。主要研究领域：老龄健康与宜居环境、老龄公共政策。主持或参与国家社科基金、科技部、民政部、全国老龄办多项重大课题，参与《全面建成小康社会 积极应对人口老龄化》《中国老龄事业发展报告（2013）》《中国老龄产业发展报告（2014）》《老年人长期照料现状调查》《社会服务》《养老院的故事》《北京市居家养老设施状况分析》等多部书籍的写作，参与翻译《老龄理论手册》《照料法和老年人照料服务标准—英国、爱尔兰和澳大利亚》等书籍。组织编写国内首部《中国老年宜居环境发展报告（2015）》和《老年宜居环境建设知识读本》。主持和参与编制完成《城市社区服务站建设标准》《老年养护院建设标准》等多个民政基础设施国家标准。

王羽 日本国立大阪大学建筑与城市设计领域博士，中国建筑设计研究院有限公司适老建筑实验室主任，研究员。现任中国老年保健协会老年人健康环境专业委员会副主任委员兼秘书长，全国社会福利服务标准化技术委员会委员，中国可持续发展研究会人居专业委员会委员，日本人居环境学会委员等；主要研究方向：既有建筑适老化改造技术研究、老年建筑设计规划研究、老年/适老建筑参数实验研究、老年人康复环境研究、建筑部品适老性研究。

严爽 日本宫城学院女子大学教授，日本建筑学会老年人设施小委员会主席，日本建筑学会建筑计划委员会干事，日本医疗福利建筑协会运营委员兼国际委员长。对失智老人的家庭护理环境、老人院护理环境拥有极深的造诣。在关于失智老人的护理环境领域的研究中，获得了日本建筑学会优秀硕士论文奖、论文鼓励奖、日本人类环境学会成就奖。近年开展精神病症患者的治疗和疗养环境、康复环境设计。

陈琳翰 天佑安康养老集团董事长，欧英明德咨询集团、上海和佑养老集团、和佑尊长园品牌创始人，中国房协养老地产与大健康专业委员会专家，当代养老产业研究院专家委员会主任，《中国养老机构标准化作业流程（SOP）》（全套 110 本）主编。

杨闺闺 中健联盟产业研究中心研究员，和君咨询高级咨询师，和君集团康养事业部首席研究员，和伊管理咨询部总监。7 年旅游产业专业规划设计研读，7 年康养产业咨询从业经验，统筹负责多个国家级、多个部委课题研究，负责 50 余个文旅、康养项目的咨询及落地。从规划到设计，从战略到模式，从方案到运营，从管理到落地，全面掌握康养产业运作体系，全程服务康养产业头部品牌的具体项目，以用户逻辑和市场思维精准把控方案的科学性、适用性。

李佳楠 中健联盟产业研究中心研究员，和君咨询高级咨询师，和伊管理总经理助理。聚焦探索社区居家养老服务、老年精神文化生活的政策研究与发展模式，拥有海外教育经历及养老产业从业经历及背景，长期聚焦社区居家养老的专业咨询与运营管理，着重以用户逻辑和市场思维确定方案的思想和逻辑，注重方案的实操性与落地性，有多个康养项目规划与实施的实践经验。

秦婧 中健联盟产业研究中心研究员，国际注册管理咨询师（CMC）、和君咨询高级咨询师，和君集团康养事业部研究员。主要研究领域为康养产业金融市场，对中国养老产业金融现状、发展趋势、金融工具运用有较为深入的研究，连续四年参与养老金融蓝皮书编撰工作，已发布《中国养老金融发展报告（2017—2019）》，撰写并发布多篇养老产业金融、养老上市公司研究等专题报告。

前　言

生态养老是以老年人为主要服务客户群体，充分发挥我国丰富的生态服务价值，践行习近平主席“绿水青山就是金山银山”理论，让绿水青山，通过发展生态养老、养生等服务，成为满足老年人物质文化需求的重要载体，变成“金山银山”。让优良的生态资源，在被保护的前提下，获得更好的收入，从而让更多的人主动保护生态，形成良性的发展循环。生态康养产业是为社会提供生态康养产品和服务的相关业态总和，覆盖面广，产业链长，融合度高，潜力巨大。

生态养老主要依托我国丰富的生态资源（包括森林、草原、湿地，自然保护区、风景名胜区、自然遗产、地质公园，以及沙漠等）以及生态环境、人文资源良好的美丽乡村，开发针对老年人的养老产品和服务。而开发更为广泛的健康养老、健康养生服务，则称为生态康养，森林康养是生态康养的重要组成部分。

2014 年北京国际老龄产业博览会期间，中国健康养老产业联盟主办“2014 新型城镇化与健康养老产业发展高峰论坛”，开始关注新型城镇化进程中健康养老产业发展；2015 年，中国林业与环境促进会、中国健康养老产业联盟共同主办“2015 中国生态养老产业发展高峰论坛”，生态养老作为养老产业新的发展方向，开始被关注和重视，在中国林业与环境促进会的大力支持下，成立了中国林业与环境促进会生态养老分会，旨在推动我国生态养老产业的发展。

为加大生态系统保护力度，统筹森林、草原、湿地监督管理，整合自然保护区、风景名胜区、自然遗产、地质公园等管理职责，2018 年 3 月，党的十三届全国人大一次会议表决通过了关于国务院机构改革方案的决定，组建国家林业和草原局，不再保留国家林业局。2018 年 4 月 10 日，国家林业和草原局揭牌。自 2018 年起，我国生态资源统一由国家林业和草原局管理，更有利于生态养老产业发展。2020 年 3 月 19 日，国家林业和草原局第 3 次局务会决定，将采用“生态旅游”提法统领林草旅游工作，生态养老、生态康养的提法符合国家林业和草原系统依托生态资源，发展养老、康养产业的趋势。

2020年5月17日发布的《中共中央、国务院关于新时代推进西部大开发形成新格局的指导意见》明确提出：“依托风景名胜区、边境旅游试验区等，大力发展旅游休闲、健康养生等服务业，打造区域重要支柱产业。”这是党中央、国务院首次将康养服务业作为区域重要支柱产业发展，我们相信，未来，依托我国丰富的生态资源发展的生态养老、生态康养等产业，将拥有广阔的发展前景。

《生态养老》系统阐述了生态养老的概念和内涵、发展现状以及发展趋势，从生态养老、生态康养相关的主要领域，如森林康养、养老项目的生态环境设计、时下较热的生态养老及生态康养小镇建设进行了介绍，同时结合我国生态养老发展的需求，学习和借鉴日本医养生态环境设计、新西兰退休村商业模式等发展经验，从两个大的方面选取案例进行了主题分析：一个是目前康养产业为城市转型发展服务的方面，在党中央、国务院将康养发展成区域重要的支柱产业精神指导下，以建设康养服务体系、打造康养城市角度，我们选取了中国康养城市排行榜50强中的四川雅安和湖北宜昌两座有代表性的城市，总结了这两座城市康养产业发展以及康养城市的建设经验，供国内其他城市发展康养产业参考和借鉴。另一个是在项目案例方面，我们选取了雅安的世外乡村，再结合国内生态康养产业发展，介绍了阳光康养城市攀枝花普达阳光项目、江苏宜兴九如城项目的发展经验。我们希望总结生态康养城市到生态康养项目的这些发展经验，能为推动生态养老、生态康养产业发展提供实践借鉴，以实际行动践行“绿水青山就是金山银山”的两山理论。

本书的编写，得到了中国林业与环境促进会孟繁志主席、程谦副主席兼秘书长、张鑫副主席和夏荣明书记等领导的关注和支持，也得到了攀枝花市阳光康养产业技术研究院雷应朝院长、西南林业大学地理与生态旅游学院副院长和云南省高校森林康养重点实验室主任程希平教授、国家林业和草原局种苗司森林旅游管理处李奎博士、中国老龄科学研究中心老龄健康与宜居环境研究所副所长伍小兰研究员、中国建筑设计研究院有限公司适老建筑实验室主任王羽研究员、日本建筑学会老人设施委员会主席和日本宫城学院女子大学严爽教授、世外乡村集团陈彬董事长、华夏时报高级记者王晓慧老师、天佑安康养老集团董事长陈琳翰先生等行业专家以及雅安市卫生健康委员会、雅安市中医药管理局、雅安市康养产业发展局、宜昌市商务局等机构的大力支持，感谢标准排名研究院谢良兵院长、中国建筑科学研究院中国建筑技术集团总经济师刘文、北京中展普仁国际展览有限公司副总经理王保亮先生、复旦大学王雪辉博士、中健联盟产业研究中心研究人员、湖北百里荒旅游集团、九如大学九如研究院等对本书的参与和支持。在此一并表示衷心的感谢。

中健联盟产业研究中心

中国林业与环境促进会生态养老分会

2020年7月

目 录

第一章 生态养老在中国

生态养老，是在我国生态文明视角下，基于优良的生态环境而开展的养生养老活动和服务，它是一种养老模式，体现人与自然的和谐发展关系。是践行习近平总书记“绿水青山就是金山银山”的重要途径之一，是落实我国乡村振兴战略、发展农村经济的重要产业形式，同时也是满足我国老年人日益增长的对多样化、高质量养老服务需求的新型养老方式。生态养老将人口、生态、经济三位一体或多元化运作在养老过程之中，形成新的发展模式和服务模式。生态养老产业，具有生态经济等交叉学科理论背景，具有生态平衡与生态经济核算的管理理念支持，具有人口资源环境和经济增长的现实需求。

生态养老，是发挥我国优质的生态资源，发挥生态服务价值，为老年人提供服务，包括森林康养、田园生态养老以及依托风景名胜区、旅游区等生态资源产生的养老服务模式。本章将在目前生态养老探索和森林康养等相关产业理论研究的基础上，对生态养老的概念及其内涵、发展生态养老产业的重要意义、我国生态养老产业发展现状、目前我国生态养老产业相关的老年宜居政策研究、我国城市生态养老及项目相关的经验总结、生态养老发展基础数据分析、国内外生态养老相关的商业模式分析以及生态养老产业面临的机遇与挑战等内容进行较为系统和全面的研究，在总结生态养老，包括森林康养等相关研究的基础上，建立和完善我国生态养老产业发展的基础理论。

一、生态养老的概念及内涵界定

（一）生态养老的概念

生态养老，是以优良的自然生态、自然景观和与之共生的人文生态为依托，以促进人与自然和谐为准则，采取生态友好、绿色低碳、文明健康的方式，将生态理念、生态体验和生态行为融于日常生活并基于生态资源获得心身愉悦的一种健康养老、健康养生的生活方式。

生态养老，是以老年人亲近生态环境、享受自然环境为主要特点的健康养老，既是一种新的老年生活方式，也是一种新的养老模式。随着生活水平的日益提高，越来越多的老人已不再满足于离退休以后“提篮子、带孩子、绕着炉台子”的单调生活，他们也想走出家门，根据自身的爱好，用各种方式享受生活，陶冶身心。发展生态养老，有利于转变发展方式、优化经济结构，有利于建设生态文明、强化生态屏障，有利于增加就业机会，有利于扩大对外交流。

我国自20世纪70年代中后期实施计划生育以来，家庭单位趋于小型化，居家养老的弊端不断出现，老年问题日趋突出。“生态养老”是社会文明进步的必然要求，是人类崇尚自然的迫切需要。自2005年始通过提高企业退休人员基本养老金，使老年人的收入大大提高，老年人有经济基础选择健康积极的养老方式。同时，人们在经过几十年的忙碌工作后，对亲近自然、享受生活有着更多的向往。远离污染的环境，走近大自然，选择自然养老、生态养老将成为一种趋势。老年人越来越不适应污染的环境及脆弱的生态，他们需要亲近大自然，他们越来越需要自然养老、生态养老。因此，在国民经济运行与社会发展中必然促使生产方式、生活方式发生变迁与转变，需要代际生态选择与老年人群生态养老。

（二）生态养老的特点

（1）以丰富的生态资源为依托。当前，生态养老常见的形式有都市田园式、旅游度假式、户外体验式、绿色居住式等形式。这些形式都是以良好的、大家喜欢的生态资源为依托，基于现有生态资源，以保护生态为前提，在保护的基础上，研究发挥生态的服务价值，发展生态养老生态服务产业，以发展促保护，真正实现“绿水青山就是金山银山”。

我国拥有的生态资源品类繁多，每一种生态资源都有不同的特性，都可以开发出不同的养老养生服务产品，如以森林为代表的森林康养，让人与自然更亲近，依托森林的富氧离子、森林步道、林下产品等生态资源，以健康为目标，开发生态养老的具体产品和服务，从而形成生态养老特色的服务体系。

（2）以专业化的康养服务为基础。生态养老以老年人健康生活、乐享自然为终极目标，通过设计规划投入，努力为老年人营造“景色优美，服务专业”的生活环境，让老年人在森林氧吧、避暑山区和养生温泉中去体验空气的清新和水质的优良。同时，利用文化创意活动，服务机构自身的服务水平也得到了不断提升。另外，生态养老十分注重老年人的健康养护服务工作，因此，及时培训提升护工的健康养护知识水平和技能，并不断形成标准化、专业化的服务模式，结合生态资源开发专业康养服务模式、服务产品，为老年人提供健康有保障、服务有特色、运动有场地、生活有照顾的享受体验，让老年人由外至内去感悟、体验专业化的服务也日渐成为生态养老的一大亮点。

（3）以国际化的理论研究为指导。生态养老自提出以来，迅速成为一个新兴的养老服务模式、服务形态。2016 年成立的中国林业与环境促进会生态养老分会，积极推动生态养老领域的学术交流，获得养老领域的广泛关注，也逐渐得到了广大老年人的认可和欢迎。为了给生态养老发展提供学术和理论指导，中国林业与环境促进会生态养老分会与中健联盟产业研究中心，积极学习引进国际生态养老经验，与美国、加拿大、澳大利亚、日本、英国等国的专家和企业家，就生态领域的养老服务、国际上经过上百年探索形成的实践经验进行研究探讨，并结合中国的国情，有针对性地将这些生态养老的相关理论，应用到生态养老服务的实践中。通过理论支持，进行生态养老的项目实践，以理论和实践互相促进，从而推动我国生态养老服务的发展，满足老年人对高品质生态养老服务的需求。随着生态养老理论研究的不断深入，不久的将来，将形成完整的生态养老理论体系。

二、发展生态养老产业的重要意义

我国已进入老龄化社会，并即将进入老龄社会，《中国发展报告 2020：中国人口老龄化的发展趋势和政策》显示，从 2035 年到 2050 年是我国人口老龄化的高峰阶段，根据预测，到 2050 年我国 65 岁及以上的老年人口将达 3.8 亿人，占总人口比例近 30%；60 岁及以上的老年人口将接近 5 亿人，占总人口比例超 1/3。2022 年开始，我国老龄人口将进入高速增长的平台期，每年增长超过 1000 万以上老年人口，且将持续高速增长 15 年以上。解决养老问题备受社会关注和政府重视，同时养老产业持续快速发展，不断吸引企业投资，将会带动整个经济的发展。国务院发布的《“健康中国 2030”规划纲要》指出，应积极促进健康与养老、旅游、互联网、健身休闲、食品融合，催生健康新产业、新业态、新模式。全面生态养老模式已经出现，将发展成为我国国民经济新的增长点。2019 年，国家发改委等八部门联合发布《关于促进分享经济发展的指导性意见》，更是将分享经济的发展推上了快车道。在健康养老领域，包括智慧养老、生态养老、旅游养老、旅居养老、游学养老等多种形式养老服务，将在分享经济的影响下，积极创新商业模式，以创新推动行业发展，同时通过创新，让分享经济这种新经济发展方式，真正融入到健康养老产业中，旅游、养老等领域共享企业平台的发展，将引领行业，形成全新的发展模式。

在老年人口迅速增长的同时，由于人们观念的转变，出现更多的“8421 家庭”（一对年轻夫妇赡养四位老人，抚养一位孩子），加剧老龄化，使赡养老人的义务更加艰巨。目前，发展生态养老产业很好地解决了年青一代负担过重的问题，同时子女也不用担心老人们精神物质上的满足问题，这无疑也增加了一项新的社会收入，促进了 GDP 的增长，有利于生态资源保护，促进社会经济发展。

生态养老的发展，不仅是满足老年人日益增长的对高质量养老服务的需求，是丰富老年生活、保障老人身心健康、促进和谐社会发展的需要，对促进社会经济发展也有很好的推动作用。2020 年 5 月 17 日发布的《中共中央、国务院关于新时代推进西部大开发形成新格局的指导意见》明确指出：“依托风景名胜区、边境旅游试验区等，大力发展旅游休闲、健康养生等服务业，打造区域重要支柱产业。”基于生态资源的旅游休闲、健康养生等服务业，被定位为区域重要的支柱产业，可见其前景和重要性，同样基于生态资源，提供专业养老服务的生态养老，也将成为社会经济发展的重要产业形式。生态服务价值的开发，让保护生态资源得到更多实实在在的收入，让更多的人来保护生态资源，是能够真正实现“绿水青山就是金山银山”的绿色产业。

三、康养宜居环境建设需求及趋势分析[1]

中国正在逐步进入长寿时代，2019 年我国居民人均预期寿命已经提高到 77.3 岁，北京、上海等大城市居民人均预期寿命早已超过 80 岁。2016 年，中共中央、国务院发布了《“健康中国 2030”规划纲要》，提出了健康中国建设的目标和任务，并对促进健康老龄化做出具体安排。《国务院关于实施健康中国行动的意见》

1　本节由中国老龄科学研究中心健康与宜居环境研究所副所长、研究员伍小兰和日本国立大阪大学建筑与城市设计领域博士、中国建筑设计研究院有限公司适老建筑实验室主任、研究员王羽撰写。

（国发〔2019〕13号）、《健康中国行动（2019—2030年）》相继出台，加快推动从以“疾病”为中心向以“健康”为中心转变，加快推动从注重“治已病”向注重“治未病”转变。党的十九大报告指出，积极应对人口老龄化，构建养老、孝老、敬老政策体系和社会环境，推进医养结合，加快老龄事业和产业发展。党的十九届四中全会进一步要求“积极应对人口老龄化，加快建设居家社区机构相协调、医养康养相结合的养老服务体系”。可见，在人口老龄化快速发展、社会生活水平不断提高的背景下，生态康养契合人们美好生活内在需求，作为一种寻求主动健康的养老方式具有十分广阔的发展前景。老年人作为养老主体，对于生态康养宜居环境也具有特定的要求。

（一）相关理论分析

1. 居住环境相关理论

人居环境论。吴良镛院士结合我国国情对聚居论加以延伸和发展，于20世纪90年代提出了人居环境理论。人居环境指人类聚居生活的环境，是与人类生存活动密切相关的地表空间。该理论认为，人居环境的核心是“人”，人创造人居环境，人居环境又对人的行为产生影响。人居环境相关研究应以满足“人类居住”需要为根本目的，并将人居环境划分为全球、区域、城市、社区（村镇）、建筑五大层次[1]。人居环境论提示我们，在研究环境的评价时，应特别关注人的感受与评价。

人与环境匹配理论。人与环境的交互作用对老年人生活质量的影响逐渐渗透到老年学研究领域。Lawton等学者提出了“老龄生态模型”（Ecological Model of Aging），又称“能力—压力模型”。[2]其中，能力是指个体一切能力的总和，包括健康状况、认知能力以及适应能力等，压力是指环境的压力，是环境对于个体的要求以及环境给予个体的感受。该模型认为，当个体的能力略高于环境压力，即能力与环境的要求相匹配时，个体的需求能通过环境得以满足，会良好地适应环境并感到舒适。当能力略低于环境压力时，个体会重新调整自己并适应环境；但如果二者不匹配时，即环境的压力超过个体能力所能负荷的极限时，会发生个体适应不良或者主观幸福感降低等负面效应。这提示我们要特别关注居住环境与公共服务设施的适老化水平，适应老年人身体机能的自然衰退过程，尽可能提升老年

1　吴良镛.人居环境科学导论[M]：北京：中国建筑工业出版社，2001.

2　Lawton M P, Nahemow L. Ecology and the aging process[M]//Eisdorfer C, Lawton M P. Psychology of adult development and aging. Washington, D.C.: American Psychological Association, 1973.

人生活质量。

老年友好城市理念。为推进积极老龄化融入城市规划、城市建设和城市治理，促进城市形态向年龄友好型发展，世界卫生组织提出了老年友好城市和社区的理念，并于 2007 年发布《全球老年友好城市建设指南》，该建设指南涵盖了户外空间和建筑、交通、住房、社会参与、尊重和社会包容、公众参与和就业、交流和信息、社区支持与卫生保健服务等 8 个领域，旨在提供包容的、可接近的城市和社区环境，并建立了“全球关爱老人城市和社区网络”，对全球城市建设产生了重要影响。

世界卫生组织将老年友好城市界定为“能够防止和纠正人们在变老的过程中越来越多地遇到各种问题的城市”，老年友好城市是一个完整社会系统结构，指向社会生活的不同方面，这些不同类型的环境交互影响和渗透，构成了环境建设的连续统一体。年龄友好城市首先应该是宜居的，要为所有人提供良好方便的城市物理环境、社会文化环境和社会服务环境，通过服务、场所和设施方面的环境支持，优化老年人的健康条件、参与机会和安全，促进老年生活质量提高，使人们以积极态度面对老年。老年友好城市并不是单单针对老年人，而是面向所有人，因而老年友好城市和社区建设不仅要最大限度地保障老年人的生活独立、功能维持和社会融入，更要促进不同年龄世代和社会群体之间的互动、包容和共享，让所有人都更加容易获得服务和机会。

2. 人口老龄化相关理念

联合国老年人原则。提升老年人生活自主权，保护老年人的权利、自由、权益和尊严，反对年龄歧视，引导公众更加重视老龄化现象对所有年龄群体带来的问题和挑战，促进代际团结是国际社会应对人口老龄化的共同经验。1991 年 12 月 16 日，联合国大会通过了《联合国老年人原则》（第 46/91 号决议），列举了独立、参与、照顾、自我充实和尊严五大类共 18 项有关老年人应当享有的权利。世界卫生组织指出，虽然很多老年人最终都会面临众多的健康问题，但是年老并不意味着无法独立，对老年人而言，最重要的不仅是“照顾”和“护理”，而是尊重老年人的自主性，破除对于老年人的刻板印象和主观臆断。

健康老龄化。健康老龄化是国际社会最早提出来的具有广泛影响的应对人口老龄化的政策理念和框架，并在此基础上发展出“积极老龄化”的政策框架。健康老龄化的核心理念就是以生命历程的视角来看待健康，即在人生各个阶段，对能够影响到老年期健康长寿和生活质量的有利因素和不利因素都要重视和采取措施干预，即防止和减轻危险因素，推进和增加保障因素。更需注意的是，健康老龄化并不只是躯体健康、生理健康，健康老龄化要求老年人参与社会，发挥潜能，成为一种资源而不是负担。[1]目前，国际社会在健康老龄化与生活质量方面，突出强调最重要的是维持功能发挥，以便让老年人继续过自己所珍视的生活。

积极老龄化。世界卫生组织在第二次老龄问题世界大会上正式提出“积极老龄化”理念。“积极老龄化”基本含义是指“提高老年生活质量，尽可能创造健康、参与、保障（安全）的最佳机遇”。积极老龄化既适用于个体又适用于人群，让人们认识到自己在一生中体力、社会以及精神方面的潜能，而且当他们需要帮助时能获得充分的保护、保障和能力。习近平总书记提出了中国特色积极老龄观，他强调，要积极看待老龄社会，积极看待老年人和老年生活，老年期仍然是可以有作为、有进步、有快乐的重要人生阶段。

（二）康养宜居环境需求主体分析

1. 人口老龄化快速发展

21 世纪的中国是不可逆转的老龄化社会。据预测，到 2025 年，我国老年人口将达到 3.08 亿人，占总人口的 21.1%，五个人当中就有一个老年人。2050 年达到 4.83 亿人，占总人口的 34.1%，届时三个人当中就将有一个老年人，之后进入相对稳定的重度人口老龄化平台期（见图 1）。

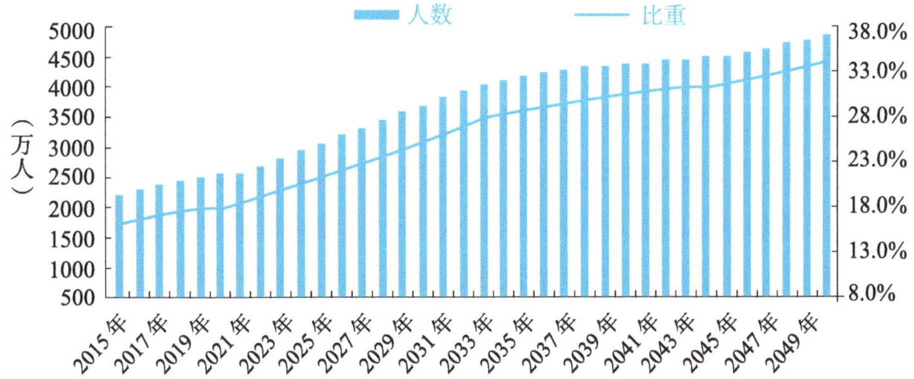

图 1　2015—2050 年我国 60 岁及以上人口规模及其比重

数据来源：人口老龄化态势与发展战略研究课题组.（国家应对人口老龄化战略研究）人口老龄化态势与发展战略研究 [M]. 北京：华龄出版社，2014.

1　邬沧萍，史薇. 健康老龄化 [M]// 全面建成小康社会 积极应对人口老龄化 [M]. 北京：中国人口出版社，2016.

在相当长时间内，我国老年人都将以低龄老年人为主体，同时高龄老年人口规模也在不断增长。到 2020 年，我国高龄老年人口将达到 2919 万人，占老年人口的 11.5%。到 2050 年，则将突破 1 亿人，占老年人口的 22.5%，每四个老年人中就有一个是高龄老人（见图 2）。

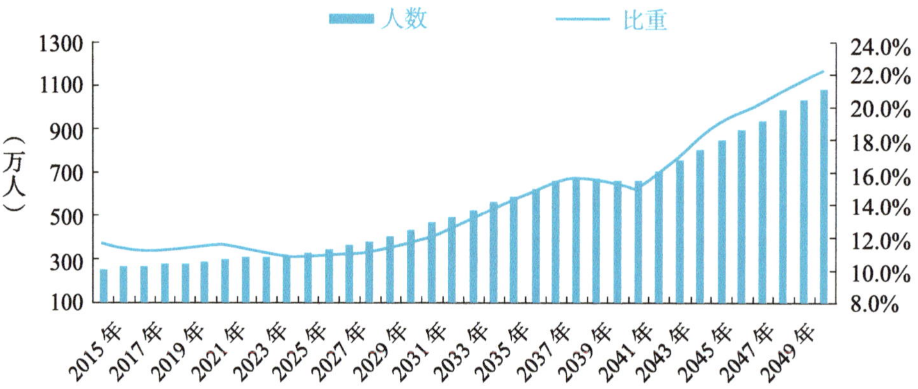

图 2　2015—2050 年我国 80 岁及以上人口规模及其比重

数据来源：人口老龄化态势与发展战略研究课题组 .（国家应对人口老龄化战略研究）人口老龄化态势与发展战略研究 [M]. 北京：华龄出版社，2014.

2. 老年人的健康特征

老年人是慢性病的高发群体。由于社会经济和医疗卫生条件的改善，人类的疾病谱已经发生了重大转变，慢性病成为危害人们健康的主要问题。到 2030 年，40 岁以上的人群中，慢性病患者［心血管疾病（心梗和中风）、慢阻肺、糖尿病以及肺癌］人数将增长两倍甚至三倍。糖尿病患者将成为上述四种疾病中患者人数最多的群体，而中风对个体的健康和生活造成的危害最大。如果同时考虑患病率与人口共同变化，2010 年我国 60 岁及以上老年人的慢性患病例数为 7801 万例，到 2050 年将增加到 30911 万例，年均增长 3.8%，绝对数增加了近 3 倍。[1]

老年失智不容忽视。老年期的认知障碍综合征，即老年失智症发病率也随着人口老龄化的发展呈逐年上升趋势，给家庭和社会带来医疗、照护双重压力。原卫生部 2012 年公布的数据显示，我国 60 岁及以上人群老年失智症发病率为 4.2% 左右，以此计算的话，目前我国老年失智症患病人数已经超过千万。照护老年失智症患者的压力巨大，远超其他疾病。一是照护难度大。除了日常生活方面的一般照护外，还需要安全、精神病症和心理方面的特殊照护。二是照护时间长，患

1　世界银行 . 创建健康和谐生活，遏制中国慢性病流行 [R].2011.

者从轻度记忆力减退及认知障碍到最后的植物状态，要经历几年甚至更长时间。

老年人跌倒和膳食营养问题值得关注。老年人是发生跌倒的高危人群。由跌倒致死的人群中，65 岁及以上的老人所占的比例最大。老人跌倒后受轻伤或重伤的比例达 20%~30%，跌倒的老人多有损伤、髋部骨折、头部外伤等并发症发生[1]。老人跌倒约有 42.3% 需要住院，即使出院后亦有 37.0% 需要入住护理之家[2]。老人的膳食营养问题也不容乐观，仍有不少老人有营养不良和贫血等健康问题。

3. 老年群体的内部更替

研究预测，2030 年，20 世纪 60 年代出生的人口全部进入老年期，70 年代出生的人口开始进入老年阶段，两者总量达 3 亿人，占老年人口的 90%。2040 年，20 世纪 70 年代出生的人口全部进入老年期。2050 年，20 世纪 80 年代出生的人口全部进入老年期。至此，百岁及以下老年人口全部由新的老年群体组成，实现了老年群体更替。在这个老年群体的内部更替过程当中，老年人的经济实力、受教育水平、健康状况都将不断提升，他们自主意识更高，消费意识也更强，更加看重生命质量、生活质量，成为积极老龄观的创造者和践行者。

老年群体的内部更替具有重要的政策和实践含义。马斯洛（Maslow）于 1943 年提出了广为人知的需要层次理论。马斯洛将人的基本需求分为五个层次，从低至高分别是：生理的需求、安全的需求、归属及爱的需求、受人尊重的需求、自我实现的需求。在较低层次的需求得到满足之后，较高层次的需求就会激发足够的活力驱动行为。新的老年群体对生活质量的需求主要表现在对精神情感的寻求、对健康的重视、对社会参与的关注和对自我价值的追求上，而不是生存型、基本保障型需求。

（三）康养宜居环境建设趋势

1. 强化积极老龄化理念引领

“积极老龄化”旨在让人们认识到老化不必然代表成为完全依赖者，老年人仍可以通过适当的环境支持，强化自尊自立的能力，继续积累生命能力，当他们需要帮助时能获得充分的保护、保障和照料。因此康养宜居环境建设要注意考虑

---

1 World Health Organization. WHO media centre about “Fall” [EB/OL]. [2012-10-30]. http://www.who.int/mediacentre/factsheets/fs344/en/.

2 Gardner M M, Robertson M C, Campbell A J. Exercise in preventing falls and fall related injuries in older people: a review of randomised controlled trials[J]. Br J Sports Med, 2000,34（1）:7-17.

环境的保障性、健康性、参与性和安全性。

保障性。居住条件的好坏是安全和健康的决定性因素之一。康养宜居环境建设需要推行可负担的住所，并根据老年人的特点和需求进行房屋设计和改造，提升老年人的居住满意度。同时要充分考虑创造良好的出行环境，方便包括老年人在内的所用人安全便捷地到达各种场所。着力提供康养服务可及性，康养服务和设施的可及性体现在服务的距离、时间、内容、方式、价格等方面是否便于老年人利用服务。

健康性。老年人的健康和照护是人口老龄化过程中最突出的问题。促进老年人的健康是康养宜居环境建设的关键指标，要以人的健康为中心，让健康福祉覆盖全领域、全生命周期。一是注重建成环境对健康的影响。通过住宅、绿地和公园、公交站、商业服务设施等建筑和场所的建设和改造，以及步行道、自行车道、机动车道的选址与设计，在增进老年人居住舒适感的基础上，促进老年人体力活动和社会参与，从而增进老年人的身心健康。二是提供可负担的、协调良好的卫生保健和支持服务。医务人员具备基本的老年学及老年医学专业技术，以及提供卫生保健服务所需的综合能力，包括沟通技巧、团队合作、信息技术等。更重要的是，以老年人群多层次需求为中心，提供公平可及、系统连续的预防、治疗、康复、健康促进等整合性健康服务。

参与性。老年人的知识、技能、经验和优良品德是社会宝贵的财富。老年人参与经济社会生活，既能发挥他们的专长和作用，还能享受尊敬和尊重，并保持或建立必要的社会交往关系。康养宜居的参与性体现在为老年人提供参与更多丰富多样活动的机会，以及鼓励老年人参与到康养环境的建设当中，使老年人有更多的影响力和话语权。

安全性。环境安全是老年人最基本也最重要的要求。在康养宜居环境的规划建设中，要将安全性贯彻其中显得尤为重要。从室内到室外、从物理空间到社会心理空间、从硬件设施到信息软件技术，应尽量避免各种不安全因素及潜在性危险，为老年人日常生活和社会活动提供安全的环境。[1]

2. 适老化是标配不是高配

老年人实际上可以完成的事情，不仅取决于他们的内在能力，也取决于他们与所在的环境相互适应的状况。因此要紧密围绕当前老年人生活中面对的突出困

1　李小云 . 面向原居安老的城市老年友好社区规划策略研究 [D]. 广州：华南理工大学，2012.

难和障碍，加强环境的适老化建设改造，发展更有利于老年人保持健康、独立的硬件支持环境和更有利于老年人融入社会、参与社会的社会文化环境。

适老居住环境。随着经济社会的发展和人民生活水平的提高，居住建筑的设计理念从最初只是为了解决有无居住场所的问题，逐步开始向注重居住的安全性、便利性和舒适性转变，越来越注重精细化住宅设计。老龄社会背景下，强调针对老年人的专项居住建筑设计也应运而生。老年人居住建筑是专为老年人设计，供其起居生活使用，符合老年人生理、心理及服务要求的居住建筑，特指按套设计的老年人住宅、老年人公寓，及其配套建筑、环境、设施等。老年人住宅（Housing for the Aged）以套为单位，可集中成组团建设，也可在普通居住区内成栋建设，或在普通住宅楼栋中建设若干套。为了顺应老年人自身的生理特性，老年人住宅在一般住宅建设要求基础上，在基地与规划设计、楼内公共空间、套内空间、室内物理环境到建筑设备等各方面有更加严格的建设要求。老年人公寓（Apartment for the Aged）是指供老年夫妇或单身老年人居家养老使用的专用建筑，配套相对完整的生活服务设施，一般集中建设在老年人社区中，也可在普通住宅区中配建。老年人公寓是适应我国现阶段乃至今后很长一段时间人口老龄化发展需要，且市场需求很大的一种类型，可独栋建设，也可群组建设，其居住单元是按套型设计的。在医疗、养老设施用地内配建的老年人公寓的情况，这类建筑中的老年人仍然为独立居住，但可享受医院或养老院的辐射社区服务功能。居住功能空间作为老年人公寓的主要部分，不同于机构养老的过于组织化、医疗化的居住氛围，在功能全面性、空间私密性层面上有更高建设要求。

适老出行环境。老年人与社会连接的前提是老年人可以出得了门，到得了想去的地方。《关于推进老年宜居环境建设的指导意见》（全国老龄办发〔2016〕73号）要求：强化住区无障碍通行，对坡道、楼梯、电梯、扶手等公共建筑节点进行改造。构建社区步行路网，在老年人活动最多的社区，为老年人和各年龄人群提供平整安全的步行道路。发展适老公共交通，在公共交通和出行通道为老年人出行提供便利、保障安全的前提下，减少障碍和不可及区域。完善老年友好交通服务，在有条件的地区，为老年人提供必要的休憩空间和绿色通道，也为其他年龄人群提供通用的方便设施。

适老健康支持环境。老年人渴望健康，关注健康，希望健康服务更有效，更方便。在康养宜居环境建设中，需要加强老年专业性医疗卫生服务能力建设，更为重视老年人跌倒、尿失禁、溃疡、虚弱乏力和功能障碍等老年健康问题，加强老年人多重用药指导性。细化医养结合的政策标准，通过有效的资源整合机制，满足失能失智老年群体的生活支持、协助、照顾及相关医护服务方面的综合性需求，提升长期照护服务能力。“以人为本”而不是“以病为本”，为疾病终末期患者在临终前提供身体、心理、精神等方面的照护和人文关怀等服务，让每一个人舒适、安详、有尊严地离去，是健康老龄化的终点，也是发展医养康养结合的目标。提升老年健康服务科技水平，发展生物医学传感类可穿戴设备，开发各类诊疗终端和康复治疗设备，运用现代信息技术搭建健康服务平台，使用先进的科技手段为老年人提供实时监测、长期跟踪、健康指导、评估咨询等健康管理服务。

适老生活服务环境。老年是人类生命中的一个必经阶段，要创造适老的生活环境，让老年人继续拥有熟悉的生活。大多数老年人或者在老年期的大多数时间，他们的生活需求与其他年龄并无太大差异。当然老化也意味着身心功能的逐渐衰退，老年人不同程度地会对设施和服务有着特殊需求。这就要求创造适老化的生活环境，适应老年人不同生命历程及身心状态变化，让老年人能够颐养天年，促进身心健康和社会参与。康养宜居社区需要考察社区配套设施、社区环境、住宅空间和社区管理等五方面的状况。第一，社区外部条件评估指标是指老年人所处城市、居住区的环境条件，包括居住区级商业设施、交通设施、教育设施、物业设施、养老设施、医疗卫生、文化体育休闲设施等的评分；第二，社区配套设施评估指标是指老年人所居住的小区级商业设施、通信设施、交通设施、教育设施、物业民政设施、养老设施、医疗卫生、休闲文化交往等的评分；第三，社区环境评估指标是指老年人所在地区的绿化条件、远离污染、消防安全、交通安全、安全保卫等方面的评分；第四，住宅空间评估指标是指该地区无障碍或老年住宅套型数量、老年住宅套内空间设计、住宅建筑公共空间无障碍设计、在宅伤害防控设计、室内物理环境、绿色建材标准、在宅安全监控设备方面的评分；第五，社区管理评估指标是指老年人所在地区的社区服务、为老服务的运营管理和安全质量等相关方面评分。可见，康养宜居社区不仅需要考虑社区周边的生活设施配置，而且需要安全舒适的社区内部环境，同时需要住宅内部有完善的住宅设计与防控设备配置，以及考虑后期可信任的养老服务和管理运营保障等，最终适宜老年人居住的社区由各方面因素综合作用形成。

敬老社会文化环境。康养宜居环境不仅包括适老的支持性的生活设施环境，也包括包容、支持老年人融入社会的文化软环境。最重要的是消除年龄歧视，使全社会关心关爱老年人，引导全社会增强接纳、尊重、帮助老年人的关爱意识，同时增强老年人自尊、自立、自强的自爱意识。

3. 优化生态康养外部环境

党的十八大把生态文明建设纳入“五位一体”总体布局，提出建设美丽中国的目标，生态文明、绿色发展的理念已经深入人心。尤其是习近平总书记提出的“绿水青山就是金山银山”科学论断，已经成为全体人民的最大共识。生态养老不仅契合中国特色社会主义新时代的新发展理念，也是全国人民美好生活需要的增长点。生态养老是在保护青山绿水的前提下，对生态资源的科学开发和利用，是生态效益与经济效益的完美结合，也是贯彻落实习近平总书记“要在更高境界上做到绿水青山就是金山银山”指示精神的有效途径。

当前，不少城市将城市发展目标定位为康养城市，致力于优化全域康养环境，打造全链条康养产业，为生态养老发展提供了良好的外部环境。随着区域性生态养生养老城市的不断增多，“大健康”和“大养老”产业将实现进一步的融合发展，涵盖三次产业（如：生态休闲旅游业，健康管理与医疗业，培训、教育、科研、信息产业，会议、会展、文化、物流业，生态养生养老房地产业，生态养生养老农业，生态养生养老林业，生态养生养老用品制造业）的全面发展，不仅将给老年人带来良好的康养宜居体验，而且将带动城市可持续发展，提升城市发展活力和竞争力，最终建成“不分年龄，人人共享”的老年友好型城市和社区，探索美丽中国、健康中国建设创新发展路径。

同时，高铁改变“时间、空间、产业、城市”，高速铁路的普及带来城市群“同城效应”“扩散效应”和“虹吸效应”，区域城市群产业分工深化、协作增强。居住、工作、游憩、交通四大城市功能开始摆脱城市边界的限制，向区域内其他沿线城市辐射，这也为拓展异地康养、发展现代生态养老服务业带来了新的机遇。

（四）康养宜居环境建设域外经验

国外先发老龄化国家，采取一系列措施建构安全、舒适、温馨、便利且适合老年人的居住及出行环境，以确保老年人能够在最少的外在协助下自由行动，并避免生活中意外的发生，且以关注老年人生理与心理特性、交通与行动需求及行为特质、行动与交通运输安全问题等为基础，通过科技应用、民间参与、社区营造、教育倡导等手段，从理念和标准入手，共同建立适合老年人维持独立和社会参与的社会环境。

德国。尽管德国的大多数老年人都生活在离公共交通设施很近的地方，但车辆和车站常常缺乏老年友好的设施。为了应对这种缺乏情况，政府采取立法改善交通可达性，并设立了一项长期的目标，即在 2022 年以前移除所有影响老年人和有残疾人士的障碍物。此外，为了改变德国的住房市场不适应于老龄化形势这一情况，政府项目更加专注于使现有的住宅和空间更加年龄友好。发展老龄科技以支持老年独立性，希望尽早将这些环境辅助生活（AAL）技术应用到市场上去。为此目的，自 2008 年以来，联邦家庭事务、老年公民、妇女和青年部同联邦教育和科研部合作，一直在通过环境辅助生活（AAL）项目开展多个规划和行动。德国还十分重视打造适老信息环境。日益增多的德国老年人都在获得新形式的科技。自 2013 年，政府开始发起了意在向老年人提供使用各种基本形式科技所必需技能的项目。2014 年，年龄 65 岁到 74 岁的德国人中有 56% 都是互联网用户，超过经合国家 50% 的平均值。

美国。美国近些年举办的一项全国性运动“幸福 50 岁（Enrich Life Over 50, ELO50）”，立足新的理念和标准开发出了新的产品和服务。这些新举措不仅能帮助老年人过上健康快乐的生活，也对拉动经济有所促进。同时，美国国家标准协会（ANSI）致力于通过制定和实施切实有效的标准，来提高老龄服务方面的竞争力，使美国 50 岁及以上人口的生活质量得以提升。

另一项保障老年人生活质量的重要标准是由 ANSI 成员美国材料与试验协会（American Society for Testing and Materials, ASTM）发布的国际标准 ASTME 2951-13《残疾人社区应急准备标准指南》。该标准为老年人、残疾人社区提供了协议、程序、系统的模板，促进美国应急准备工作标准化。其目的是解决突发事件及建立系统标准，提高安全性和解决老年人口生存所面临的现实问题。

日本。日本规格协会（以下简称 JSA）成立于 1945 年，致力于制定标准化政策，编写标准，以提高国民生活水平，改善社会福利。近些年来，JSA 编写标准的基本原则是保障消费者权益，优先编撰出版诸如老年人和残疾人环境保护之类的标准。JSA 持续改进原先的“设计通用性”原则，该原则概念是产品和环境的设计须适用于一切人，其中包括老年人和残疾人。日本工业标准调查会（以下简称 JISC）于 1998 年成立优先照顾老年人和残疾人的特别标准化委员会，研讨具体标准编写方案，并已在此领域编撰了许多标准。目前，日本已经建立起较为完善的涉老标准体系，标准范围涵盖了吃、穿、住、行、用各个方面，且充分考虑了老年人在视觉、听觉以及行动上的障碍。正因为有这些标准，日本很多领域都有专门为老年人特别设计的产品，如家电、相机等都有方便老年人的装置，新建住宅中洗手间、厨房，包括台阶、门槛等细微之处都会特别为老年人着想。同时日本还利用产业协会来规范行业标准及质量认证体系，成立了多个与护理产业相关的行业协会来对老年人群护理产业进行指导。

四、我国生态康养基础决策数据分析[1]

数据是决策的基本依据。中健联盟产业研究中心对来源于国家统计局、民政部等权威部门公布的统计数据，选取近十年（即 2010 年至 2019 年）的数据，进行了系统的统计分析，包括老龄人口及养老床位数统计、全国社会经济发展趋势统计、居民收入和支出情况统计、旅游人数及花费情况统计、医疗机构和人员情况统计等五部分的内容，希望通过对近十年数据的统计分析，来解析康养产业发展所面临的外部环境、产业环境以及人群收入等相关数据，为生态康养产业的发展决策提供最基础的数据支撑。

（一）老龄人口及养老床位数统计

表 1　我国人口结构和抚养比发展统计（2010—2019）

指标 年份	年末总人口（万人）	0–14 岁人口（万人）	15–64 岁人口（万人）	65 岁及以上人口（万人）	总抚养比（%）	少儿抚养比（%）	老年抚养比（%）
2019	140005	23492	98910	17603	41.5	23.8	17.8
2018	139538	23523	99357	16658	40.4	23.7	16.8
2017	139008	23348	99829	15831	39.2	23.4	15.9
2016	138271	23008	100260	15003	37.9	22.9	15
2015	137462	22715	100361	14386	37	22.6	14.3
2014	136782	22558	100469	13755	36.2	22.5	13.7
2013	136072	22329	100582	13161	35.3	22.2	13.1
2012	135404	22287	100403	12714	34.9	22.2	12.7
2011	134735	22164	100283	12288	34.4	22.1	12.3
2010	134091	22259	99938	11894	34.2	22.3	11.9

从近十年我国人口结构变化和抚养比的发展趋势来看，老龄化趋势明显，特别是 65 岁及以上的老年人口增加较快，2018—2019 年，增加了将近 1000 万人；

1　本节由中国林业与环境促进会副秘书长、中国林业与环境促进会生态养老分会秘书长、中国健康养老产业联盟秘书长蒋洪卫撰写。

2016—2019 年，老年抚养比每年增加 1 个百分点左右，与之相对比的是自 2013 年开始，我国劳动人口呈下降趋势，此消彼长，将加速老龄化进程。（见表 1）

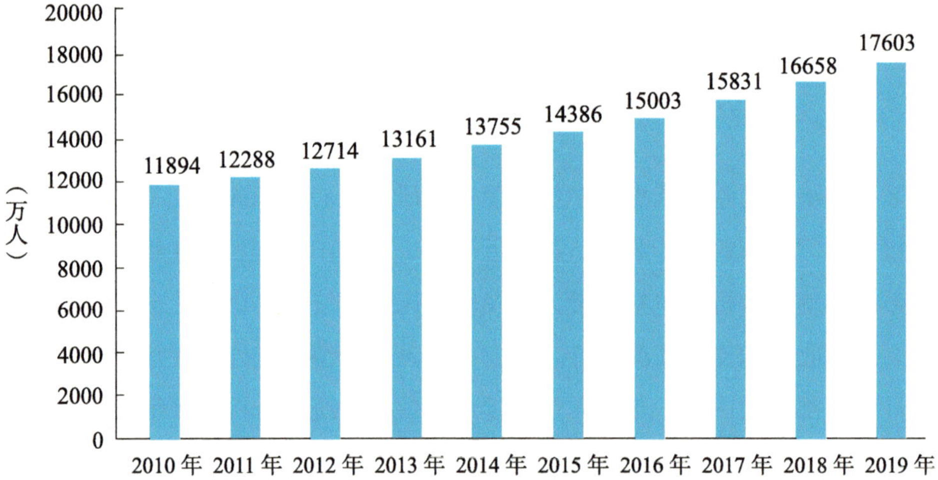

图 3　65 岁及以上人口增长趋势

我国 65 岁及以上老年人口快速增加，每年以近千万的速度增加，老龄化趋势明显。（见图 3）

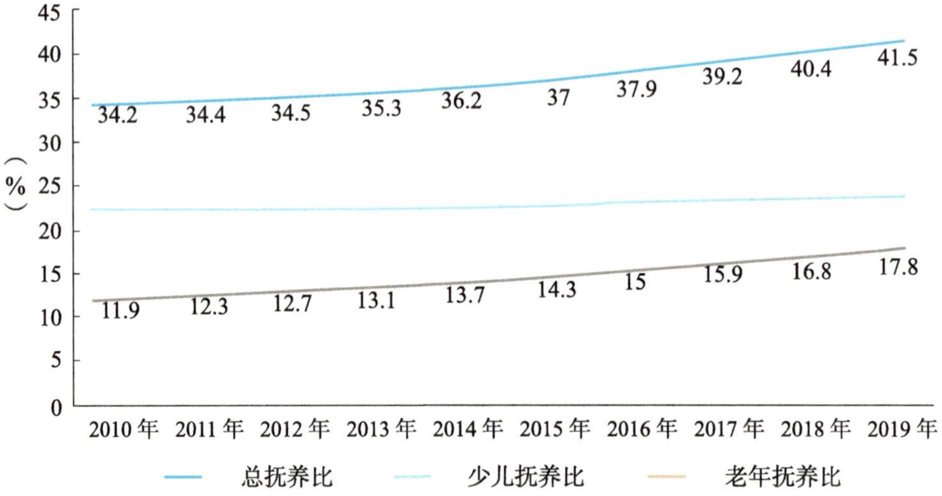

图 4　近十年抚养比增长趋势

近十年，我国的老年抚养比，以 2010 年为基数，增加了将近 50%，而少儿抚养比基本稳定，缓慢增长。（见图 4）

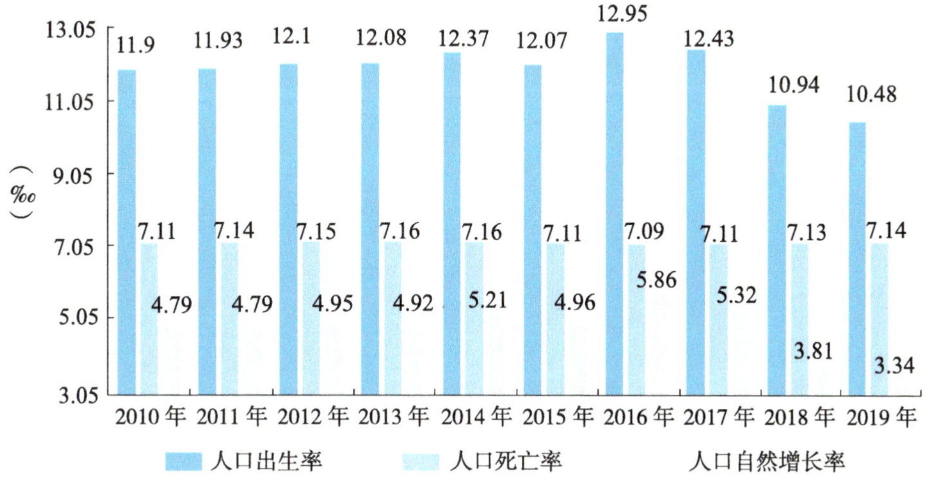

图 5　近十年人口变化趋势

从以上数据，我们可以看到，我国人口出生率，自 2016 年达到一个高峰后，逐年下降，近三年，下降了接近 2.5 个千分点，人口自然增长率也呈下降趋势，老龄人口的快速增加与人口自然增长率的下降，是我国人口发展趋势的重要特征。（见图 5）

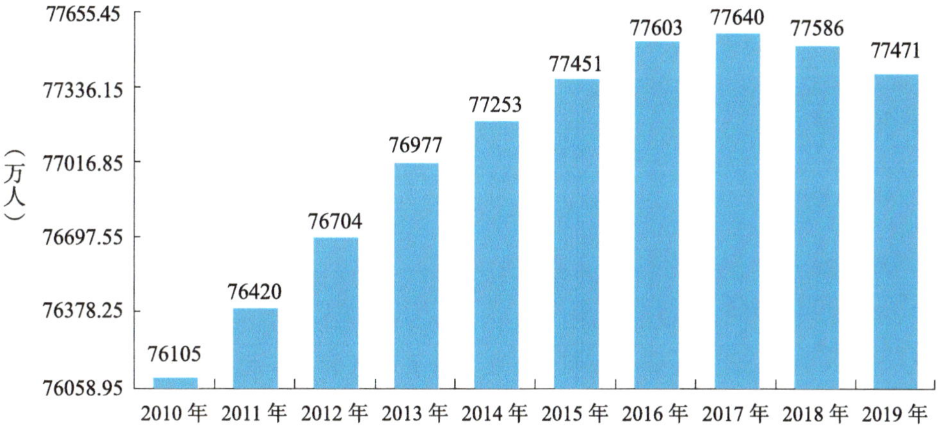

图 6　近十年就业人数变化趋势

自 2017 年以来，我国就业人数呈下降趋势，2019 年就业人数较上年减少了 115 万人。（见图 6）

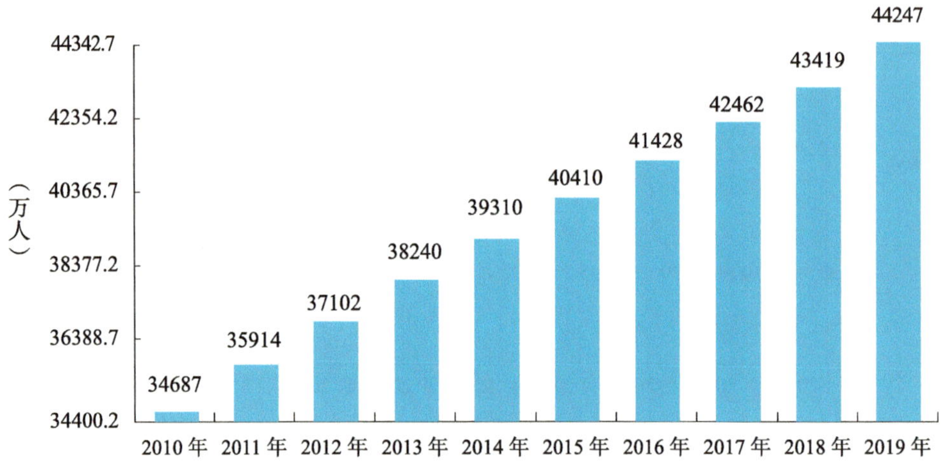

图 7　近十年城镇就业人数变化趋势

我国城镇就业人数逐年增加，随着城镇化的进一步发展，农民进城就业，推动了城镇就业人数的增加，农民进城，增加了城镇就业，同时也加重了农村养老的难度。（见图 7）

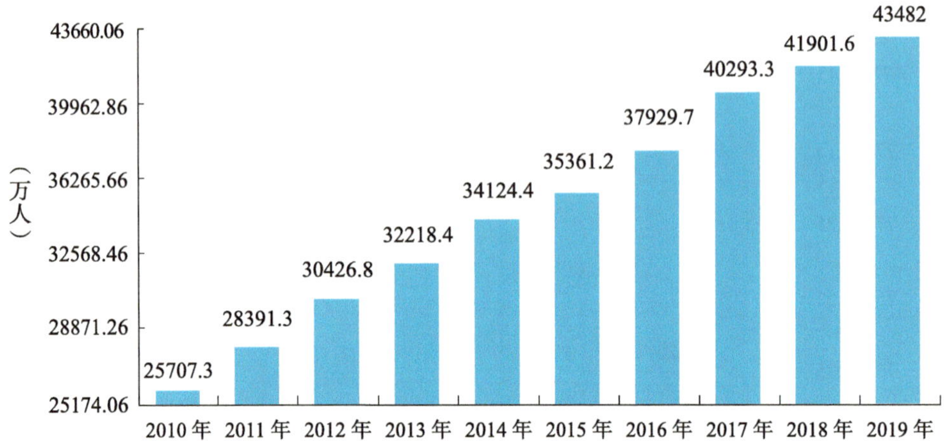

图 8　近十年城镇参加养老保险人数变化趋势

我国城镇养老保险的参保人数与就业人数一样，逐年增加，2018 年参保比例为 96.5%，2019 年上升至 98.3%，这一年养老保险的参保人数增加了 1581 万人。（见图 8）

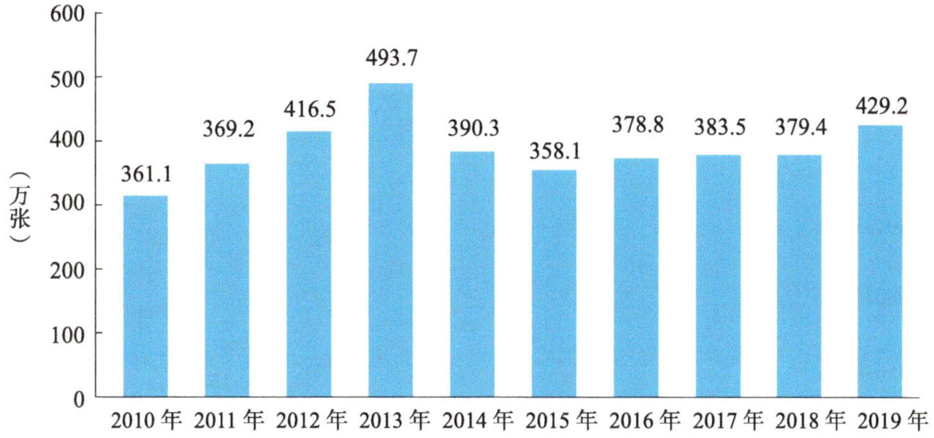

图 9　近十年养老机构床位数变化趋势

民政部发布的统计数据显示，自 2013 年国务院 35 号文发布以后，2014 年至 2019 年，我国养老机构床位数增加并不多，这从另一个角度反映出养老产业的发展并不如大家想得那么快，特别是个别年份甚至出现了养老床位数减少的情况（据民政部相关人员解释，是因为减掉了部分利用率不高的养老床位，提高了养老床位的使用率）。2016—2018 这三年，我国养老床位总数基本持平，这和养老产业看起来很“热”形成鲜明的对比。（见图 9）

（二）全国社会经济发展趋势统计

康养产业的发展和我国国民经济的发展密切相关。随着国民经济的发展，人民生活水平不断提高，人们对康养产业的认识和需求也将发生巨大变化。

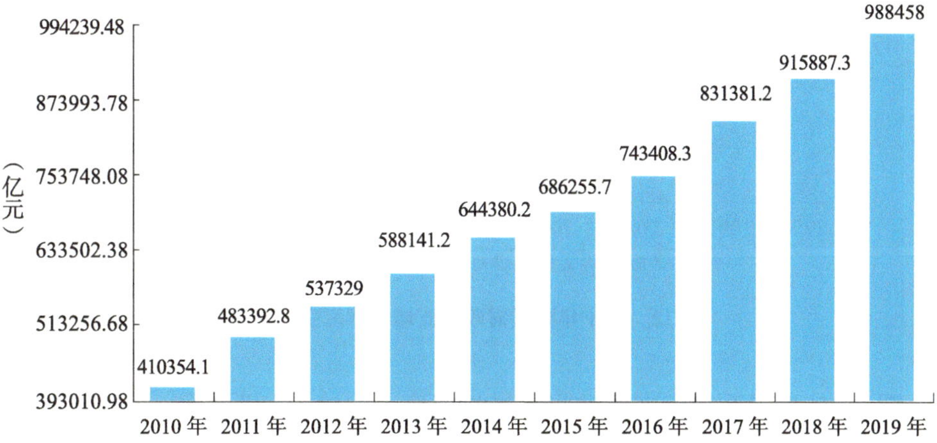

图 10　近十年我国国民总收入变化趋势

图 10 是近十年我国国民经济发展趋势的统计数据：我国的国民总收入逐年增加，近十年增加了一倍多，2020 年将突破 100 万亿元。

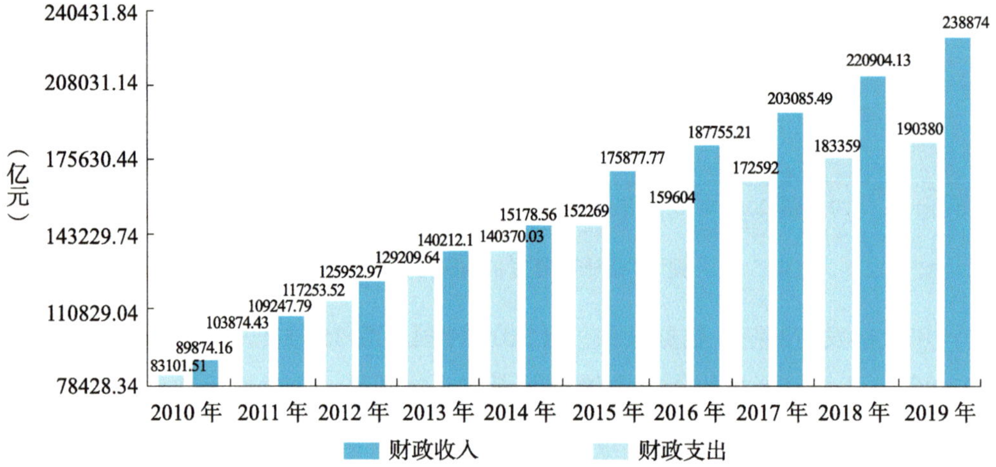

图 11　近十年我国财政收支变化趋势

图 11 是我国近十年来财政收入和支出的统计数据。数据显示，自 2015 年以后，我国财政收入少于财政支出，财政有一定的赤字。

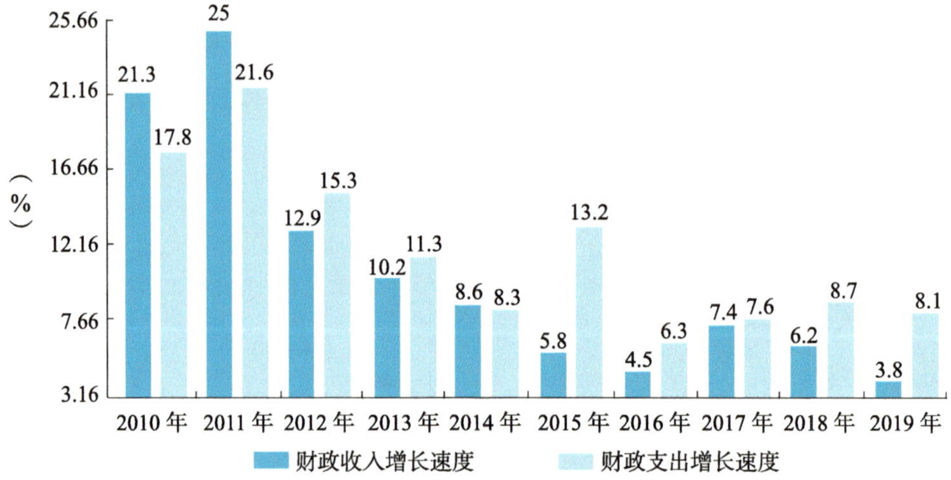

图 12　近十年我国财政收支增长速度变化趋势

图 12 是我国近十年来财政收支增长速度变化情况。近些年，我国财政收入的增长速度要低于财政支出的增长速度。

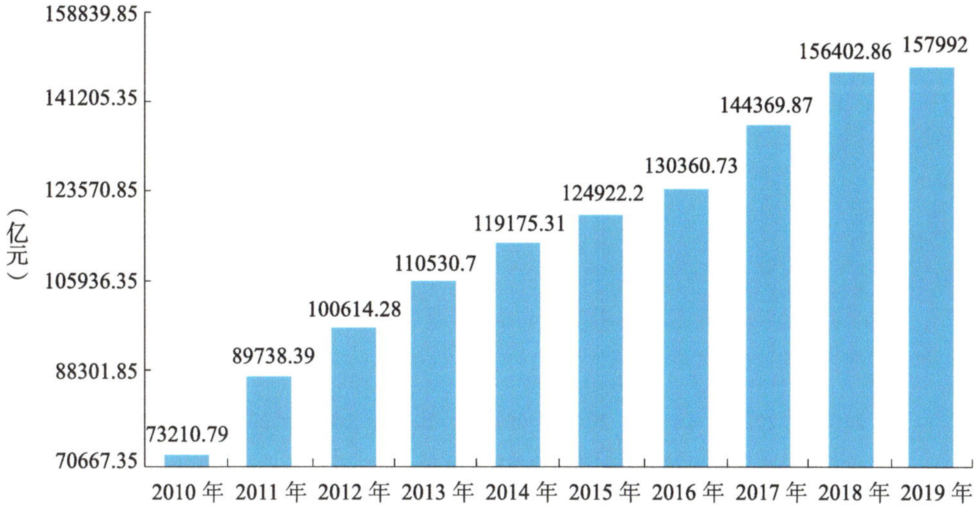

图 13　近十年我国各项税收变化趋势

2019 年，国家大力推行减税降费，税收收入增加较少，低于经济发展的增长速度。（见图 13）

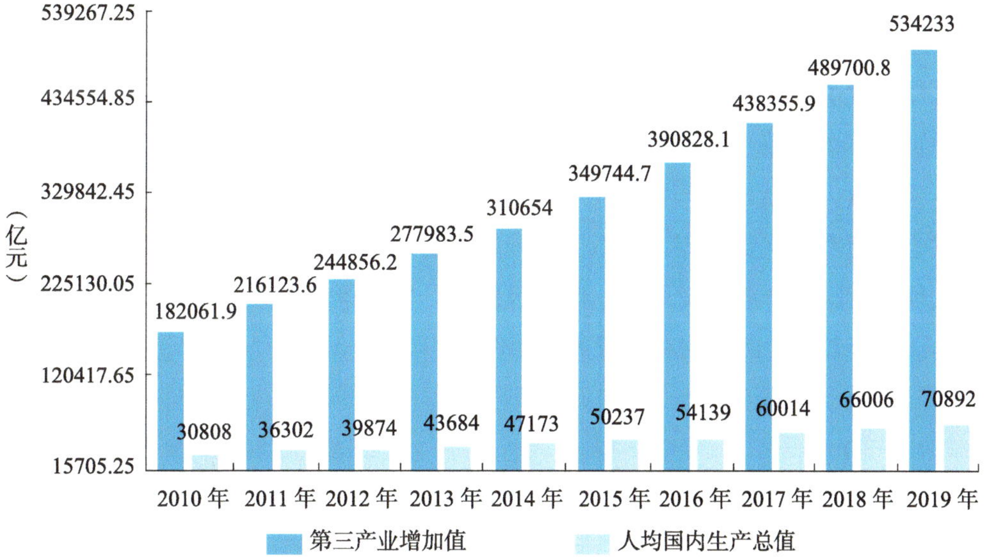

图 14　我国第三产业发展变化趋势

图 14 是我国第三产业发展变化情况。第三产业的发展，对康养产业发展有参考价值，我国第三产业逐渐成为国民经济最核心的产业内容，保持着持续增长。人均国内生产总值也呈良好的增长趋势。

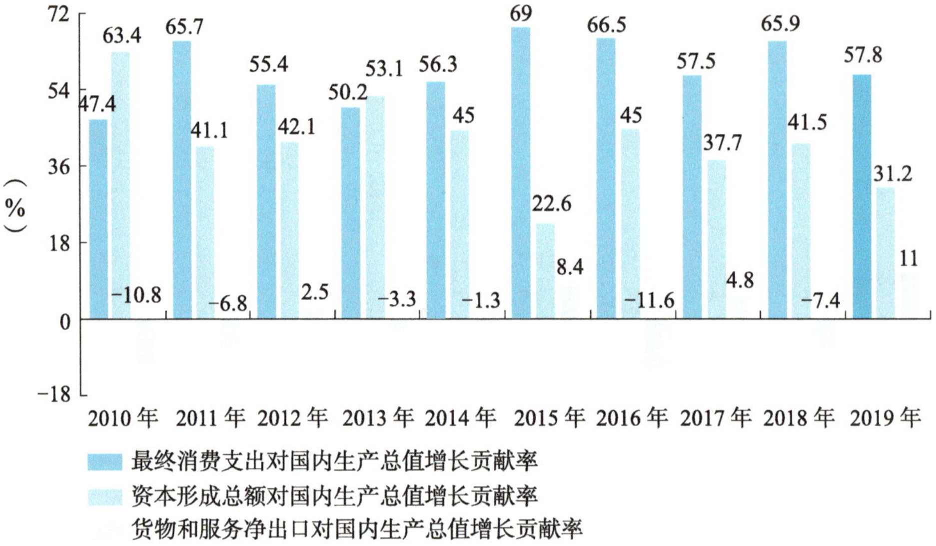

图15　近十年我国“三驾马车”对国民经济的贡献

图15是“三驾马车”对国民经济的贡献统计。我们可以看到，消费已经成为拉动国民经济发展的核心动力，这是近年来国家出台很多促进消费政策的结果。2020年的新冠肺炎疫情对消费影响较大，直接导致一季度国民经济负增长，与2019年同期更是差距12%以上。当前，国际疫情还未得到有效控制，这对我国出口造成了巨大的影响。在这种情况下，国家一方面增加投资（新基建就是基于增加投资的考虑），另一方面促进消费。在出口受限的大环境下，扩大内需，甚至是刺激内需就成了当前最重要的工作之一，康养作为幸福产业的重要内容，同时也是消费的重要内容，据悉今年国家将出台更多对康养产业的支持政策。虽然大环境对康养产业的发展有一定消极影响，但政策会加大对康养产业的支持力度，这对康养产业的发展有较好的推动作用。

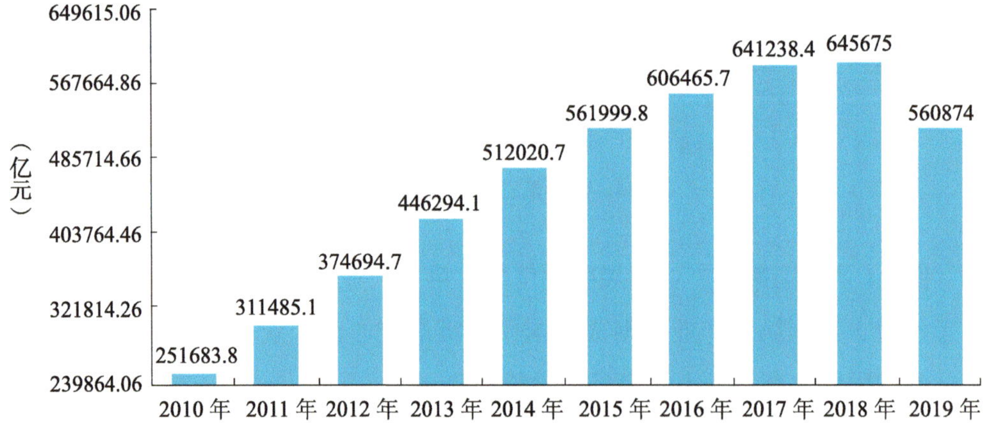

图16　近十年我国固定资产投资变化情况

投资对经济的拉动作用越来越不明显，2019 年投资更是大幅下降，2020 年国家加大投资新基建，将对经济有更大的支持作用。（见图 16）

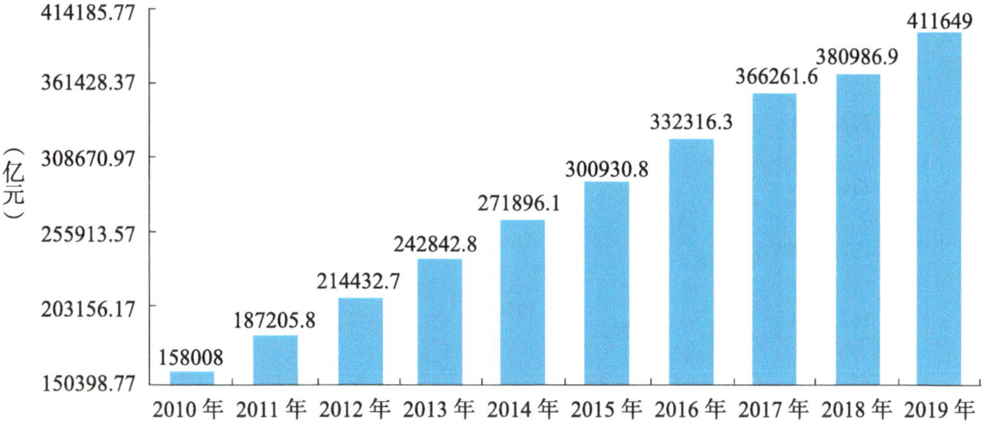

图 17　近十年我国社会消费品零售额变化情况

近十年来，我国国民经济发展中，消费持续增长，消费对国民经济正发挥着越来越大的作用。今年消费对国民经济的发展尤为重要，消费的发展，将有利于康养产业的发展。（见图 17）

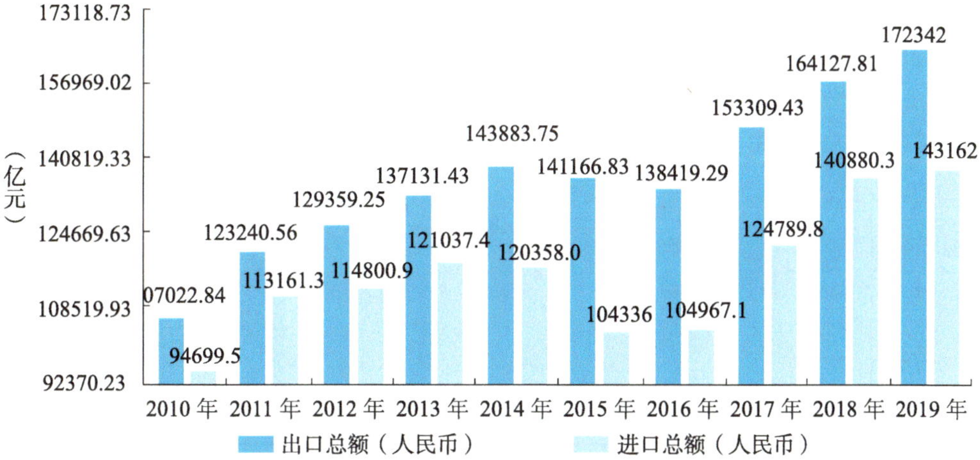

图 18　近十年我国外贸进出口总额变化情况

近年来，我国加大了进口的力度，在中美贸易战期间，中美达成的协议中，也包括中国增加进口的内容。今年新冠肺炎疫情对我国外贸进出口的影响较大。（见图 18）

整体来说，我国国民经济长期向好，人民收入不断增加，收入的增加将促进康养产业的需求增加，有利于康养产业的发展。

（三）居民收入和支出情况统计

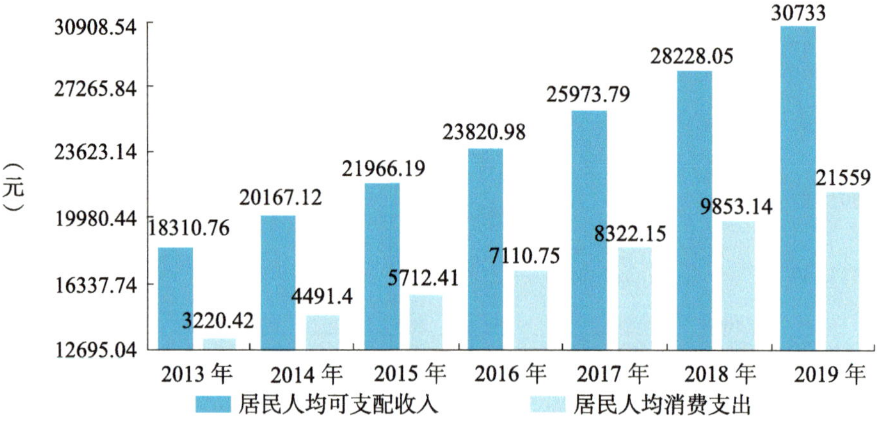

图 19　近年来我国居民收支情况

2019 年，我国人均可支配收入突破 3 万元，因 2010 年至 2012 年的数据缺失，我们不能判断这十年来的增长比例，但从收入和支出的对比，我们可以看到，储蓄是我国国民的习惯，居民将超过 30% 的收入储存起来。我国居民储蓄一直较高，未来促进消费、降低居民储蓄或许将成为刺激消费的一个重要方向。（见图 19）

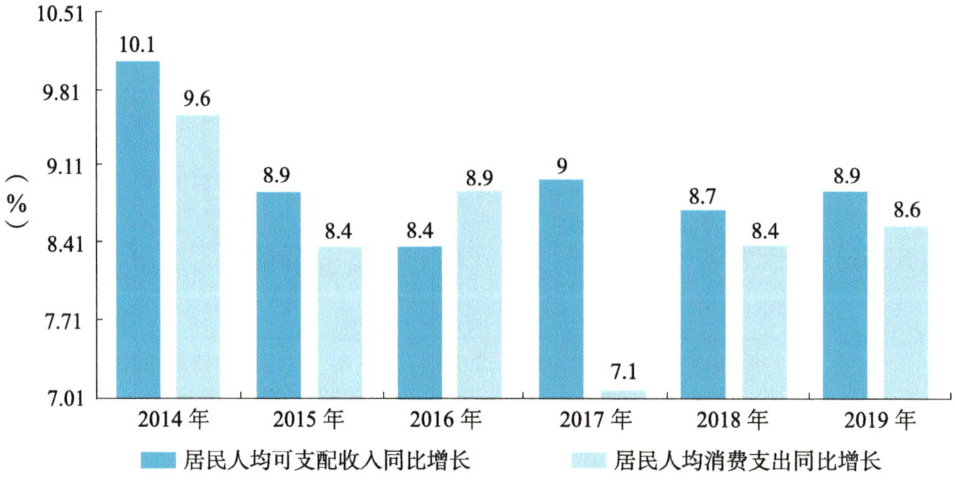

图 20　近年来我国居民人均收支增长情况

从数据上看，我国居民人均收入和支出的增长，高于我国 GDP 的增长速度。（见图 20）

（四）旅游人数及花费情况统计

旅游是康养的黄金搭档，也是与其最为密切相关的产业之一。目前，我国康养主要针对国内的居民，故此次数据，主要是国内的统计数据。

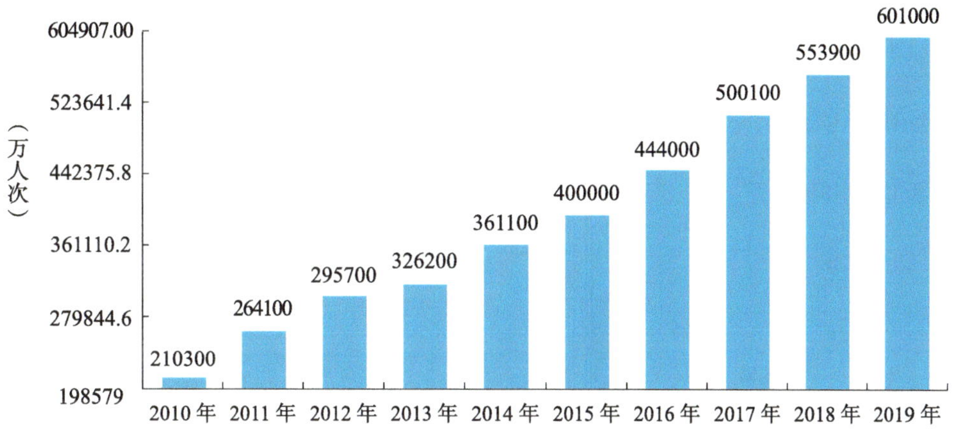

图 21　近十年我国国内旅客变化情况

随着国民收入的增加，旅游成为生活中必不可少的一部分，2019 年国内游更是超过 60 亿人次。不过也有专家质疑数据的准确性，我国 14 亿人口，出游 60 亿人次，相当于人均出游 4 次还多。但从数据来看，我国旅游人数的增加趋势是没有问题的。（见图 21）

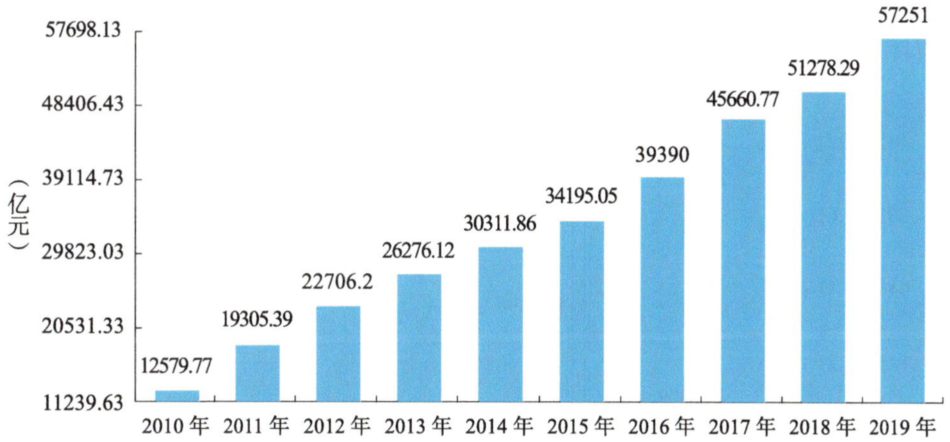

图 22　近十年我国国内旅游花费变化情况

2010—2019 年，十年间我国国内旅游总花费由 12579.77 亿元增加至 57251 亿元。（见图 22）旅游业是我国重要的产业之一，但今年受疫情影响，发展面临着巨大的困难。随着国内疫情的控制，国内旅游正在逐步恢复，各地正在尽力减少损失。今年的特殊情况，打击了旅游业，但据国际货币基金组织预测，2021 年，我国经济增长将达 9.2%。期待明年旅游业能快速复苏，延续增长趋势，迎来爆发。

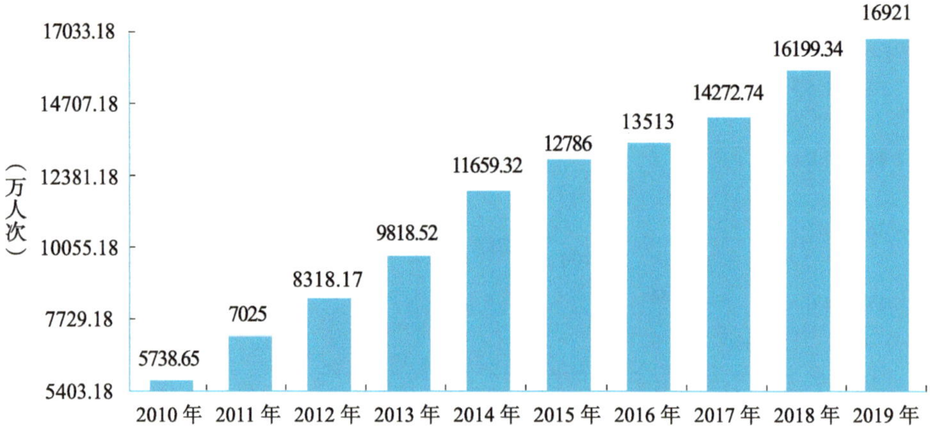

图 23　近十年我国居民出境人数变化情况

近十年，我国国民经济发展较快，居民收入持续提高，出国旅游成为一种时尚。2018 年我国出境旅游人次超过 1.6 亿人，2019 年进一步增长。（见图 23）今年受疫情影响，全球旅游几乎停滞，或许需要一个较长的恢复周期。

（五）医疗机构和人员情况统计

医疗是康养发展的重要关联产业，以下数据，是对全国医疗机构数及从业人数的详细统计。这些数据展现了医疗机构和人员的发展趋势。

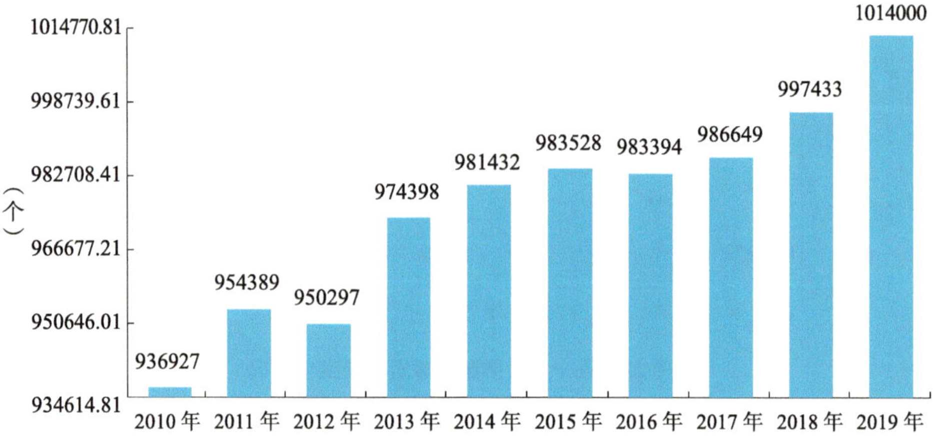

图 24　近十年我国医疗卫生机构数量变化情况

图 24 显示，2019 年，我国有超过 100 万个医疗卫生机构。

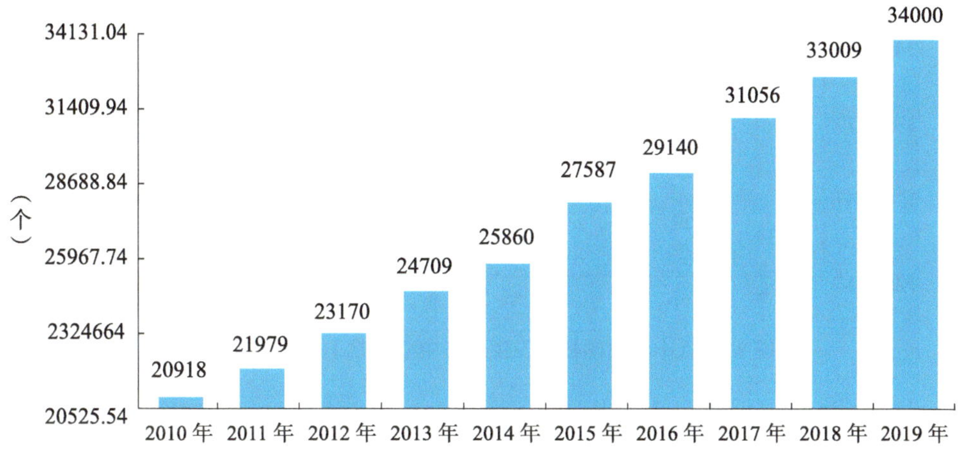

图 25　近十年我国医院数量变化情况

2019 年，我国一共有 34000 家医院。近十年，医疗机构持续增加，说明这十年也是医院投资的黄金时期。与养老机构相比，医疗机构的发展更好。在盈利能力方面，医疗机构也强于养老机构。（见图 25）

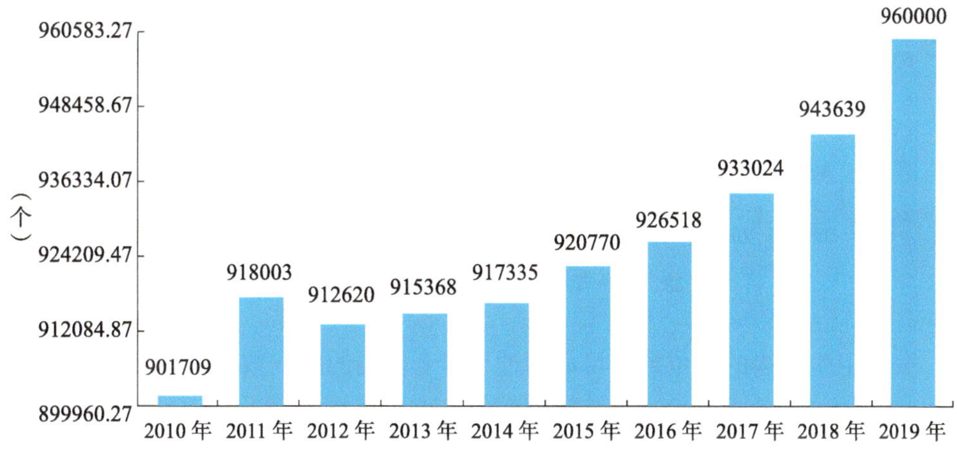

图 26　近十年我国基层医疗卫生机构数量变化情况

图 26 显示，随着健康中国战略的推进，我国基层医疗卫生网络日益完善。

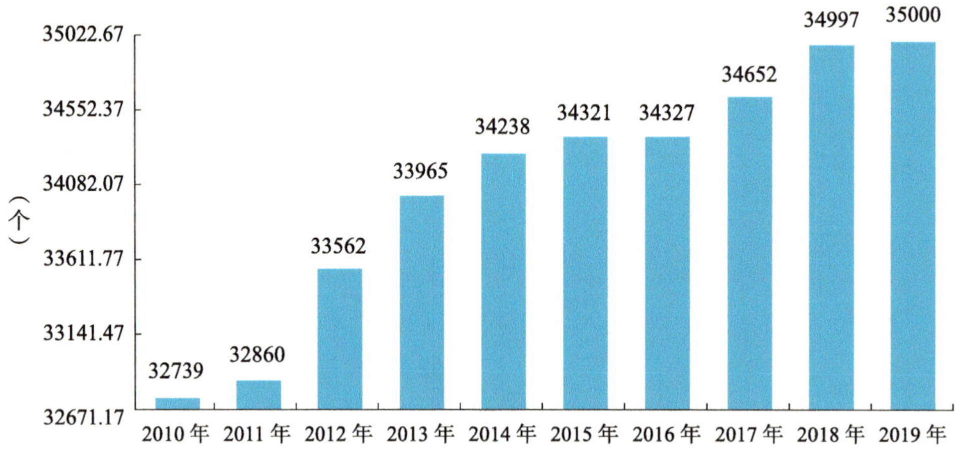

图 27　近十年我国社区卫生服务中心（站）数量变化情况

十年来，我国的社区卫生服务中心已经基本完成全覆盖，2018 年、2019 年数量已经趋于稳定。（见图 27）

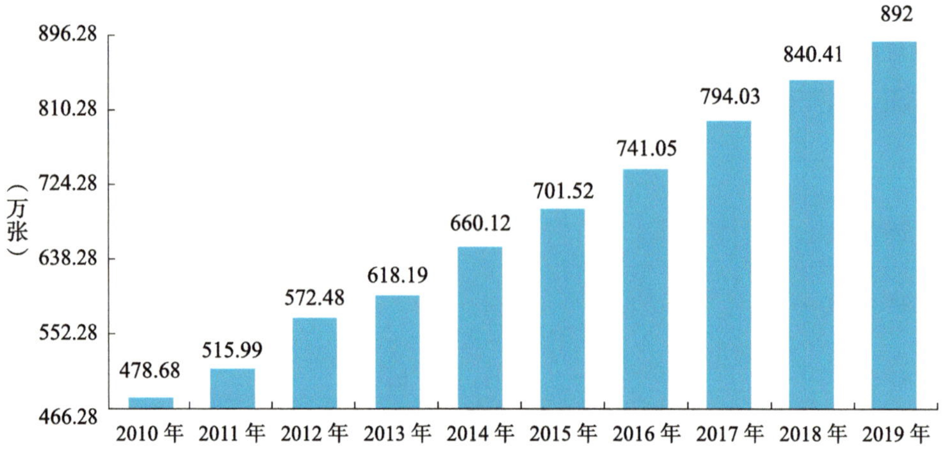

图 28　近十年我国卫生机构床位数量变化情况

我国卫生机构的床位数，目前超过了养老机构的床位数。2019 年，卫生机构床位数为 892 万张（见图 28），而同期养老机构床位数加上社区养老机构的床位数一共为 761 万张，近几年社区养老床位数增加较多，而养老机构床位数增加则相对缓慢，跟不上老龄人口的快速增长。

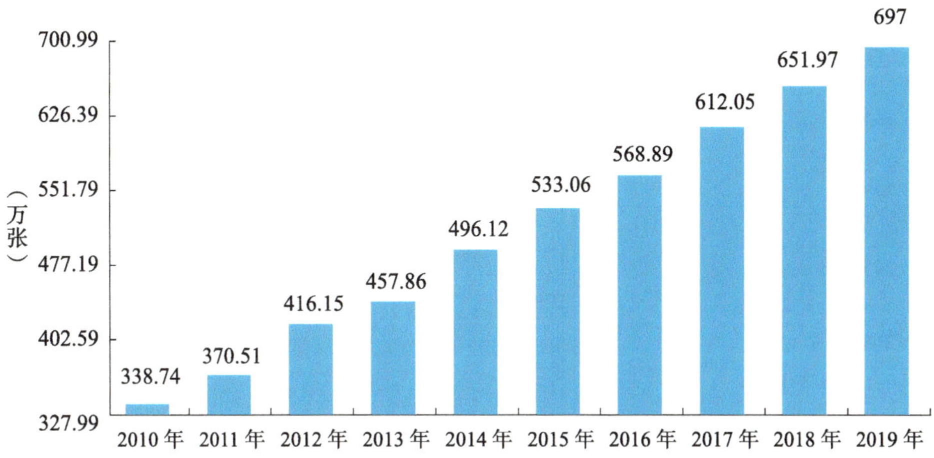

图 29　近十年我国医院床位数变化情况

2019 年，我国医院床位数接近 700 万张，相对来说，医疗床位数的供给和使用率均高于养老机构。据统计，我国医疗床位利用率超过 80%，而养老机构床位利用率一度只有 50%，还有较大的提升空间。近两年，民政部一直在努力提高养老机构的服务质量，以期提高养老床位的利用率，更好地满足养老服务需求。（见图 29）

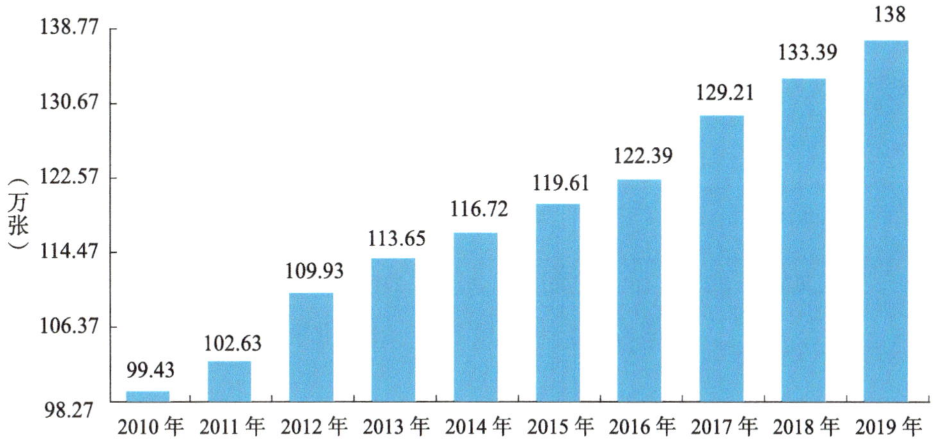

图 30　近十年我国乡镇卫生院床位数变化情况

乡镇卫生院是农村医疗的核心力量，我国农村医疗力量相对薄弱，同样，农村养老也是一个很难解决的问题。（见图 30）

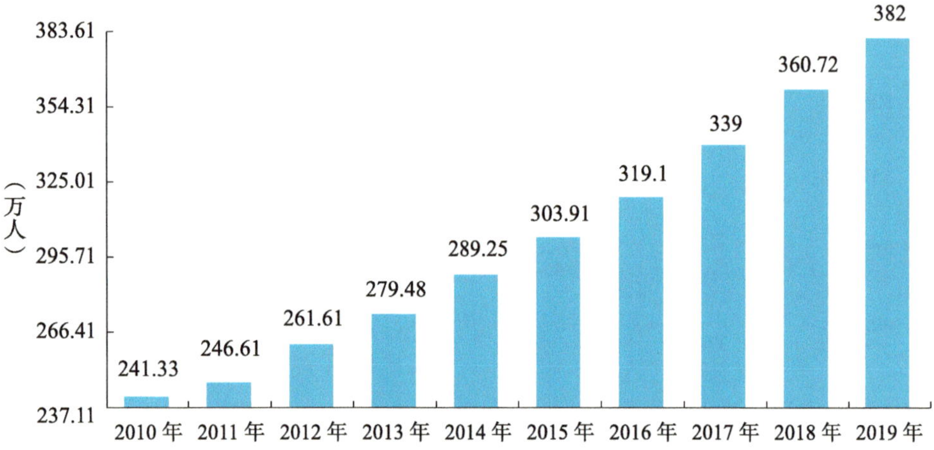

图 31　近十年我国执业医师（助理）数变化情况

专业人才是服务的保障，康养产业是一个人才缺口巨大的产业。目前，我国的执业医师（助理）由 2010 年的每万人 18 位增加至每万人 27 位。（见图 31）

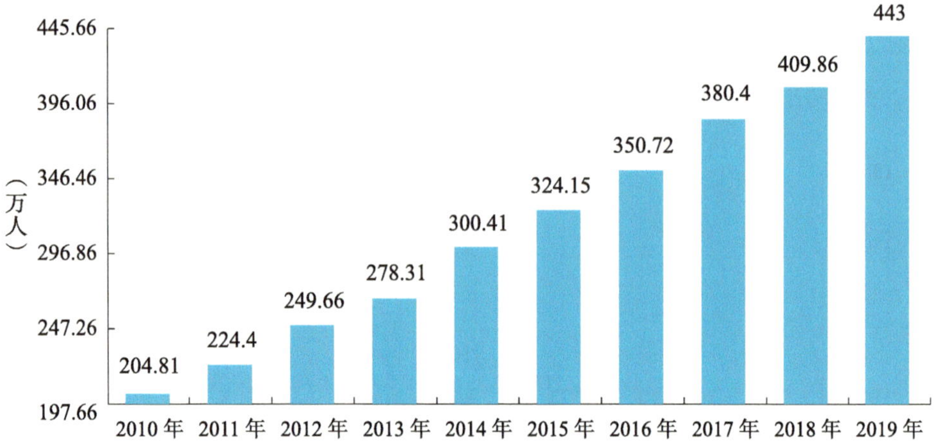

图 32　近十年我国注册护士数变化情况

2019 年，我国的医护比为 1:1.16。一直以来，我国医护比倒置的问题比较突出，直到 2014 年，医护比才达到 1:1.04，并逐年增长。由 2010 年的 1:0.85 持续增加至 2019 年的 1:1.16。（见图 32）近几年护理人才发展速度较快，希望养老服务人才也能够快速发展，以与我国老龄化进程、康养产业的发展速度相适应。

以上图表在国家统计局及民政部发布的相关数据基础上绘制，通过这些图表，可以大致了解康养产业的发展环境、发展前景及发展趋势。但今年情况特殊，受新冠肺炎疫情影响，需要有针对性地进行专题研究，过去十年的发展经验，并不一定适用于今年的发展情况，以上数据对长期发展趋势有很好的参考价值。未来十年，中国将进入快速老龄化的平台期，即自 2022 年开始，每年新增老年人口超过 1000 万人，并将持续十年以上。通过对近十年与养老相关的最新权威数据的统计分析，可以深入理解我国与康养相关的社会经济、产业以及人口等的发展情况及发展趋势，对宏观环境有更具体的认识。

五、我国生态养老产业的发展现状

中国养老产业的起步可以上溯至 20 世纪 80 年代，在计划经济体制的强烈影响下，当时养老产业发展比较缓慢。20 世纪 90 年代是我国养老产业最初提出及兴起的重要阶段。进入 21 世纪以后，随着政府、企业以及社会的介入和学界研究的拓展，中国的养老产业日渐兴起与发展，正成为国民经济中一个不容忽视的产业。

从养老产业发展时间来看，2013 年 9 月 6 日《国务院关于加快发展养老服务业的若干意见》（国发〔2013〕35 号）发布，2013 年，被行业认为是中国养老产业发展的元年。随后 2013 年 9 月 28 日《国务院关于促进健康服务业发展的若干意见》（国发〔2013〕40 号）发布，2013 年，也成为健康养老产业发展的元年。养老产业开始受到各种资本乃至社会各界的关注和积极参与，养老产业进入发展的快车道。

从养老产业发展结构来看，目前我国养老产业中的养老服务、老年教育和养老地产都呈现了快速兴起的势头。因为技术革新或者市场细分的推动，传统的老年日常用品、老年医疗保健及日渐成为时尚的老年旅游也都有较好的发展。生态养老，作为养老产业的一个重要领域，发展也越来越好。

（一）我国养老产业发展的现状

现阶段我国养老产业发展的主要特点，在一定程度上体现了我国的人口发展趋势与我国的经济发展方向、社会转型多重影响重叠，人口老龄化过程同时也是经济体制市场化、公共服务社会化、老龄产业现代化的过程，因而我国养老产业兴起、发展与西方发达国家存在着诸多不同之处，具有典型的中国特色。综合而言，现阶段我国养老产业发展的主要特点包括以下方面。

一是养老产业仍处于发展的初期。2020年2月4日，国家统计局公布《养老产业统计分类（2020）》，确定了养老产业的范围，这是自2013年养老服务业元年以来，又一次标志性的事件，养老产业成为国民经济的重要产业分类之一。

据国家社科基金《养老消费与养老产业发展研究》课题组测算，2015年中国老年市场规模达1.87万亿元，其中养老产业规模达4900亿元；到2050年中国老年市场规模将达48.52万亿元，养老产业规模将达21.95万亿元。虽然从老龄人口的角度来分析，我国养老市场非常巨大，我国养老产业有着广阔的发展前景和快速增长规模，但受国民养老观念、养老服务的消费能力和消费意愿等多重因素影响，目前养老产业实际规模要远小于预测的市场规模。仍然处于发展初级阶段，其中一个明显的印证是养老产业市场规模仅是简单以老年人口消费规模增长为基数，看起来总量规模大，实际规模较小，同时还存在产业链过短过窄、产业间横向合作少、产业间融合程度低等诸多突出问题。

二是养老产业发展不均衡，不同区域、不同城市、城乡之间发展不平衡。目前我国城市地区户籍人口老龄化程度要高于农村地区，养老产业在城市地区依然显得相对集中，特别是北上广深以及新一线城市，养老产业发展已经具有一定的规模，发展水平较高，而三线以下的城市，养老产业规模较小，仍处于发展起步阶段，就区域来看，京津冀地区、长三角地区、大湾区、成渝等区域养老产业发展相对较好，基本与经济发展程度相适应，未来农村养老将成为一个巨大的难题。数据显示，我国74%的民办养老服务机构位于城市，26%位于农村，这说明就目前而言，城市地区是养老服务业发展较为集中的地区，而农村地区受制于经济社会发展水平的滞后，还存在居住较为分散的问题，增加了提供养老服务的难度，消费能力和消费习惯也不足以支撑养老产业快速发展。除了养老产业发展的城乡差异外，养老产业在东中西部区域间的发展还存在着不平衡。总体上看，西部地区养老产业规模和市场化发展程度都要落后于东中部地区；从养老产业市场发展程度来看，当前养老产业主要集中于人口老龄化速度较快的华东和华北等城市地区。

三是养老服务和老年用品发展势头良好。2019年12月31日，工信部、民政部等五部门联合发布的《关于促进老年用品产业发展的指导意见》明确指出，到2025年，老年用品产业总体规模超过5万亿元。在政策扶植力度加大和市场缺口亟待补充的双重带动下，我国养老服务和老年产品总体发展势头良好。目前，随着养老产业市场的发展，相关产业规范和标准也在逐渐建立，中国林业与环境促进会发布的《生态康养基地评定标准》已经于 2020 年 6 月 1 日正式实施，更多的与养老服务有关的标准已经出台，或者正在制定中。随着行业的努力，不久的将来，我国将建立起一套符合中国国情的养老产业标准体系，以适应养老服务业市场化、产业化、社会化的需要。

四是需要进一步厘清政府和市场的边界。目前养老服务的福利色彩浓厚，各地甚至将公办兜底的福利中心都称之为养老产业或康养产业。理解养老事业和养老产业的内涵和区别，厘清政府和市场的边界，有利于出台更有针对性的政策，同时也方便政府加强行业管理，同时有利于加强社会力量参与养老产业的力度。目前，我国养老产业有着市场性和福利性并存的鲜明特点，根据国家对养老产业的定位，社会兜底服务，以政府为主提供，有福利性质，我们多称之为养老事业；而以市场性为特征，提供高质量养老服务，以满足老年人日益增长的对高品质养老服务的需求为主的业态称之为市场化的养老产业。我们不仅需要社会兜底的养老事业来解决困难人群的养老难题，保障社会的基本公平，同时也需要市场化的养老产业来满足更丰富的需求，以实现国家对养老产业作为幸福产业的重要内容，成为拉动消费发展的重要产业形态。随着我国老年人口规模不断增长和老年人口的比例不断增大，社会福利性的养老事业，无论是从服务和产品的多样性提供，还是从政府投资的角度，都不足以满足我国庞大的养老需求。因此，加快市场化的养老产业的发展也承载了政府改进民生、促进消费的重要幸福产业内容之一。政府作为养老产业的重要参与者，不仅制定政策，负责监管，还需要引导营造孝老、敬老的社会环境。政府提供必要的政策和资金扶植，以解决老年人口增长带来的对养老服务的需求增加。从民政部门发布的权威数据显示，我国养老床位的增长数量大幅低于我国老龄人口的增长速度，我国目前养老服务供给端的增长较慢，不仅供需矛盾突出，同时还存在严重的供需错位的问题。

五是社会化的养老产业市场服务尚处于发展初期，养老产业还未形成较为完善的社会分工，如多数养老产品与服务销售渠道单一，促销手段较为落后，市场上专业的第三方营销、策划和销售服务还处于起步阶段。目前，养老产品市场的基本格局是产品种类少，专业化程度低，社会化分工不明确，市场细分不够，缺乏优势的品牌。行业还处在产品、价格和渠道严重同质性的情况，导致行业经常发生低价竞争，影响了养老产业的发展。此外，养老产业宣传促销手段不得法、不到位的主要原因是市场对老龄人口变化的了解程度不够，缺乏品牌效应和供需不匹配。我国不断变化的老龄需求与养老产品和服务之间不相适应的矛盾，使部分涉老产品或者服务在市场竞争中处于被动地位。

六是养老产业创新不足，距国家希望的多样化养老服务和产品还有较大的距离。就整个养老产业来说，行业研究和产品开发相对脱节，在政策和行业标准方面，还存在一些不接地气的情况，导致政策和标准的执行效果打折扣。从整体而言，我国大多数养老产品的研发还处于对发达国家的仿制阶段，独立研发能力十分有限。养老产业的创新服务较少，多数都属于传统项目，主要集中在吃、住和基本的医疗保障方面；产品的品类较为单一，层次较低，尚不能满足我国老龄人口日益多元化、高品质的物质和精神需求；对老年人住房、安全、旅游、金融、保险等方面的产品和服务也较为缺乏。政府需要在鼓励和推动养老产业创新发展方面着力，创造创新氛围，为创新提供政策和资金支持，创新将成为养老产业发展的重要核心动力之一。

（二）我国生态养老发展现状

绿色发展，是我国五大发展理念的重要内容之一。“生态养老”就是将绿色发展理念与养老服务相结合，并深入到养老服务各项细节中，实现了国家“五大发展理念”下“绿色发展”的总体要求。2016 年国务院发布的《“健康中国2030”规划纲要》中指出，应积极促进健康与养老、旅游、互联网、健身休闲、食品融合，催生健康新产业、新业态、新模式。这标志着康养产业上升为国家战略。生态养老模式的提出与发展，将成为我国国民经济新的增长点。2019 年，国家林业和草原局、民政部等四部委发布了《关于促进森林康养产业发展的意见》（林改发〔2019〕20 号）指出，利用森林生态资源、景观资源、食药资源和文化资源并与医学、养生学有机融合，开展保健养生、康复疗养、健康养老服务活动，争取相关部门支持，将森林康养公共基础、健康养老等设施建设纳入当地基础设施建设规划。

目前国内多个城市已经将康养产业作为新兴的战略性支柱产业推动地方共享经济发展。生态养老作为康养产业新业态，既是一种新型产业，也是全新的养老模式，能够推动健康、生态、旅游、医疗、养生、养老、文化、绿色农业等诸多领域产业有机结合与融合发展。目前我国生态养老模式多以森林康养、旅居养老、休闲养生等方式为主，以森林小镇、田园养生度假区、旅居养老社区为载体，着力打造生态养老康养项目。以森林康养为例，2020 年，各地林草主管部门在严格做好疫情防控工作的前提下，将推进森林康养产业复工复产达产与推动四部委《关于促进森林康养产业发展的意见》落地落实有机结合起来，制定出台了一系列政策措施，浙江、江西、福建、河南、贵州等省相继印发森林康养产业发展规划、实施意见等文件，组织开展省级森林康养基地建设，有力、有序推动森林康养产业高质量发展。根据四部门联合部署开展国家森林康养基地建设工作要求，现已遴选出了首批 107 个国家森林康养基地名单。在国家和各地方政府的政策支持下，市场主体已陆续重视和加大以森林康养为主的生态养老产业布局。

如上所述，生态养老产业的迅速催化与成长，促进了养老环境的改善与扩张，预示了我国深度老年化的一种可行规划方案和社会工作机制。但同时也应看到，生态养老产业布局和生态养老项目开发，多以高定位、服务养老高端人群为主，而这一类人群仅为老年人口总数的 6%，覆盖面还太窄太小，于建构普适的、和谐的理想老龄社会而言仍不能不说是一个小短板。无论从养老顶层设计来看，还是从产业发展与养老服务中微观层来看，生态养老模式都需要从现状中再作思考，再出发，积极开拓和丰富生态养老新模式。

六、生态养老产业发展新趋势

养老产业，是以保障和改善老年人生活、健康、安全以及参与社会发展，实现老有所养、老有所医、老有所为、老有所学、老有所乐、老有所安等目的，为社会公众提供各种养老及相关产品（货物和服务）的生产活动集合，包括专门为养老或老年人提供产品的活动，以及适合老年人的养老用品和相关产品制造活动。2000 年，《中共中央、国务院关于加强老龄工作的决定》（中发〔2000〕13 号）首次提出“老年服务业的发展要走社会化、产业化的道路”“培育和发展老龄消费市场”。2006 年《国务院办公厅转发全国老龄委办公室和发展改革委等部门〈关于加快发展养老服务业的意见〉的通知》（国办发〔2006〕6 号）进一步提出逐步建立和完善以居家养老为基础、社区服务为依托、机构养老为补充的服务体系。鼓励社会资金以独资、合资、合作、联营、参股等方式兴办养老服务业。2011 年，国家“十二五”规划纲要进一步强调“加快发展社会养老服务，培育壮大老龄服务事业和产业，鼓励社会资本兴办具有护理功能的养老服务机构”。2013 年 9 月，《国务院关于加快发展养老服务业的若干意见》（国发〔2013〕35

号）发布，被认为是养老产业的元年。2015 年，党的十八届五中全会通过了《中共中央关于制定国民经济和社会发展第十三个五年规划的建议》（以下简称《建议》）。《建议》指出，积极开展应对人口老龄化行动，弘扬敬老、养老、助老社会风尚，建设以居家为基础、社区为依托、机构为补充的多层次养老服务体系，推动医疗卫生和养老服务相结合，探索建立长期护理保险制度。全面放开养老服务市场，通过购买服务、股权合作等方式支持各类市场主体增加养老服务和产品供给。2019 年 10 月 31 日，中国共产党第十九届中央委员会第四次全体会议通过《中共中央关于坚持和完善中国特色社会主义制度推进国家治理体系和治理能力现代化若干重大问题的决定》，明确提出：满足人民日益增长的美好生活需要。积极应对人口老龄化，加快建设居家社区机构相协调、医养康养相结合的养老服务体系。党中央明确最新的养老服务体系的建设目标，首次明确提出医养康养相结合。

《中国发展报告 2020：中国人口老龄化的发展趋势和政策》显示：从 2000 年迈入人口老龄化社会以后，老龄化发展速度较快。2000—2019 年 65 岁及以上老年人口占比从 7% 上升至 12.6%。根据预测，中国将在 2022 年左右，由老龄化社会进入老龄社会，届时 65 岁及以上人口将占总人口的 14% 以上。为积极应对即将来临的老龄化高峰，国家发布了大量政策，以促进我国养老产业的发展。随着“6275”新一轮的婴儿潮进入老年阶段，从 2020 年开始，出生于 20 世纪 60 年代的人群将逐步进入老年阶段，他们是我国第一批独生子女父母。“60 后”一代将加入老年群体的队伍中，将逐渐成为老年人口的主体。较高的收入意味着“60 后”具备较高的消费能力，这表明我国老龄产业和养老服务市场蕴含着巨大的发展潜力。

第一，我国人口出生率低、人口老龄化趋势明显。目前，我国的老年人口数量持续上升、人口出生率持续降低，人口老龄化趋势即将进入一个高速增长的平台期。数据显示，2019 年，我国 65 岁及以上人口数量为 1.76 亿人，占总人口比例为 12.6%，这一比例相较于 2018 年提升了 0.6 个百分点。同年，人口出生率下降为 10.5%，较 2018 年下降了 0.5 个百分点。60 年前，1959—1961 年是我国三年特殊的困难时期，这三年新生人口较少，但三年困难时期过去以后，1962 年，我国人口迎来爆发式增长，并自 1962 年开始进入持续高增长阶段，与之对应的，1962 年出生的人口，将在 2022 年进入 60 岁老龄阶段，2022 年我国将进入老龄社会，同时进入一个老龄人口高速增长的平台期。

第二，政策赋能养老产业发展。积极应对人口老龄化带来的各种难题，一直是我国政府部门关注的重点问题。2019 年 11 月，中共中央、国务院印发了《国家积极应对人口老龄化中长期规划》（以下简称《规划》），《规划》指出，构建为老服务供给体系的具体工作任务，一是夯实应对人口老龄化的社会财富储备，二是改善人口老龄化背景下的劳动力有效供给，三是打造高质量为老服务和产品供给体系，四是强化应对人口老龄化的科技创新能力，五是构建养老、孝老、敬老的社会环境。

第三，生态养老将成为重要的发展方向。近年来，国家非常重视生态文明建设，保护生态、可持续发展都是当前社会经济发展的重要原则，生态养老是保护生态环境、践行“绿水青山就是金山银山”的产业形态，生态养老与乡村振兴结合，可以充分发挥美丽乡村的生态环境、生态资源优势，提供高质量的养老服务。2020 年 6 月 11 日上午，国家发展改革委员会同自然资源部、国家林草局通过线上方式举行《全国重要生态系统保护和修复重大工程总体规划（2021—2035 年）》（以下简称《总体规划》）新闻发布会。自然资源部国土空间生态修复司司长周远波强调，一定要通过释放政策红利，为社会资本、社会力量投入生态保护增加动力、激发活力、挖掘潜力，逐步打通绿水青山转为金山银山的通道。《总体规划》提出了五条重要措施，其中第四条措施就是要结合有关重大工程的实施，积极推动生态旅游、林下经济、生态养老、生物能源等各种特色产业的发展。在国家层面，生态养老越来越受重视，正发展成为特色产业，再加上随着老年人对日益增长物质文化的需求，生态养老可以很好地满足喜欢自然、亲近自然、向往田园生活等部分老年群体的养老需求，生态养老将成为我国养老服务体系的重要内容。

七、中国生态养老产业政策沿革

从 2013 年健康养老产业元年以来，为推动产业的发展，国家陆续颁布了系列法律、法规、条例、意见等，通过政策的制定与颁布，引导和规范我国健康养老产业的发展方向与市场化秩序。生态养老作为健康养老产业的重要分支，正在各部委的政策层面获得支撑，自然资源部、国家林业和草原局、国家农业农村部、民政部、国家卫生健康委员会、国家中医药管理局等多个部门制定相关政策予以支持，不仅在原则上鼓励和支持生态养老产业的发展，还在相关的土地等方面出台了支持政策。生态养老作为我国养老服务业的重要组成部分，政策支持的力度也越来越大，梳理我国生态养老服务业发展近几年的政策重点及脉络体系如下。

（1）2012 年前：养老服务多为政府社会福利事业，老年人权益保护、养老保险等基本保障体系的约定为政策的主要内容；社会养老服务体系初步建立，政策主题内容多为养老保险等基础性老年社会权益问题的保障，养老尚未形成市场化产业，更多的为政府性社会福利事业。

（2）2012 年：社会基本养老服务体系建设时期，开始鼓励民间资本参与社会养老服务体系构建，更多政府部门参与、多项政策鼓励和引导社会资本参与养老事业，养老产业的市场化进程开始萌芽。

（3）2013 年：产业发展元年，以《国务院关于加快发展养老服务业的若干意见（国发〔2013〕35 号）》和《国务院关于促进健康服务业发展的若干意见（国发〔2013〕40 号）》这两个文件为标志。多部门、多方面引导社会资本参与产业构建政策数量渐多，从各个方面出台养老服务体系构建支持政策，其中《养老机构管理办法》和《养老机构设立许可办法》以及一系列相关补贴出台，对机构养老的关注和投资成为热点。

（4）2014 年：鼓励养老服务相关业态融合，打破外资进入障碍。2014 年为全国养老相关政策的井喷年，从养老用地、养老信息系统构建、养老服务标准化、养老人才培养等各方面入手，全面推动养老服务市场化运作，养老服务政策支持体系初步形成。

（5）2015 年：在国务院政府工作报告中提出制订“互联网 +”行动计划。这一年中健联盟产业研究中心提出的“养老 +”，成为当年养老政策和养老产业发展趋势的最好表述。强调医养结合发展，产业金融、智慧信息化等支持业态引入，人才培训、养老服务管理标准化、医养结合、养老产业金融等成为全年政策扶持的重点领域。政府政策鼓励和推动社会资本力量全面参与的同时，引导和纠正社会资本的理性参与，规范养老服务产业发展。2015 年 4 月 25 日，中共中央、国务院发布《关于加快推进生态文明建设的意见》，明确要求：牢固树立尊重自然、顺应自然、保护自然的理念，坚持绿水青山就是金山银山，加快形成人与自然和谐发展的现代化建设新格局，开创社会主义生态文明新时代。生态文明、可持续发展、养老服务等发展成为国家战略。

（6）2016 年：“健康中国 2030”、“十三五”规划年，闲置资产盘活为重点，支撑业态开始发力。

2016 年是以往多年我国健康养老产业相关政策颁布最多的年份，在《“健康中国”2030 规划纲要》的指引下，我国养老服务业的发展更多向“医养结合”“健康养生”等方向发展，闲置资产盘活背景为养老服务设施落地提供了多元化的物业获取渠道，康复辅助器具、老年宜居环境建设等成为重要支撑。

2016 年 12 月 23 日，国务院办公厅发布《关于全面放开养老服务市场提升养老服务质量的若干意见》（国办发〔2016〕91 号），开篇即明确：养老服务业既是涉及亿万群众福祉的民生事业，也是具有巨大发展潜力的朝阳产业。同时发展养老事业和养老产业，成为国家发展养老服务业的基本指导原则和发展方向。

（7）2017 年：党的十九大定基调。党的十九大报告中提出：构建养老、孝老、敬老政策体系和社会环境，推进医养结合，加快老龄事业和产业发展。这为新时代中国特色养老事业指明了方向。以“放管服”为抓手，政策体系框架内容逐渐细化落地，标准化、规范化、多产业融合发展为主调，2017 年伊始《关于加快推进养老服务业放管服改革的通知》政策的出台，奠定了本年养老政策主基调，相较于之前的放开、鼓励与支持，更多增加了标准化、规范化管理及质量监管等方面的措施内容，养老院服务质量建设专项行动、养老服务机构质量整治与监管等陆续实施。

（8）2018 年：国家卫健委成立，“放管服”持续细化，准入门槛进一步降低，养老服务质量提升举措深化下，医养结合与金融环境创新成核心内容。2018 年对于健康养老产业最重大的事件，莫过于将老龄办的职能与部门统一纳入卫健委管辖。在这一背景下，医养结合再次被强化，并随着新一轮医改制度逐渐嫁接和延伸到全国范围。社区和居家成为养老服务业拓展的新领域，结合社区医疗卫生服务的医养结合服务，逐渐渗透。另外，养老目标证券投资基金、提高基本养老保险基础养老金最低标准、养老服务行业信贷等政策内容的出台，也进一步优化了我国养老服务业乃至健康养老产业的金融创新环境，进一步提高了我国养老服务需求端的支付能力。

（9）2019 年：“养老”一词频现 2019 年的政府工作报告，养老成为工作重点。通过梳理历年政府工作报告，我们发现 2019 年变化是提及要降低企业缴费负担、大力发展社区养老以及推进多层次养老保障体系建设，归根到底是要降低负担、提高待遇以及大力发展性价比高的社区养老服务。报告还提到，积极应对人口老龄化，发展居家、社区和互助式养老，推进医养结合，提高养老院服务质量。做大做强新型产业集群，实施大数据发展行动，加强新一代人工智能研发应用，在医疗、养老、教育、文化、体育等多领域推进“互联网 +”，增加医疗、养老、教育、文化、体育等服务供给。

为改变我国公立养老机构占据主要市场的现状，以民营资本准入、审批制度简化等政策来降低养老产业门槛；强化市场属性，发挥市场优势，将养老作为一种服务、一种消费，以保障老年人基本生活、基本医疗、基本照护为导向来建立社会养老服务体系。而政府主要发挥监管、培育、扶持和引导市场的作用；养老产业受市场需求旺盛和政策支持鼓励双向驱动，迎来巨大的发展机会，就目前的政策主线来看，提高养老服务质量，实施居家养老、医养结合的服务成为主流。

（10）2020 年：李克强总理在政府工作报告中强调，推动消费回升。通过稳就业促增收保民生，提高居民消费意愿和能力；支持餐饮、商场、文化、旅游、家政等生活服务业恢复发展，推动线上线下融合；促进汽车消费，大力解决停车难问题；发展养老、托幼服务；发展大健康产业；发展居家养老、用餐、保洁等多样社区服务。总理将养老消费、多样化的养老服务等放在扩大内需战略这部分，养老作为拉动消费的重要内容之一被提及，国家发展改革委员会在介绍 2020 年政策取得时，也强调释放消费潜力。促进教育、医疗、养老、家政、文旅、体育等服务消费线上线下融合发展，进一步支持依托互联网的外卖配送、网约车等新业态。发展大健康产业。在 2016 年，国家提出同步发展养老事业和养老产业以来，养老作为拉动消费的重要产业，作为幸福产业的重要内容，将成为国民经济的重要内容。

近年生态养老产业相关政策名录见附件 3。

我国养老服务业相关政策内容的演变，对应于生态养老产业的发展，是沿着“放开、规范、创新”的思路推进的，其养老服务的政策内容在不断完善“持续吸引社会资本进入”“降低注册、设立、审批门槛”、从补砖头向“补人头、补建设、补护理、多方位健全支付体系”“多产业、多业态融合发展”“规范化、标准化、质量全面提升”“从机构到社区到居家，从医养到康养”等横向多线条的框架体系的同时，也在不同线条之上纵向细化。相应政策框架体系虽然日渐完善，各线条政策的细化与成熟度却参差不齐，进而导致相互之间存在衔接不畅的问题，如虽然政策在支付端层面不断通过提高基本养老保险基础养老金最低标准、养老服务相关补贴等方式提高我国老年人群的支付能力，刺激养老服务相关消费意愿，但却没有对相应补贴的使用方式、用途内容等进行详细分类与规定，进而导致老年人将原本用作购买养老服务的补贴用到它处。

除此之外，我国的养老服务业在相关政策持续出台的同时，法律法规层面却尚未较多涉及，已有法律文件仍以保护人身权益为主，缺乏产业实际落地过程中的专门立法，养老服务的市场化运作缺乏基本的法律兜底与保护。另外，现有政策意见多以全国性为准，地方性创新以先行区域 / 城市为主，突破性较低，导致由上到下贯彻不落地、不实际、不顺畅，进而使政策措施在不同地方的实际效果参差不齐，全国范围内养老服务市场化程度相差甚远。

八、我国生态养老产业的机遇与挑战

（一）我国生态养老产业的机遇

生态养老市场发展潜力巨大。人口老龄化是我国的基本国情，我国人口老龄化呈现出以下基本特征：（1）绝对规模大。2019 年末，我国 65 岁及以上人口已达 1.76 亿人，占总人口的 12.6%。预计“十四五”期间，我国老年人口数量和比例将继续增长，65 岁及以上人口将超过 2.1 亿人，占总人口比例约为 15%，我国将由老龄化社会进入老龄社会。2035 年和 2050 年，65 岁及以上人口规模将达到 3.1 亿人和接近 3.8 亿人，占总人口比例分别为 22.3% 和 27.9%。（2）我国老龄化正加快发展。我国将是世界上人口老龄化速度最快、人数最多的国家之一。（3）家庭变迁加剧应对老龄化的难度。人口老龄化在家庭层面表现为家庭小型化、少子化、老年人家庭户比重提升。全国人口普查资料以及国家应对人口老龄化战略研究显示，1982 年，我国平均家庭规模 4.41 人，2010 年减至 3.10 人，2050 年将进一步缩小至 2.51 人；2010 年，我国有无子女家庭 840 万户、无配偶老年人 5162 万人、丧偶老年人 4786 万人，到本世纪中叶，这些数据将分别增加至 4000 万户、1.57 亿人、1.50 亿人左右。

老龄人口基数大，随着老年人消费能力的提升，我国养老产业将成为最具发展潜力的朝阳产业。

（二）我国生态养老产业的挑战

同质化的生态养老服务产业竞争激烈，产品竞争力弱。生态养老产业的发展尚处于初级阶段，各种矛盾突出。相关配套设施及专业人才不足，养老资源的配置存在偏差和失衡现象。国内养老和老年医疗服务供给严重不足，目前养老床位水平较国务院颁布的 2020 年养老床位目标差距为每千人 4 张床位，预计有待拓展的市场规模达到 4000 亿元，机遇无限。居家养老将是国内养老未来发展的重点，全国多地颁布类似“9073”的发展计划，预计将有 90% 的老人居家养老，发展方向包括上门护理、居家智能养老设备、适老家居改造等。

1. 国内养老产业挑战之一：养老资源总量不足、结构错配

目前尽管各地已经出台了“9073”或“9064”的养老产业发展策略，但机构养老床位仍然出现严重的错配和不足。“9073”或“9064”是指 90% 的居家养老、6%~7% 的社区养老以及 3%~4% 的机构养老。尽管目标仅有 3%~4%，但床位缺口仍然巨大。从数量上来看，根据民政部统计，2017 年全国包括城市养老机构、农村养老机构和社区养老机构的各类机构数量约 6.8 万家；各类养老床位 745 万张，比上年增长仅 2%。过去五年中，养老服务床位数由 493.7 万张增长到 744.8 万张，年均增长 9%。2017 年，我国每千老人床位数为 30.9 张，比上年减少了 0.7 张，主要原因除去总床位数增长放缓外，2017 年人口结构中 65 岁及以上老人较前一年增长了 0.6%，远高于之前五年年均增长 0.3% 的水平。可见，供给增加乏力的同时老龄化需求加速上升，由此导致了巨大的市场缺口。另外，全国养老机构的床位利用率并不乐观，养老资源出现一定程度的错配。从民政部数据看，农村和城市的养老机构的床位利用率从 2011 年波动后出现下降。农村养老机构的床位利用率从 2011 年的 79.5% 下降至 2015 年的 65%，城市的床位利用率由 2011 年的 61.5% 下降至 2015 年的 51.2%。其中，一方面原因是因为全国范围内新建养老机构增长迅速，造成床位利用率降低，为日后老人的机构养老需求提供了一定的缓冲空间；另一方面，我们在现实中看到的是不少养老机构人满为患，老人得不到应有的尊重和照护，因此养老资源的错配仍然较为严重。具体而言，目前中国社会化养老机构供给总体格局呈现两头大、中间小的“哑铃形”资源错配问题。处于两端的豪华福利型养老机构和设施简陋的救助型养老机构较多，而真正符合大多数老年人、针对失能半失能老年人的刚性需求，也就是既能够满足基本生活照料又具有医养结合康复护理功能的中档养老机构所占份额较低。由此导致的短缺性供给无法满足日益增长的市场养老需求，进而突出了“空床率过半与排队拥挤短缺并存”的结构性供求矛盾。养老机构及床位供给量与市场需求量缺口巨大，急需改善。根据 2013 年国务院《关于加快发展养老服务业的若干意见》中拟定的目标，到 2020 年，每千名老人拥有的养老床位要达到 35~45 张。那么到 2020 年各类养老床位需求将达到 875 万 ~1125 万张，这之间有 195 万~445 万张的缺口。而若按照“百名老人 5 张床位”的国际标准计算，我国养老床位的缺口将更大，到 2020 年，我国各类养老床位需达到 1250 万张，缺口达 570 万张，增长幅度将是目前水平的近一倍。若按照 5000 元 / 床·月的费用来测算，到 2020 年机构养老的市场规模将达到一年 7500 亿元人民币，对应的缺口在 4000 亿元人民币左右。此外，供给错配不仅体现在床位利用率低，还体现在总供给结构与需求结构的不平衡上。虽然机构养老的总投入仍旧有待改善，但相较而言，居家和社区养老服务资源得到的发展更加不足。“9073”战略中 90% 的居家养老和 7% 的社区养老潜在的市场空间更大，也更符合大多数老年人居住在熟悉环境中的偏好，但目前尚未得到充分的发展。

2. 国内养老产业挑战之二：市场化及专业化水平有待提升

长期以来，国内养老模式的发展处于困境之中，一直未找到很好的盈利模式。由于国家养老供给在城乡区域布局上的错位，公私立机构非平等性竞争乃至政策歧视性双轨制运行，导致了养老市场在不同供给主体间形成扭曲割裂的状态。加之养老社会保险改革约束下的基本养老金低水平约束等问题，使养老产业发展受到牵制。基于此，如何有效突破传统官本位体制对养老事业产业化发展的行政性掣肘、寻租性束缚，并在公益非营利性的养老事业与市场营利性的养老产业之间找到平衡点，在政府主导并托底的社会基本养老保险体系支撑下促进养老产业健康发展，是急需探究的课题。

目前，发达国家可借鉴的成功模式主要有：以日本为代表的政府补贴福利型养老和以美国为代表的市场化养老。近年来，虽然我国政府重视养老问题，频繁颁布养老政策，我国企业也曾多次通过前往日本考察养老业、与日本养老机构合作等形式试图效仿日本养老模式，但至今尚未诞生较为成功的日式养老案例。

我们认为，中国的养老产业应逐步走向市场化的养老体系，满足全方位的社会需求。大体来说，可以参照美国高端及大众需求市场化，基础养老需求由社会养老基金体系保障的模式。从日本成熟的养老体系中值得学习的内容则集中在其高质量的介护技术、医疗服务及精细化管理上。选择通过产业市场化回应养老需求而非社会保障的主要原因有二：其一，日本养老体系本质上属于社会福利型，考虑到我国社会整体上的“未富先老”局面，加之老龄人口基数庞大，实施难度可想而知；其二，日本模式更注重半自理和不能自理老人的介护和医疗服务，而美国市场化模式下的养老产业更完整，涵盖了不同健康程度的大众化和高端需求。但是，必须注意到，美国REITS（房地产投资信托）模式需要较低的资金成本环境及政府大力支持。因此，国内养老产业的市场化道路上，需要政府的激励产业政策以及持续性的资金投入来主导推进。

九、生态养老的共享模式发展

我国人口老龄化形势日益严峻，2019年中国60岁及以上人口占总人口的18.1%，65岁及以上人口占总人口的12.6%，并且中国人口老龄化呈现未富先老、未备先老、未富先骄的特征，而养老服务体系滞后，导致养老负担沉重。中国传统的家庭养老模式在城镇化与家庭规模小型化的冲击下，养老服务功能不断弱化，子女对父母的照顾往往力不从心；机构养老存在结构失衡、床位空置率高、经营困难等问题；居家养老服务内容单一，建设滞后，供给与需求不能匹配；有效制度供给不足，长期护理保险制度仍在探索之中；农村老龄化问题比城市更为严重，农村有大量的留守老人和老年农民工，根据《2017年农民工监测调查报告》数据显示，2017年中国外出农民工总量达17185万人，举家外出的农民工占比趋于30%，而这背后存在着数以千万计的留守老人。

因此，中国亟须寻求更加有效的生态养老模式，以解决养老面临的困境。共享是五大发展理念之一，也是国家积极鼓励和推动的发展模式，未来几年，共享经济将保持年均40%左右的增长速度，这是目前极少能达到如此高速增长的领域。共享经济已转化为中国现实的经济发展诉求。同样地，共享经济的发展和运用也将有利于解决目前的健康养老困境。

生态养老（包括森林康养、旅居养老等）是健康养老产业最适合发展共享经济模式的服务领域，在传统的旅居等养老模式中，建设旅居养老基地，然后去发展客户，然后再去建设旅居养老基地，再去发展客户，如此周而复始。建设旅居养老基地，需要投入大量的资金、人才，而建好基地以后，要发展客户，又需要投入巨大的人力和财力，以至于到目前为止，还没有成规模的企业产生。截至目前，健康养老产业，从2013年国务院35号文发布以来，将近七年的时间，行业还处于发展的初级阶段，整个行业缺乏龙头企业带动，近年来的“中国养老十大品牌活动”就是要找出行业发展过程中具有龙头引领作用的品牌。可以说，当前行业发展方向、发展模式还不够清晰，政府大量补贴，有效的商业模式尚未成型，各方都在寻找行业发展的突破点，寻找发展的风口。

1. 共享养老模式概述

共享养老是指通过有组织地将基地、服务、客户等养老行业的要素资源，通过第三方平台或机制，提高养老基地的使用率，提高养老服务质量，同时多渠道吸引客户，形成资源共享，以充分发挥资源的使用效率，提升服务能力，在共享的过程中，充分整合了互联网、大数据、云计算等现代技术，这是养老与共享经济的融合，是一种利用共享经济发展生态养老产业的新型模式。

（1）共享养老供需双方的分析与确定。

共享经济有三大参与主体，即商品或服务的需求方、供给方和共享经济平台。因此要提出切实可行的共享养老实现路径，就必须充分了解共享养老平台所为之服务的供需双方。以前我们往往存在一种误解：老人群体就应该是被照顾的一方，是物质照料、医疗保健和精神照料的对象，是绝对的需求方；实际上，在我国众多的老龄化人口中，有很大一部分是身体健康、精力充沛的低龄活力老人（70 岁及以下），从《中国发展报告 2020：中国人口老龄化的发展趋势和政策》中了解到，当前，中国的低龄活力老人约有 1.4 亿人，占总人口的 1/10，数量远超高龄与失能老年人的数量。《2011 年度中国老龄发展统计公报》显示，60—69 岁低龄老人占老年总人口的 56.2%，这些低龄老人知识技能较强、经验阅历丰富、抽象思维活跃，而且在时间上、技能上、经验上、物质上、心理上具有优势，他们渴望发挥余热，因而他们在某些领域也可以成为供给方，为年轻人和青年人提供服务，在共享养老模式实现的过程中，可以通过老人群体特征的不同来确定供需双方。

以年龄结构划分为例，在老人群体中，60—69 岁为低龄老人，70—79 岁为中龄老人，80—89 岁为高龄老人，90 岁及以上为“长寿”老人。低龄老人思维判断能力还保持着普通人智力高峰期的 80% 到 90%，他们中的一些人的智力和创造力甚至将进入又一个高峰期，他们拥有物质资源，拥有知识和经验，可以为其他人提供服务，作为供给方，如可以提供空置的房间给需要低成本租房的年轻人，同时他们获得了生活的陪伴，还可以为租客提供某一领域的知识和经验。共享养老平台利用信息互通和信息匹配方面的优势，在满足养老需求的同时，实现合作剩余，增加社会和经济效益。同时这个年龄段的老人，也是文化娱乐服务、体育健身服务、养生服务的需求方，一些社会组织和个人可以针对老年人需求提供相应服务，激活养老产业。而对于中高龄老人，由于其身体机能的下降，因此他们更多的是作为需求方需要更多的生活照料服务、医疗保健服务、应急救助服务和精神慰藉服务，共享养老平台可以充分集合与调动分散的社会服务资源，有效整合和优化闲置资源的企业、医院、社区、义工、专职服务员及其他社会服务力量，满足中高龄老人养老需求。

共享养老也可以根据其他划分标准来分析供需双方，如果按居住情况划分，可以分成独居老人、与他人一起居住的老人和居住在社会机构中的老人。居住情况不同，供需方和供需内容就会发生改变，提供的资源和服务也会发生变化。如独居的老人精神需求欲望强烈，更多的是需要陪伴。按居住地域划分，可以分成城市老人和农村老人，他们两者需求层次和需求内容都具有较大差异，在共享养老平台的设计上必须要考虑到两者的特点，并根据特点进行供需匹配。按健康情况划分，可以分成健康老人、慢性疾病老人、半失能老人和失能老人，健康老人作为供给方，他可以提供美食、带孩子、做家政，也可以进行专业知识的培训；慢性疾病老人需要智能设备对身体进行监测，需要建立健康状况的基础数据库，需要家庭安装报警装置，需要一些应急救助服务；半失能老人和失能老人需要更密切的生活照料。

（2）共享养老模式的构架。

共享经济目前有共享固定资产的产品服务系统、基于网络平台的商品再分配、共享技术、时间、劳务等无形资源的协作模式等三种盈利模式。根据前面对共享养老供需双方和供需内容的分析，共享养老融合了这三种盈利模式，含有共享固定资产产品的内容，比如要把独居老人的空余房间出租给年轻租客；也含有基于网络平台的商品再分配，比如保健预防产品和智能监控设备；还有占更大比例的无形资源的协作，比如老人知识与经验的提供和传授，社会组织和个人文化娱乐、体育健身活动的提供等。因此，共享养老平台应具有专业针对性，不能一味地“大而全”，而要“小而精”。

共享经济的商业模式运作有三个关键因素，一是整合利用闲置资源，二是通过互联网共享平台进行供需匹配和监管，三是个人从线上到线下参与共享合作。共享养老可积极借鉴这种商业模式，充分利用互联网，充分利用与养老产业有关的各种资源，包括产品销售、服务的提供。要建立共享养老的商业模式，首先要根据一定的划分标准确定共享供需双方，然后整合供给方线下闲置资源聚合到共享养老平台，接着共享养老平台依靠这些闲置的资源为需求方提供个性化定制化服务，最后由共享养老平台借助于移动互联网、移动支付、云计算、大数据、LBS 等技术手段进行需求方与供给方的对接，这是共享养老商业模式的内容。

2. 实现共享养老模式的条件

（1）技术条件。实现共享养老，就需要有一定的标准和机制，建立整合养老供需资源的网络平台。这个平台通过轻资产运营，依赖移动互联网、互联网支付、位置定位服务技术、云计算、大数据、物联网等技术手段，有效的技术手段能够将需求方和供给方实现最优匹配、资源整合，满足养老需求的同时，调整养老产业供给。

（2）物质条件。实现共享养老模式的物质条件，指的是养老产业所拥有的闲置产能，只有明确闲置产能，才能充分利用闲置资源，对闲置资源进行再分配，共享养老的物质基础就是不同个体和组织提供的形形色色的养老闲置资产池。养老产业拥有大量明确闲置产能，才能有针对性地提供有利于共享养老的网络平台，网络平台与明确闲置产能是相辅相成的，缺乏任何一方，都无法解决养老中存在的问题。在养老领域，有大量的闲置产能可以进入到经济市场，比如低龄老人的潜在人力资源，独居老人的房屋资源，社会上愿意提供零工服务的老人资源，等等，这为共享养老的实现提供了物质条件。

（3）认知条件。共享养老模式让老人与其他个人或组织在共享使用权的同时，实现合作剩余，供给方利用闲置资源获得收益的同时降低需求方的成本，这里的需求方、供给方的界定根据资源与服务类型的不同会发生转换，有时老人是需求方，有时老人是供给方。

（4）信用条件。共享经济聚集的是大量的陌生社群成员，要发挥其经济效应，必须在网络平台上利用评价系统进行双向、透明的评价，通过构建信用评价体系，形成一种良性的、合作的、分享的、具有忠诚度的动态社会行为，共享养老的推行离不开信用评价体系的建立，只有这样，才能促进共享养老的可持续发展。

3. 共享养老模式的社会价值

共享养老的价值具体可从老人、养老产业和养老生态三个角度进行分析：从老人角度以较低搜寻成本、联系成本和签约成本，获得更满意的体验和服务，根据社会需求最大限度地发挥自身价值，增加老人的社会参与感；有利于老人群体获得个性化服务，满足老人精准需求；老人还可以通过网络与外界增加联系，满足社交方面的精神需求，减少由于赋闲在家导致的孤独感和疏离感。共享经济还令劳动者可以根据社会需求和自身专长最大限度地发挥自己的潜能，推动整个社会的分工更加合理化。从养老产业角度通过共享闲置资产，可以最大限度地盘活现有资源，增加闲置资源的使用价值，这种追求使用价值最大化的经济模式，可以节约社会消耗，还可促使养老产业链共享性增强，推动养老产业从整个生命周期的角度进行生产和交易；共享养老平台赋予需求方充分的参与权、选择权和主动权，可以通过共享养老平台进行定制服务，供给方通过共享养老平台，能够借助大数据等技术手段了解老人需求并进行供需两端的精准匹配和联结，从事养老产业的企业了解老人的需求以后，可根据需求进行分工更细、专业化程序更高的生产，这有助于提升养老产业的生产效率；共享养老模式这种“重使用，轻拥有”的商业模式，能够节约社会资源，促使养老产业由注重数量转变为注重质量，由生产型向服务型转变，驱动产业升级。从养老生态角度倡导协同消费，有助于形成“去物质化”的消费观念，有助于发挥资源的剩余使用价值；促进供需双方无缝对接，由于能够带来剩余而进行共享，共享又激发了更多的剩余，然后再促使更多的共享，从而带动养老服务体系的供给数量和质量的提升，摆脱供给不足的状况，有助于消费者福利的增加；注重供需双方的评价，新的市场参与者可以充分了解过去的消费者和供给者的情况，供需双方信息不对称问题能够得到明显改善；促进供需双方充分展现自我价值，个性化的需求被充分认可，这为“创客时代”的到来提供了充分的保障，“创客时代”又会激发创新，促使时代进步；共享养老模式通过共享使用权，改变了过去那种“生产—消费—淘汰—再生产”的资源消耗模式，转而形成一种“生产—消费—多次消费”的资源配置模式，其可以减少生产的投入，提高产品的利用率，是一种循环绿色的可持续养老发展模式，有助于构建可持续发展的共享养老生态系统。

4. 共享养老模式存在的问题

（1）老人接受新事物速度慢。共享养老模式是互联网充分发展下的产物，其依赖互联网、大数据、物联网和云计算等信息技术，但老人对这方面并不熟悉，甚至非常陌生，再加上学习能力较之年轻时有所下降，这会影响共享养老模式快速推广及应用。共享养老模式以交易闲置资源的“使用权”为目的，老人对使用权的让渡可能存在一定程度的戒心，由于不了解共享养老的价值选择不相信互联网上的产品和服务。

（2）共享养老尚未有成型的盈利模式。目前，共享养老模式处于探索阶段，是充分借鉴其他行业共享经济模式的结果，缺乏实践经验，有一些企业和单位提出了共享养老，但还没有形成较大的社会辐射和影响。

（3）共享养老模式的可持续性问题。共享养老模式的建立，需要在网络平台的建设上进行投入，这是共享经济在商业运作中所发生的沉没成本，经营过程中的利润增长能否弥补这部分成本，是共享养老模式能否可持续的关键。

（4）共享养老模式制度保障缺失。共享养老模式属于异构的商业模式，在一定程度上规避了政府、劳工、社会的监管和环境的影响，这会给社会带来一些问题；再者，监管套利的模式也是不长久的，要获得持续发展，只有受到法律制度保障才有可能实现。共享养老涉及广大老人的利益，老人的权益能否得到实现，关乎社会公平的体现，因此需要从制度层面保障老人的权益得到实现，从双方评价机制约束供给行为，建立需求保障机制保障需求方合法权益。

（5）共享养老模式信用体系亟待完善。共享经济的根基就是信用，如果没有信用进行充分的保障，就无法实现共享经济的安全性，这就需要有完善的信用机制。共享养老模式是共享经济与养老产业的结合，更需要建立完善的信用体系，这不仅要通过双方互评来进行体现，而且需要建立线上线下相结合的安全信用体系。

5. 完善共享养老模式的对策

（1）提高老年人对共享养老模式的接受度。加强共享养老模式价值的推广和宣传，增强共享养老模式在社会上的影响力，尤其在老人群体中，要强调共享养老模式的优势和安全性；组织老人进行互联网知识的学习，让老人了解互联网的同时学会使用互联网，以便更好地融入共享经济。

（2）鼓励共享养老模式从理论走向现实。共享养老模式从理论论证上是合理的，但从理论转化为实践，再到成型的盈利模式，还需要不断地总结经验和教训，因此可以采取试点共享养老的办法。

（3）创造共享养老真正的消费者。共享养老模式要获得长久的可持续发展，不能靠补贴来吸引消费者，而是要根据供求双方的内在需要进行产品和服务的供给，创造共享养老模式真正的消费者，而不是仅靠资本运作带来的市场优势地位，只有存在消费者的领域才能由小长大，直至成熟，在解决养老困境的同时，带来养老产业的发展。

（4）加快建立共享养老制度保障。明确共享养老行业的监管主体和监管职责，不可缺位，但也要防止越位。重点引导共享养老市场内部建立自律监督机制，监管主体可考虑从监测体系、市场准入与退出机制、信息披露等方面进行监管，以发挥其宏观间接调控的作用。

（5）建立共享养老模式信用体系。要建立共享养老模式，就要注重信用评价体系的建立。线上的信用评价机制需要在已有的网络信用评价体系上进一步优化，比如量化信用、识别真实信用方法及信用奖惩方面；线下要充分整合公安、税务、工商、法院、央行等职能部门的信用记录，通过线上线下对接，平台的信用评级可以纳入国家个人信用评价数据库，国家个人信用评价数据库也可以影响共享养老平台的供需主体行为，提升共享养老模式的安全性。

综上所述，自2014年以来，中国健康养老产业联盟就在积极推动生态养老发展，在中国健康养老产业联盟的积极推动下，2016年成立了中国林业与环境促进会生态养老分会，并以中国林业与环境促进会生态养老分会为平台，推动生态养老产业发展。在2017年7月，国家发展和改革委员会、中央网络安全和信息化领导小组办公室、工业和信息化部、人力资源和社会保障部、国家税务总局等八部门发布《关于促进分享经济发展的指导性意见》，将共享经济模式作为有效解决生态养老发展遇到的主要问题并推动生态养老成为健康养老领域率先实现市场化发展的服务内容的重要内容。

《关于促进分享经济发展的指导性意见》明确指出：分享经济强调所有权与使用权的相对分离，倡导共享利用、集约发展、灵活创新的先进理念；强调供给侧与需求侧的弹性匹配，实现动态及时、精准高效的供需对接；强调消费使用与生产服务的深度融合，形成人人参与、人人享有的发展模式。

所有权与使用权的相对分离，是实现共享的基础和核心理念，应用到生态养老产业的发展中，即生态养老的基地所有权和基地的使用权的相对分离，这样有资源、有条件的企业，主要负责基地建设，其他机构参与基地建设，基地建设好了以后，将使用权共享。这样，不仅可以更好地保障基地建设方的收入来源——有了稳定的客户群体，而对于有客户资源的企业，又有了更多的服务基地，并不需要进行大规模的投入，这样双方可以资源共享，形成有养老领域特色的共享经济发展模式。

目前，为了更好地推动生态养老产业发展，由中国林业与环境促进会生态养老分会牵头编制了全国生态养老示范基地建设及运营规范，并在国家标委的指导下，作为团体标准来推广。未来将以此标准为指导，进行生态养老基地建设，在基地硬件建设的基础上，建立基地的服务标准，形成软硬件都相对规范的生态养老服务基地，并以此为核心，建立服务基地和养老服务商（居家养老、社区养老、机构养老以及旅游企业等客源服务商）以及老年人的服务系统平台。形成生态养老基地建设方＋生态养老服务运营＋互联网系统平台＋养老服务商（居家养老、社区养老、机构养老以及旅游企业等客源服务商）的完整的生态养老服务共享服务体系。让各地的养老基地不再为客户而发愁，让各养老服务商不再为基地、为去哪儿而发愁，让老年人享受到更有保障、更周全的服务。

生态养老的共享模式，将是下一个站在共享经济风口的产业领域。

第二章　国内外生态养老模式分析

一、基于森林生态的养生养老服务模式[1]

现代生活带来了越来越多的环境危害，空气污染、水污染、噪声污染等因素严重影响了人类的身心健康。据世界卫生组织健康状况调查显示：在全球范围内，达到健康标准的人仅占 5%，非健康状态的占 20%，还有 75% 的人群处于亚健康状态。

众所周知，森林被誉为“地球之肺”，它保持着陆地生态系统的稳定。随着社会的发展，科技的进步，森林生态系统逐渐被人们重视和利用。森林中含有丰富的氧气、负氧离子和植物精气等，有利于调节人体各项机能，促进血液循环，加强新陈代谢。因此，森林养生养老作为一种新型的理念逐渐兴起并广受青睐，通过多维度利用森林资源及其环境能够达到防病治病、缓解压力、修身养性、解除疲劳、康体健身、益寿延年的目的，不仅有益于现代年轻人的亚健康的调理，还有益于老年人的养生养老。

（一）森林生态环境与人类健康

1．颜色的影响

森林中的绿色，不仅给大地带来秀丽多姿的景色，而且它能通过人的各种感官，作用于人的中枢神经系统，调节和改善机体的机能，给人以宁静、舒适、生

1　本节由西南林业大学地理与生态旅游学院副院长、云南省高校森林康养重点实验室主任程希平教授、西南林业大学杨畅宇、国家林业和草原局种苗司森林旅游管理处李奎博士撰写。

气勃勃、精神振奋的感觉而增进健康。

各种颜色通过影响情绪从而作用于人体健康，因此，不同的颜色会对人的心情产生不同的影响。森林生态环境下的彩色变化也广泛被用于医疗用途上，浅蓝色可使呼吸平缓，可使神经系统和心血管的活动松弛；绿色可降低血压，扩张血管，减少视力过劳；灰色引起消沉，黄色使人兴奋，加大心、肺的活动量，增强它们的耐力；红色能增加心血管的活动量，提高血压和肌肉张力。

实验表明，绿色环境还能在一定程度上减少人体肾上腺素分泌，使人感到平静与舒适，人体的皮肤温度与脉搏跳动均有明显减少。有研究表明绿色对光反射率达 30%~40%时，人体视网膜刺激最为舒服，它可以吸收阳光中对人眼有害的紫外线，减缓眼睛疲劳。

2. 声音的影响

城市化的进程不断加速，工业和生活噪声经常使人们处于受压的状态，城市噪声污染也日益成为突出问题。而森林是天然的消声器，具有防噪声的功效，森林里的树木的吸声能力比粗糙的墙壁更强。森林的消声能力与森林面积成正比，森林面积越大，林带越宽，消除噪声的能力就越强，声波碰到林带，能量被吸收 20%~26%，声强降低 20~25 分贝。

森林环境对于噪声的吸收与反射有明显的作用，相关研究表明，不同宽度的林带能够不同程度地降低噪声，最多能降低 1/4 的音量。此外，在森林环境中还有许多优美的自然声音，如野生鸟类的鸣叫、流动的水声、吹过树梢的风声、昆虫的鸣叫声等“天籁之音”。人们的心情会因为这些美妙的自然声音变得舒畅，对身体同样能够产生积极的影响。

3. 空气环境的影响

氧气是人类赖以生存的基本条件，人类每时每刻都需要呼吸氧气，排出二氧化碳。而当二氧化碳含量过高时，人们就会感到呼吸不畅甚至死亡。

据估计，地球上 60% 以上的氧气来自陆生植物，特别是森林。森林中有富氧干净的空气，绿色植被利用日光的能量将大气中的二氧化碳与水合成碳水化合物，并释放氧气。起到净化空气和增加空气氧气含量的作用。

另外，森林植被的枝干和叶子还能吸附空气中的浮尘。浮尘长期在空气中飘浮，具有很大的吸附性，能吸附某些可致癌的碳氢化合物及二氧化硫等气体，可形成危害很大的硫酸雾和硝酸雾。这些有毒的灰尘被吸入肺部，将引起疾病，危害人体健康。

森林植物在其生理过程中能产生植物杀菌素，又被称作“植物精气”，国际上称其为“芬多精”，它是植物的器官和组织在自然状态下释放出的气态有机物。这种有机物除了能够杀虫杀菌，还能够预防和治疗疾病。科学研究表明，森林空气中细菌含量为每立方米 0~320 个，极个别森林会达到每立方米 500 个；而城市空气中细菌的含量一般为每立方米 2700~28600 个，大部分城市为每立方米 16000~28600 个。人在森林中长时间活动，植物杀菌素被人体吸入体内，可以杀死肺部病菌，促进新陈代谢，还能调节人体植物神经的平衡，减缓内心压力，对治疗人体疾病具有相当好的保健效用。

森林的空气中还有大量的负离子，负离子不但能中和正离子、抑制正离子对人类健康的危害，而且对人类的健康具有惊人的促进作用。据测定显示：在城市房间里每立方厘米只有四五十个负离子，林荫处则有一二百个负离子，而在森林中则达到一万至五万个。负离子通过呼吸道，使呼吸道上的绒毛振动频率加快，使血液中的氧含量增加，人们会感到神清气爽。长期生活在森林中的居民疾病少、寿命长与负离子含量高有密切的关系。负离子被人体吸收后，产生生物效应，能够增强人体心脑、肺功能，减轻高血压、心脑血管、糖尿病等疾病。

4. 光照和温度的影响

森林里植物枝叶减少了阳光的紫外线，所以光线柔和，适合人们散步、休闲娱乐等。相关研究表明，森林环境中散步所处的光环境照度是在城市环境的 2/9，森林环境中的空气温度约为 20.1℃，而城市环境中的空气温度约为 26℃，人体最适宜的温度为 18~24℃。适宜的温度和湿度等环境因素可抑制病菌的滋生和传播，提高人体的免疫力，种种数据结果均表明森林环境明显优于城市环境。

（二）森林养生养老的内涵与发展

当下，越来越多的人感受到了森林对其身心健康的作用。由此而兴起的以调节身心、预防疾病、缓解压力、修身养性、恢复健康等为主要目的的森林养生越来越受到人们的青睐。人与自然的和谐发展是我国长期追求的目标，森林养生养老是最近针对老龄化严重、人民多基本处于亚健康状态所提出的新政策。

1. 森林养生的内涵

养生是一项保持健康的活动，原指道家通过各种途径增强体质、预防疾病等。由于人口老龄化与身体亚健康的社会背景，养生活动受到了人们的青睐，已经发展成不同的养生开发模式，例如，中国的文化养生、日本的温泉养生、泰国的美体养生、法国的庄园养生、韩国的美容养生等，而森林养生也是其中一种，森林提供了极佳的养生环境，通过进入森林环境，以达到放松身心、促进身体健康的目的。

随着社会的发展，人们对森林的认识已经由原始崇拜和资源获取转化为维持身心健康的目的，人类对森林不断的认知最终衍生出了森林养生。森林养生指利用森林环境发挥森林的保健效果，帮助人们在森林环境下放松精神与疗养身体，根据森林环境及文化等特点，强化感官体验，开展静养、运动以及保健教育，必要时配备保健人员进行相关指导，以达到维持或增进人们的身心健康和预防疾病的目的。

森林养生也能分为养身、养气、养心三个层次。养身是以环境作为基础，科学发挥保健作用，主要目的是保证形体和体格的健康。在中医的理念中，气是非常玄妙又重要的一个概念，养气则是以自然环境为依托，不仅要注意形体的保养，而且还要注意精神的摄养。养心则是人与自然相结合的最高境界，将身体与心灵融入森林中，健康水平大幅改善，同时心理状态也得到深层次的提升。

2. 森林养老的理念

当前，社会老龄化日趋严重，养老话题成为了民生问题的焦点。养老的模式有很多，例如，社区居家养老、旅居养老、机构养老等。随着物质生活水平的提升，老年人对于晚年生活的期望已经由被人照顾的封闭环境逐渐转换为追求更多舒适愉悦的体验和经历。优质的森林资源结合优质的医疗服务较大程度地满足了老年人的需求，森林养老成为了新的养老理念。

老年阶段是养生的一个重要时期，老年人养生有非常明显的特殊性，森林养老则是结合森林环境充分发掘老年人的内在养生需求，建立老年人养生养老服务体系。研究表明，森林具有生理放松、改善情绪、减轻压力、提高人体免疫力、预防癌症、调节内分泌、增加睡眠时间、辅助治疗疾病（如糖尿病、心脑血管疾病、心理疾病、高血压）等功能与作用。

森林养老利用良好的生态环境，将旅游休闲 / 养生和养老相结合，一方面解决了传统养老模式最基本的养老问题，还能提供人文关怀，欣赏自然美景。另一方面，融入康养理念的森林养老，实现了“有病治病，无病疗养”的养老保障模式，是“医养结合”养老模式的创新形式，也是社会文明进步的必然要求。

3. 森林养生养老的世界发展现状

森林养生养老是一种国际潮流，在国外被称为“森林医疗”或“森林疗法”。

在国内也有“森林康养”“森林疗养”“森林保健”等不同的称谓，其目的与目标及方法与途径都十分相近。可分为以下三个发展阶段。

（1）雏形期。雏形期主要以德国为代表，森林康养起源于19世纪40年代的德国巴登·威利斯赫恩小镇，其创立了世界上第一个森林浴基地，并先后建立了350处森林疗养基地，最初的森林疗养概念逐渐形成。目前，荷兰有20%的人参与到森林康养活动中。美国将人均收入的1/8用于森林康养。

（2）发展期。1980年到2000年为森林康养的发展期，随着德国和美国对森林康养方面的重视，日本于1982年首次提出了“森林浴”，并通过实验初步证明森林浴对人体的益处，首次将森林浴纳入健康的生活方式。在韩国，1988年开始建造自然修养林，并确认了4个自然养生林基地，并且开始了森林利用和人体健康效益方面的研究，2005年成立“韩国森林疗法论坛”，旨在研究循证森林环境对人体健康的益处。迄今为止，韩国已经建立了近400处自然修养林、森林浴场及森林疗养基地。

（3）蓬勃发展期。进入21世纪，世界各国纷纷开始认识到森林所带来的健康养生效益。2004—2008年，欧盟发起了森林、林木及人类健康与福祉的研究，旨在增加自然环境对欧洲居民健康和福祉的贡献，并进一步了解森林、林木与人体健康的关系。2007年，日本建立了日本森林医学研究会，建立了世界首个森林疗法基地认证体系；2010年，芬兰启动了康复森林步道活动，并在欧盟国家得到了拓展；德国已经拥有350处森林疗养基地。目前，森林康养在全球的发展已呈方兴之势，世界各国纷纷开始认识到森林所带来的健康养生效益。

4. 森林养生养老的国内发展现状

“养生”一词对于中国人来说再熟悉不过。早在公元前3000年，中医和印度阿育吠陀医学共同奠定了世界养生体系的基础。但国内森林养生养老的发展总体依然处于起步阶段，大多沿用了古时养生旅游的方式，融入了现代人的基本养生诉求。我国研究者们通过对比试验、临床观察等方法，论证了森林康养相关活动对于人体生理、神经系统、心血管及慢性病的健康效应，但较国外的研究而言，我国在此方面的研究稍显稚嫩。

20世纪80年代起，我国开展以森林观光为主要形式的旅游，这为森林养生发展奠定了一定的基础和条件。广东省于2011年在石门国家森林公园规划建立了森林浴场。2015年，四川省启动了森林康养示范基地建设，并召开了“中国（四川）首届森林康养年会”。2016年，北京启动了“森林疗养基地”建设，黑龙江等地开展“森林医院”建设活动。同年，国家林业和草原局公布了率先开展全国森林体验基地和全国森林养生基地试点建设的单位名单，共18个基地，覆盖13个省（区、市）。《“健康中国2030”规划纲要》提出：到2020年健康服务产业规模目标突破8万亿元，2030年突破16万亿元。森林养生养老产业作为大健康产业的重要组成，在中国拥有了良好的发展机遇，并呈现出快速发展的势头。《林业发展“十三五”规划》提出：要大力推进森林体验和康养，到2020年，森林康养和养老基地达500处。

（三）发展森林养生养老的功能与意义

随着社会经济和科技的发展，我国与森林康养相关产业进入快速发展时期。但与发达国家相比，我国森林养生养老在自身质量和功能及满足多样化需求方面还有较大的差距。森林养生养老作为一种顺应国家绿色健康发展的战略，有利于个体身心健康发展的活动，也遵循了党的十九大以来始终坚持以人民为中心的绿色发展理念。因而无论是从国家层面还是个体层面而言，发展森林养生养老均具有重要功能与意义。

1. 森林养生养老对国家的功能

（1）从生态文明角度分析。森林养生养老产业在充分发挥其生态产业优势的同时，也兼顾了生态文明建设。建设森林养生养老产业能够有效提高森林覆盖率和每公顷蓄积量，为人类提供良好的生态环境，维护生态平衡。森林养生养老很好地契合了生态文明建设的理念，在经济建设与社会建设过程中更加倡导节约资源和保护环境。

（2）从民生工程角度分析。我国人口压力巨大，尤其是人多地少导致农民增收、就业难度大等问题。另外，我国山区面积占国土总面积的69%，山区人口占全国总人口的56%，森林是农民生产生活的重要依靠。随着森林养生养老产业的不断发展，相关产业规模也将不断扩大，这将为许多偏远地区带来新的发展机遇，提供就业岗位和增加收入。森林养生养老产业的发展将助推我国2020年全面建成小康社会这一阶段性目标的实现，同时，秉持健康发展理念的森林养生养老，也满足了人们对优质森林环境的需要。

（3）从经济建设角度分析。随着物质生活水平的不断提高，人民对于优美环境、有利于身体健康的生态产品的需求就显得更为突出了。森林养生养老作为一项全新的产业模式，它拥有巨大的市场价值。森林养生养老带动养老护理、体育健身、文化娱乐等多个相关产业的协同发展，从而形成涵盖健康、医疗、娱乐的庞大的新型产业集群，为经济发展创造新的增长点。

2. 森林养生养老对个体的功能

森林养生养老包括心理养生、生理养生两个方面。前者强调精神层面的内在休养和平衡祥和的心理状态；后者注重身体上的放松和康复，以及身体机能的维护。森林养生养老注重参与者的心理和生理健康的双重改善，主张根据人体生命过程的活动规律进行身心护养活动。

森林养生养老能改善生理机能，特别是对心率指数及血压都具有重要影响。通过在森林环境中活动，血液中免疫细胞的活性都得到了提升，且抗癌蛋白的数量也明显增多。这将有效激发自身免疫能力，缓解身体的亚健康状态，促使各项身体机能得到恢复和改善。进入老年后，人体的新陈代谢减退、组织器官机能开始减退。医学研究和相关实验证明，在森林中养生养老对于改善老人的身体健康是十分有用的。森林环境能够提高心血管功能，从而降低血压。森林中的高负氧离子除了改善呼吸功能，还能加强脑、肝、肾的氧化作用，提高人体的基础代谢率。研究证明，亚健康人群通过森林养生训练后，各项血液异常指标均有改善，各种亚健康症状也得到了缓解和治疗。

近年来，日本、韩国以及欧洲国家，开展了森林环境对人类健康影响的科学研究，获得了大量的医学效果证明。森林中的康养因子有助于调节大脑皮质功能失调，降低外周去甲肾上腺素的神经递质水平，从而有效降低血压，减少了服用药物的副作用。对冠心病患者也有明显的治疗效果，可有效消除心绞痛、胸闷、心慌等症状，减少发作次数，可改善心肌缺血等现象。对于糖尿病患者也有明显的康复作用，森林环境中大量负氧离子有利于调节碳水化合物、脂肪、蛋白质代谢，增加酶的活性，从而降低血糖、血脂、血液黏度。

森林养生养老能调节心理状态。可以降低紧张、困惑、愤怒及压抑感，同时可促进精神恢复。通过亲近自然，能够有效缓解不安心理和急躁情绪，植物中散发的植物精气可刺激人体感官，有利于缓解紧张，保持头脑清醒。森林环境作为康养、疗愈的载体，让人们远离城市的喧嚣和压力。另外，森林养生养老能产生更多的综合效益，不仅可以减轻压力，改善认知能力，加快患者康复，还可以降低心理压力所产生的负面影响。

3. 发展森林养生养老的意义

依托优质的森林资源，森林养生养老以“修身养性、调试机能、延缓衰老”

为目的。作为森林开发的重要形式和发展方向，开展了森林游憩、度假疗养、保健养老等对人体身心健康有益的活动。森林养生养老具有多种形式，在生态、社会、经济领域产生了巨大的效益，对于生态文明建设和可持续发展均具有重要意义。

（1）生态方面。生态文明是人类文明发展的一个新阶段，党的十七大已经明确提出了“建设生态文明”的目标。发展森林养生养老产业，有利于发扬生态文明的理念，通过进入森林，让民众感受到森林环境对自身健康的益处，从而更加热爱自然，形成了人与自然和谐共生、良性循环为基本宗旨的社会形态。森林养生养老还能实现保护生态环境与开发森林环境之间的平衡，它是一种极具发展潜力的生态开发模式，大大提高了森林资源的利用率，减少了林业木质资源的消耗，能够全面维持生态平衡。

（2）社会方面。随着物质生活水平的提高，人们的身心需求不断增长，通过森林养生养老能够有效利用其资源优势与环境优势，从而维持人们的身心健康与发展。通过环境生态服务和森林休闲体验为人们提供精神和心理上的深层追求，对于亚健康人群，森林养生养老虽不直接针对疾病治疗，但对一些慢性病、心理性和神经性疾病有着较为明显的疗效。

随着老龄化社会的到来，家庭养老问题日益突出，家庭养老是我国最主要的养老方式，但家庭的结构越来越小时，子女常年在外工作，养老功能就会弱化，出现大量独居老人和空巢老人。而国内旧模式的养老院已经不能满足现代老年人的需求，因此，发展森林养生养老是社会进步的必然需求；同时，这也是解决老龄化社会问题的较好选择之一，从一定程度上缓解了养老、疗养设施不足的问题，为城市康养提供了场所，提高了质量，找到了一条新途径。

（3）经济方面。林业虽然是国民经济基础的重要组成，但一直停留在生产阶段，对于林业的多功能利用与开发较少。发展森林养生养老改变了传统的林业经营方式，取而代之使其成为服务性的社会经济结构，大幅提高了森林资源的利用率而不仅仅停留在经济产品生产阶段。森林养生养老通过对森林的全方位利用，为林区建设提供了新的经济发展方向。森林作为人类最理想的康养场所，森林养生养老将成为低碳经济的发展路径，通过开展康养活动将推动低碳生活与经济的有机结合。

发展森林养生养老也是森林旅游的重要抓手与突破点，不仅提高了旅游的品质，还能够丰富森林旅游产品，提高森林旅游竞争力，增加旅游收入和旅游税收，创造外汇收入。

总体上，森林养生养老产业能够将传统旅游与疗养产业、文化产业、运动产业、养老产业等不同产业关联，快速实现集群化、基地化、规模化，培育出多功能的产业联合体。因此，森林养生养老产业有机会成为中国新的经济支柱产业，为国家和社会创造更多利益。

（四）森林养生养老的前景与市场定位

随着社会经济和科技的发展，我国与森林康养相关产业进入快速发展时期。

1. 我国森林养生养老的发展前景

（1）我国森林养生养老的发展需求。

1）对健康的需求。目前，中国的亚健康群体比例已高达 70%，相当于每 10 人就有 7 人处于亚健康状态。日益恶化的环境和工作、生活压力引起的过度劳累严重侵袭人类的健康，健康问题成为人们生活的主要问题之一，人们对于健康的关注焦点集中在如何提高生活质量、增进身心健康。

为推进健康中国建设，提高人民健康水平，国务院在 2016 年印发了《“健康中国 2030”规划纲要》，提出到 2030 年，中国基本实现健康公平，主要健康指标进入高收入国家行列。具体目标是：人民健康水平持续提升；主要健康危险因素得到有效控制；健康服务能力大幅提升；健康产业规模显著扩大；促进健康的制度体系更加完善。

在这样一个国家大健康背景以及在全民追求健康生活的大环境下，森林养生养老的需求也将会迎来“爆发式”增长。森林养生养老主要从疾病预防入手，对其生理和心理进行正确引导，从而达到增强免疫力的作用。因此，追求健康的人群必然会选择回归森林环境，森林养生养老既满足了追求健康群体的需求，又高度契合健康中国的时代主题。

2）养老需求。按照国际标准，当一个国家 60 岁及以上的人口占总人口的 10% 或是 65 岁及以上人口占总人口的 7%，也就意味着该国开始进入老龄化社会，我国已于 1999 年进入老龄化社会。截至 2019 年末，中国 60 岁及以上人口占总人口的 18.1%，老年人数量达 2.54 亿人。中国老龄化社会在不断加速，根据《中国城市发展报告（2015）》的预测，2050 年中国 60 岁及以上人口比重将达到 30%。

老龄化社会快速发展，老龄人口猛增，对养老服务产业产生了巨大的压力。政府和社会逐渐意识到养老问题的严峻，旧的养老服务已经不能满足人们的需求，森林养生养老则成为了一种新兴的养老方式，以森林环境的大背景作为依托，结合医疗养生服务功能满足老年人追求舒适生活和身心健康的目的，拥有巨大的市场。

3）林业产业转型升级。传统的木材经济已经不能实现绿色经济，只有合理规划、充分利用森林资源才能实现绿色发展，也是森林产业发展的必然趋势。我国森林资源总量明显不足，森林资源也没有充分发挥生态功能，发展生态资源多元化成为了必然趋势。

为了满足人民对良好环境的需求，国家森林公园的建设不断完善。而森林养生养老作为林业产业转型升级的突破点也极为重要，作为新型产业，它能实现林业与旅游业、休闲娱乐、卫生医疗等相关产业的发展融合。以合理的开发模式利用森林资源，具有明显的生态效益，实现经济社会效益提升，其核心功能依旧是提高人民的健康福祉。

（2）我国森林养生养老的发展预测。

1）我国森林养生养老的发展前景巨大。国外对于森林养生养老已经形成了较为完善的理论和成熟的产业体系。虽然国内对于森林养生养老的研究还处于探索阶段，但我国森林资源丰富，康养需求巨大，未来森林养生养老产业定会表现出巨大的发展潜力。森林养生养老产业的整体规划与政策也正在不断完善中，2016 年，国家旅游局发布《国家康养旅游示范基地》标准，标志着森林康养基地建设的开始。自 2015 年到 2018 年，国家林业局已经分 4 批公布了 374 个森林康养基地试点单位，涉及 27 个省份。国务院 2013 年公布的《国务院关于促进健康服务业发展的若干意见》提出，到 2020 年，中国健康服务业总规模达到 8 万亿元以上。生活压力、空气污染、环境污染、养老等问题的日益严重，将促使我国森林养生养老得到人们的极大重视，使其成为林业发展的最高境界，使森林的社会、生态效益大幅度提升。

2）我国森林养生养老向多元化产品发展。目前，国内的养生养老产业较为单一，且受自然环境影响较大，但随着消费者的多元化需求，养生养老产业将不再局限于依赖特定的自然资源。随着我国对森林康养基地全国战略布局的开启，更多社会资本将会涌入康养产业市场中，形成生态度假、生态疗养、生态养老等多元化、多层次的康养产品供应体系。同时，还会通过增添各类产品、课程、理疗、功法、水疗等元素，重视产品在身体、心智、情绪、灵性上的多元化建设，与特色农林业、旅游业、文化产业等紧密结合、良性互动，形成层次丰富的综合目的地，提高对养生客源的吸引力和黏性。

3）具有中国特色的国际化森林养生养老产品。中国是一个有着五千年文明史的世界文明古国。相对于世界其他地区的养生文化而言，华夏民族的养生理论与实践由于有着古代哲学和中医基本理论为底蕴，所以显得尤为博大精深。

从历代医药书籍中汲取营养，将养生文化与森林资源相结合，提升文化底蕴与生命力（如将中国的中医、禅修、道家养生等古老的养生智慧与森林养生产品相结合）是国内外养生旅行者的共同愿望。在规划中将中国的传统养生学融入到森林养生养老中，深入挖掘中医药保健养生，优化配置医疗卫生资源，将其打造成独具特色的养生养老产品。今后随着市场发展的逐渐成熟，融入中国传统养生项目将进一步提升标准、档次和国际接待能力。

4）加入世界森林养生养老产业的竞争。养生养老旅游目前尚未成为人们的主要旅游方式，但中国消费者对于养生养老旅游多持开放态度，愿意体验来自世界各地的养生养老方式。当前，人们对于德国的自然疗法疗养地、日本的森林户外体验、印度的森林瑜伽、欧洲的精油按摩疗法等接受度较高。这些国家以不同形式、不同程度的实践和各类康养疗法的开展，取得了一定成效。

森林养生养老之道在当前及未来将成为一大趋势，随着中国发展养生养老的进程不断加速，必然将加入到世界养生养老产业的竞争中，争取一席之地。

2. 森林养生养老的市场定位

（1）我国森林养生养老市场现状。

我国森林养生养老产业起步较晚，但发展十分迅速，正在逐渐成为我国森林产业发展的主流趋势。由于“森林康养”的理念已被很多人接受，在国内引起广泛关注，加上森林养生养老产业诱人的市场空间和巨大潜力，使各地竞相开始探索森林康养基地的建设与认证，大力发展森林养生养老产业。森林养生养老活动与传统的消费形式有明显区别，体现在消费目的、消费行为、消费档次、消费形式上，也表现在对活动地产品、服务体系与服务质量需求的区别上。

公众对森林旅游有了新的认识，对森林养生养老的需求逐渐增加。但目前我国森林养生养老产业仍停留在森林休闲旅游度假阶段，产业宽度和深度不够，产业链条发展不完善，也导致围绕森林康养的住宿、餐饮、交通、娱乐等服务设施建设十分不完善。因为，森林养生养老活动缺少相应的科学依据，进而森林康养的发展也难以取得较大的突破。森林环境对人体健康效应的实证研究是森林养生养老发展的关键。

根据森林利用所依托的资源特性与种类不同，结合游客的需求特征，森林体验与森林养生可以分为不同的类型，进而满足游客不同的体验与养生需求。

（2）我国森林养生养老消费现状。

人类健康问题已成为当前的研究热点之一，中国作为第二大世界经济体，在经济发展的同时，也带了环境污染、身体亚健康等问题，人们开始意识到健康的重要性。相比发达国家，中国对于森林养生养老的研究起步较晚，但利用森林环境提升人体健康的理念得到了广泛认同。

1）发展处于初始阶段。人们对于森林养生养老有一定认识，但大多数认识还停留在游山、玩水、赏景阶段。国家已经批准 374 家森林康养基地试点单位，但大部分试点单位都处于摸索阶段，发展尚未形成。森林养生养老的市场缺口较大，从理论到实践的各个环节都需要在试验中不断修正、补充、完善，才有可能培育出新业态，发挥新的商业价值和社会价值。

健康产业已成为发展潜力最大的未来产业，甚至已经成为关系到国计民生、未来社会整体幸福指数的国家级重大事业。人们对于健康的需求越来越多，森林养生养老的宗旨与最终目的就是缓解压力、获取知识、愉悦身心、强身健体。

2）森林养生旅游消费发展快。森林旅游已经发展成为我国林草业最具影响力和最具发展潜力的支柱产业。2019 年，森林旅游游客量超过 18 亿人次，同比增长 12.5%，占国内旅游人数的 30% 左右，创造社会综合产值达 1.75 万亿元，同比增长 16.7%。

随着我国森林养生养老产业的发展和壮大，消费人数的增加，我国的森林养生旅游次数迅速增加，政府各项政策支持也对市场产生积极的推动作用。

（3）中国森林养生养老消费市场需求。

1）疾病类人群。这类人群是进行森林养生养老的特殊人群，特别是受慢性疾病的影响，其饮食、锻炼、休息、睡眠、精神等严重混乱，传统的药物治疗的方法效果很差。森林养生养老通过利用食物调节、睡眠调节、休息调节、锻炼调节、心情调节等综合手段的治疗方法，有效提高了疾病人群的自身免疫力，有效预防各类疾病。

2）亚健康人群。亚健康是当前社会的通病，不少疾病来自亚健康，亚健康往往导致重大疾病的爆发。森林养生养老作为一项新型的保健方式，从增强自身免疫力入手，从根本上提供坚实的预防功能。非常适合亚健康人群的身心调养和恢复。

3）高端养生人群。养生需求是现代人追求健康的主要方式，森林养生养老是一种多形式的养生方式。通过森林食品，让人们吃到纯天然的食物；森林体验让人们在森林中获得特殊的锻炼；是一种将文化、旅游、修身养性等结合起来的新型休闲方式等。

4）养老需求。社会逐渐老龄化，城市养老人群难以保障，森林养生养老能提供最舒适、最健康的养老条件。使老年人在森林中感受大自然魅力的同时还能预防各类疾病，提高老年人的健康水平。

5）旅游健身人士。随着旅游成为大众化行为，每年的旅游人次超过 8 亿人，其中森林旅游人数超过 1 亿人次，森林旅游人群将成为森林养生养老的主要人群之一。锻炼是强身健体的基本手段，而森林康养将提供一种森林环境下的锻炼方式，依靠城市中无可比拟的优良环境，这种全新的体验除了能够强健体魄，还能对心灵起到修炼的作用。在森林里可以开展各类锻炼活动，其锻炼效果也能因心境的不同而不同。

（4）中国森林养生养老的市场竞争优势。

1）森林资源丰富。根据《2019 年中国国土绿化状况公布》显示，中国森林面积已达 2.2 亿公顷，森林覆盖率达到了 22.96%。1989 年，我国森林面积仅有 12465 万公顷，森林覆盖率为 12.98%，我国在 30 年的时间内实现了森林覆盖率的大幅增长，成为全球森林资源增长最多、最快的国家。另外，中国幅员辽阔，由于各地自然条件不同，加之植物种类繁多，森林植物和森林类型极为丰富多样。

2）消费者旅游方式的转变。近年来，传统的旅游已经无法满足消费者在旅行中舒缓身心、减轻压力的需求，而生态旅游在全国各地发展得如火如荼，利用独特的自然资源开展生态旅游并形成特色高端服务，成为未来休闲旅游业发展的一大趋势。森林旅游正从观光旅游为主向观光旅游与森林体验、森林康养、休闲度假、自然教育、山地运动、生态露营等多业态并重的方向转变。

消费者旅游方式发生了转变，出行旅游不再是“难得出门，多走多照”的走马观花游，而是转向“常来常往，身随心动”的身心体验游。原国家林业局公布的数据显示：2001 年，全国森林旅游游客量为 1 亿多人次，2011 年达到了 5 亿人次，2017 年攀至 13.9 亿人次，而近几年，我国的森林旅游还一直保持着高增长态势，成为我国旅游业发展的重要增长极，森林的天然环境为森林旅游的发展奠定了良好的基础，2018 年全国森林旅游游客量达到 16 亿人次，占国内旅游人数约 30%。

（五）森林养生养老的实践路径

1. 森林养生养老产品类型

森林养生养老产品的类型，可以根据消费对象年龄、消费对象健康程度、产品内容等方面进行分类。

（1）消费对象年龄。青年型产品注重森林运动与森林体验；中年型产品偏重森林休闲、森林体验以及森林康养等；老年型产品则包含森林养生、健康管理服务和森林康养等。

（2）健康程度分类。健康类通过开展森林运动、森林体验等活动维持身心健康；亚健康类通过森林环境调节身心健康，达到健康的状态；不健康类通过森林疗养、森林康复等活动，来修复和恢复身心健康。

（3）产品内容分类。以森林观光、森林浴、植物精气浴、负氧离子呼吸体验为主的森林主导康养；强机体活力和促进身心健康的森林运动；通过感官认知和回归自然的森林体验；依托良好的森林环境，开展的以保健、疗养、康复和养生为主的辅助康养活动；为游客开展健康检查、健康咨询、健康档案管理、健康服务的健康管理服务。

2. 森林养生养老产业发展的方式

（1）与农业相结合。森林养生养老为现代农林产业提供更多经济发展机遇，为旅游乡村村民带来更多就业机会，也为村民带来更为丰厚的收益。以“生态、康养、旅游”为宗旨，可以将农业观光、特色康养与休闲度假相结合，充分利用和挖掘当地特色产业资源优势，引进现代农业先进技术与理念。

（2）与林业相融合。森林养生养老强化了森林康养价值而弱化了森林传统价值，为林业转型提供了新思路。依托丰富多彩的森林景观、优质富氧的森林环境、深厚浓郁的森林养生文化等主要资源开展森林游憩、度假、疗养、保健、康养等活动，发挥森林观光休闲功能。同时，还可以结合森林环境类型，开展林相改造与维护，实施森林抚育，规划多样化观光休闲线路及相关旅游产品。

（3）与养老服务业相融合。建设一批独具养生特色的老年养生社区，通过设计、规划、投入，努力为老年人营造最佳的自然环境，让老年人在森林氧吧、避暑山区和养生温泉中去体验空气的清新和水质的优良。并不断形成标准化的服务模式，与特色农林业、旅游业、文化产业等紧密结合，为老年人提供一整套娱乐健身、舒展身心的享受体验。

（4）与医疗服务业相融合。医养结合是近几年逐渐兴起于各地的一种新型养生模式，由于其将现代医疗服务技术与森林养生保障模式有效结合，实现了“有病治病、无病疗养”的模式创新，更加注重养老服务与医疗服务的兼得性。开展健康管理、高端体检、美容养颜、康复疗养等医疗健康服务，逐步形成与森林康养服务功能配套的养生、养老医疗健康服务体系。

（5）与旅游业相融合。和其他专项旅游不同，它对环境的要求很高，通常是在自然景色优美、生态环境良好的地方，开展各种养生项目、活动，从而达到休闲养生的目的。根据自然资源和人文资源的不同，进行资源组合，例如生态温汤浴法、森林浴养生法、雾浴养生法、民俗养生法等。结合特定的养生项目，帮助游客达到修身养性、医疗复健、强身健体的目的。

（6）与体育事业相结合。经研究发现，运动不足已成为全球慢性病死亡的第四大危险因素，大众对科学健身的要求和热情空前高涨。用活动身体的方式维护健康、增强体质、延长寿命、延缓衰老，将武术、太极拳、健身气功、龙舟、健身秧歌等中华传统运动项目融入到森林环境中，可以针对不同人群打造具有区域特色的健身休闲区，推动全民健身与教育事业融合发展。

（7）与养生文化相融合。充分挖掘当地独特文化元素，通过文化体验来修身养性，以实现心灵的宁静和身体的舒适。如禅修、冥想、品茶、太极、瑜伽、养生操等。同时，结合优美的景观达到放松、愉悦的效果，以静态洗涤心灵，道法自然。例如森林景观、森林音乐、森林温泉等。

（8）与教育事业相结合。加快森林养生养老教育培训业发展，大力开展高校教育和科研基地、中等职业教育和培训基地、国家级康养研究基地、全国性康养讲坛建设，逐步打造休闲康养教育培训产业，构筑高层次的休闲养生科研教学平台，培养一批真正热爱森林养生养老业、胜任森林养生养老业有关工作、能够促进森林养生养老业发展的专业人才和从业人员。

（六）完善森林养生养老的服务体系

森林养生养老是一个以养生养老服务为中心的康养、休闲、体验等多功能新型产业，它将为服务对象打造集住宿、养老、康养等多功能于一身的全方位服务体系。森林养生养老服务体系的建设目标是要建成基础设施基本完善、产业布局较为合理、既有标准性又有特色性的区域性森林康养服务体系，为消费者提供更高品质的服务。

1. 服务体系内容

服务体系是由众多服务行业及系统共同构成的一个系统，森林养生养老的服务体系主要指被服务对象在森林环境中获得的全方位服务支持的系统，包括基本生活设施和生活环境，同时也包括养生养老的各种服务与条件。在满足基本生活需求的同时，以养生养老为目标，提供配套的服务标准、运行机制和监督制度。对不同年龄段的各类人群提供森林游憩、度假、疗养、保健、养老等服务活动。森林养生养老服务体系是多元化服务体系的集合。

2. 服务体系现状

目前的养生养老服务体系主要体现在如下几个方面，首先是满足在养生养老服务中的吃、住、行、游、购、游等基础服务的总和；其次是将不同专业领域与森林环境相融合，例如医疗保健、康体养生等，多方位地开展养生养老服务；最后结合客户健康需求来制定服务方案，记录其消费习惯、消费水平、兴趣偏好以及定期进行身体各项指标检测等，提供线上和线下具有针对性的养生养老服务。森林养生养老作为一项新兴产业在我国还处在萌芽阶段，其服务体系还需要完善，同时也拥有巨大的发展潜力。需要加速与疗养产业、文化产业、运动产业、养老产业等不同产业服务体系的关联。

3. 服务体系建设

（1）打造品牌价值。

1）接待服务。严格按照《森林康养基地总体规划》有序开展，统筹路网、电网、水网、通信等综合基础设施建设，结合森林自身特色推出一批有吸引力的森林养生精品线路。发展“医养 + 旅游”“医养 + 森林康养”等森林接待品牌服务，推动构建“预防、养生、医疗、养老”深度融合的健康养老服务新体系。依托已有林间步道建设康养步道和导引系统等基础设施，加快人行步道、自行车道等非机动车为主体的绿道步道建设，针对出行不方便的老年人等人群提供专车接送，建设森林康复中心、森林疗养场所、森林浴、森林氧吧等服务设施。以满足多层次市场需求为导向，着力开展保健养生、康复疗养、健康养老、休闲游憩等森林康养服务。

2）多元化结合。森林养生养老集合了度假、旅游、生态、养老等元素，是一个全方位的养生养老系统。通过与医疗保健单位合作，建设中医馆、SPA 中心，开展森林自然疗养、亚健康理疗养老养生等服务；开展参与式农事体验活动，开发休闲养生产品，通过土特产品销售服务，为游客提供一个享受田园生活、感受采摘体验的场所；在基地内修建艺术喷池，附加喷淋设备，易于植物精气的挥发，增加空气负离子的浓度，让游客在体验的同时也达到了森林有氧运动的效果，以确保森林养生体验的感觉、健身康体项目效果的可持续性。

3）找准受众群体。品牌的核心是了解消费者，森林养生养老的服务和产品，要想得到消费者的认可和喜欢，就应该满足和理解他们的真正需要，森林养生养老提供的不是单一的功能属性，而是一种情感寄托。使人们在森林中得到人体与心灵的放松，终极目的是追求价值和文化认同，包括生态价值、服务价值、康养特色、消费价值、康养价值等。针对不同的受众群体打造不同的品牌，通过价值传递给消费者并让他们接受。

4）服务专业化。生态养生养老十分注重老年人的健康养护服务工作，及时培训提升护工的健康养护知识水平和技能，并不断形成标准化的服务模式，为老年人提供一整套娱乐健身、舒展身心的享受体验，让老年人由外至内去感悟、去体验专业化的服务，而服务专业化也日渐成为生态养老的一大亮点。

5）优化森林康养环境。遵循森林生态系统健康理念，科学开展森林抚育、林相改造和景观提升，丰富植被的种类、色彩、层次和季相。结合功能布局，有针对性地营造、补植具有康养功能的树种、花卉等植物。着力打造生态优良、林相优美、景致宜人、功效明显的森林康养环境。

6）丰富养生养老产品类型。作为一种新型康养理念，除了森林环境本身的康养因子之外，消费者的行为因素如视觉、嗅觉、听觉、触觉及味觉也至关重要，通过五觉和森林接触，从而直接或间接地达到养生养老的作用。应在森林环境及自然资源、文化等特点的基础上，有针对性地强化五觉体验。

（2）加大宣传力度。

1）搭建森林养生养老媒体平台。积极搭建森林养生养老基地与旅行社和新闻媒体的交流合作平台，不断扩大森林体验与森林养生基地的品牌影响力。充分利用电视、报纸、广播、网络等公共媒体，将系列报道与专题报道相结合，加大对森林等自然资源体验与养生的公益宣传力度。

2）展示森林养生养老文化成果。丰富生态文化活动，定期邀请老年人参与森林养老活动，可以进行义诊，并根据老人各自的身体情况结合森林环境指导科学的康复锻炼方法和治疗意见，全面宣传展示森林养老文化成果。创办全国森林资源旅游论坛，促进交流、沟通，共享森林养生养老发展的成果。

3）提高品牌竞争力。深入挖掘品牌内涵，精心打造品牌价值，树立自身品牌特色。引导森林资源旅游景区和旅行社加大开拓国际市场力度，通过国际参展、宣传营销、质量认证、组团交流、人员培训、缔结姊妹单位等多种形式和渠道，提高森林资源旅游品牌的国际知名度和竞争力。

（3）引导社区参与。

1）构建交流平台。引导社区参与的目的是获得全民的参与和支持，构建在社区畅通的全民参与和交流平台，让公众能够参与到森林养生养老的规划设计当中，在尽量满足消费者的合理需求和利益诉求的同时，广泛征求社区居民意见。通过开设专题讲座、大众媒体宣传讲解森林对于人体身心健康的重要性，提供康养技能培训的相关机会，促进森林养生养老基地和谐全面、健康协调发展。

2）保障社区公众知情。公众知情主要指公众依法享有知悉、获取信息的自由与权利，也是参与森林养生养老的前提。公众只有先了解森林养生养老的相关情况和概念，才有可能选择森林养生养老。森林养生养老基地的规划与开发内容公开化和透明化，有利于加强社区与森林养生养老基地的协调，有助于今后各项工作的顺利开展。

（4）加大人才培养。

1）讲解员。在养生养老基地建设初期可以选派现有相关专业人员，参加各类机构举办的有关专业培训，学习自然解说的理论、森林解说技巧等，获得相关资格证书；后期可以从科研院所引进专业人员。积极开展适合各类人群特点和兴趣爱好的各种森林养生养老科普等教育活动，通过讲解服务增强森林养生养老内容的准确性、科学性和趣味性。

2）森林康养师。在发展初期可以邀请相关医疗康养机构的专家，采取“实地指导＋远程指导”两种方式对森林养生养老基地的康养保健进行专业指导，后期可以从科研院所等招聘医学、药学、护理、体育保健与康复、健身运动等各类专业人才，以促进森林养生养老事业的健康有序发展。

（5）提供优质服务。

1）建立常态化评估机制。积极开展消费者调研工作，首先了解不同消费者的主要需求，确定森林养生养老产业能满足消费者的多大需求，同时建立常态化的消费者满意度调查评估机制，持续监测消费者满意度的变化情况，找出顾客对服务满意和不满意的原因，持续不断地改进。

2）制定森林养生养老基地服务规范。尽可能制定详细的森林康养标准化服务流程和规范，并制定相应的奖惩机制。重视养生养老服务人员的选拔和培训工作。增强员工服务意识和服务技能，对服务人员进行定量评估，并将工作评价与其相关联。

（七）加强森林养生养老的制度化设计

建立我国森林养生养老产业的管理、营销、发展、服务和保障五大体系是一项长期任务和系统工程。对森林养生养老进行制度化设计，完善协调森林养生养老的法律法规，开展相关的制度和机制创新，建立完善的管理机制，是促进我国森林养生养老产业健康发展的重要保证。

1. 制度化设计现状

当前，大部分省份已经开始着手建立森林养生养老基地试点，积极推动以森林康养为中心的新产业经济。但森林养生养老产业在我国还未形成一个系统、全面的制度化设计，基于森林养生养老产业的制度化设计，还存在概念混淆及分歧，产业政策、行业规范及相应的激励还未推进做实。在发展产业的具体实施中，对原有生态资源依赖过强，缺乏产业融合的概念，有部分森林养生养老产业还停留在森林旅游和度假，在健康服务的关注度上明显不足，依旧在单一延续森林旅游产业的发展，相应的人员配套及服务体系还未得到成型架构。可以说，森林养生养老的制度化设计工作急需引起重视。

2. 加强制度化设计

森林养生养老产业需要满足如下要求：森林养生养老环境优良、基础设施完善，森林养生养老产品丰富，管理机构制度健全、安全保障有力、带动能力强、信誉良好，运营管理机构健全、具有相应的管理人员和养生养老专业人员，出台并实施支持森林康养产业发展的政策措施。森林养生养老制度化设计则围绕这些要求进行。

（1）建立完善的管理体系。

完善相关法律法规和制定相应的养生养老技术标准，为森林养生养老的发展提供一个良好的政策保障。通过建立完善的管理体系健全森林养生养老规范化与法制化发展。

1）健全政策法规与标准化体系。

①完善相关法制法规。明确以法制法规的形式确定森林养生养老为大健康背景下生态养老的重要分支，通过修改或完善其他法律法规，为森林养生养老的发展保驾护航。基地建设应遵循自然规律及区域特色，并符合相关法律法规及其他

管理条例的要求。按计划全力推进《森林养生养老基地管理条例》的立法工作，确立森林养生基地在自然保护体系中的法律地位，保证其权威性，坚决杜绝无规划或不按规划进行森林养生养老建设的行为。

②加强森林养生养老基地标准化体系建设。在标准化体系方面应建立和完善国家标准、行业标准和地方标准相互衔接的森林养生基地标准体系，例如应该制定《森林养生养老基地建设标准》《森林养生养老基地规划导则》《森林养生养老基地建设成效评价标准》《森林养生养老基地有效管理评价标准》等。逐步制定森林养生养老基地在规划、保护、管理、建设、经营、服务等领域的国家标准或行业标准，突出和挖掘森林养生养老功效的同时，还要结合人的需求，设置合理的森林康养项目和产品，把各种要素有机串联起来，构建完善的产业链。

③积极开展示范性森林养生养老基地建设工作。中国森林养生养老从理论到实践都需要进一步研究、修正和丰富，以促进发挥其商业价值和社会价值，应加强森林养生养老基地总体规划的编制与实施工作。截至 2018 年，中国森林康养基地试点单位已覆盖 28 个省（除上海市、天津市、西藏自治区、中国台湾地区、香港和澳门以外），通过试点先行、示范引领，总结推广可复制的规划，推进森林养生养老产业健康有序发展。促进各类森林养生基地管理和服务水平的整体提升，将森林养生养老基地的认证研究朝着标准化、科学化的方向发展。

2）加强森林养生养老基地总体规划编制与实施工作。

森林养生养老基地规划需要强化顶层设计，建设需要规模质量并重。要坚持“以人为本、重在自然、贵在和谐、精在特色”的建设理念和“严格保护、科学管理、统筹规划、合理开发、永续利用”的管理方针。在规划编制中，突出养生养老的有效性和完整性，加强对规划范围内的林地和各类野生动植物的保护管理，禁止在森林养生养老基地内规划房地产开发、修建坟墓、建设无文化背景的大型宗教文化设施、建设破坏森林风景资源的大型建筑物等不符合森林养生养老功能定位的建设项目。制定《国家级森林养生养老基地总体规划规范》，鼓励出台专项规划和设计标准，完善森林养生养老基地规划体系和内容。加强森林养生养老基地规划设计人才培养，将中医传统文化、中医理论、中医康复技术与森林康养有机结合。

3）建立健全森林养生养老基地管理机构，强化管理职能。

①健全森林养生养老基地管理机构。各级政府要充分认识加快森林养生养老基地建设在林业发展中产生的经济效益、社会效益和生态效益，出台并实施支持

森林养生养老产业发展的政策措施。各级林业主管部门要充分发挥行业管理的职能作用，政府及行业主管部门要积极主动构建严格的准入机制，制定规范的行业标准体系，建立健全森林养生养老基地的管理机构，杜绝缺乏规则、目标和方向而造成市场秩序混乱并最终影响森林养生养老产业发展的状况产生。

②强化森林养生养老基地的管理职能。森林养生养老基地应加强管理，配备相应的管理人员和康养专业人员，完善森林康养餐饮、康养活动、住宿服务等管理流程、技术规范或服务标准。森林养生养老基地管理要走出孤立、分散的老路，将森林养生养老基地与自然环境保护、人体健康紧密联系，形成系统化、规模化的管理模式。

4）完善森林养生养老监管体系，规范建设管理。

①加大对森林养生养老基地的监管力度。各级林业行政管理部门分级负责对森林养生养老基地的监管。严格执行林地保护利用规划，强化林地用途和森林主导功能管制。统筹考虑森林生态承载能力和发展潜力，科学确定养生养老的利用方式和强度，实现生态保护的同时养生养老也能得到发展。要坚决取缔森林养生养老基地内对森林资源造成破坏或严重环境污染的活动，充分利用和发挥现有设施功能，不建设脱离实际需要的超标准建设，避免急功近利。加强森林养生养老的秩序管理，提倡有实际意义、健康文明的森林养生养老活动，切实加强对基地内导游、餐饮、住宿、物价、环境、卫生等各项工作的监督检查。

②强化安全保障。必须坚持“安全第一，预防为主”的方针，确保游客的人身安全，促进森林养生养老产业的健康发展。基地建设选址科学安全，游憩、健身设施及康养医疗仪器符合安全标准。具备救护条件，应急预案可操作，消防等应急救灾设施设备完善。加强对森林养生养老基地从业人员的安全教育和培训，提升突发事件防范和应急事件处理能力。定期检查安全措施的落实情况，及时排除安全隐患。对可能发生的突发事件及采取安全防范措施的情况，应当按照规定及时向上级单位汇报，严格执行安全事故报告制度和重大责任追究制度。

（2）建立健全的森林养生养老基地发展体系。

在高度重视森林养生养老基地的基础上，突出地域文化和地方特色，根据资源禀赋、地理区位、人文历史、区域经济水平等条件及大众康养实际需要，确定发展目标，丰富现有基础上的管理体系和管理内容。

1）充分认识加强森林养生养老基地建设的重要意义。

森林是健康中国的重要载体，森林养生养老作为森林生态和服务价值的新产业，已经成为践行“绿水青山就是金山银山”的重要途径，同时也是提高大众健康实现健康中国的重要战略。各级林业主管部门要积极协调有关政府部门——各级民政、卫生健康、中医药等部门加大对森林养生养老产业的支持力度。加大资金、人力和技术等方面的投入力度，着力优化森林环境、完善基础设施、丰富森林养生养老产品、提高服务水平，向社会提供多层次、多种类、高质量的森林养生养老服务。编制森林养生养老总体规划，必须严格遵循有关法律法规和技术规范，科学划定分区，按照养生养老的不同功能进行项目布局和建设。对重要森林资源要制定相应的保护措施，基地建设必须在生态承载力范围内。

2）合理调整森林资源主导功能利用布局。

维护生态安全已成为21世纪经济社会发展对林业的主导需求，应根据森林养生养老基地的资源情况，对各类森林资源进行不同功能的划分。在对各类资源全面调查的基础上，实行科学的分类管理和经营，开展不同类型的养生、养老、康复、辅助治疗等项目。在此基础上，把环境优美、自然景观和人文景观结合，具有一定规模和具备区位优异条件的森林，确定为以欣赏和对人体产生康养效果较好的特种用途林。根据建设发展实际需求，对现有森林景观进行改造，进一步提高以养生养老利用为主的森林比重，充分发挥森林养生养老基地的功能。

3）有效管理森林养生养老基地。

森林养生养老基地管理机构逐渐健全，基地功能定位明确，有效划分森林资源，其基地内部制度和职责明确，则在遵循科学保护、有效管理的前提下，由国家林业和草原局发改司联合民政部养老服务司、国家卫健委老龄健康司、国家中医药局国际合作司对基地实施行政管理，划分在森林养生基地管理范围内，并维持现有的管理机构与管理人员。参照国家公园的管理目标、管理制度、管理原则进行园区的开发、建设、保护与发展，切实保障森林养生养老基地的稳定与健康持续发展。

4）坚持国家级、省级森林养生养老基地的主体地位。

坚持国家级、省级和县市级森林养生养老基地在森林养生养老基地管理体系中的主体地位。按照相关法律法规政策进行省级、市级和县市级的森林养生养老基地的申报，采用三级分级审批制度建设和管理。试点建设单位严格按照政策要求，向先进学习，向高标准迈进，早日成为示范建设基地，起到引领作用。各级政府需要加大森林养生养老基地建设的资金投入与监管力度，进一步完善森林养生基地的基础和服务设施，促进森林养生基地建设和管理水平的整体提升。

5）拓宽森林养生养老基地管理体系。

①大力推进城镇森林养生养老基地建设。把建设森林养生养老基地与新型城镇化建设规划有机地结合起来，大力推进城镇森林养生养老基地的建设发展。城市周围特别是大中城市周围集中连片的森林资源，凡具备一定条件的，都应当有步骤地纳入城镇森林体验与森林养生养老基地建设规划范围。利用城镇在政治、经济、文化、教育、医疗、交通等方面所具备的基础优势，强化或完善其集散、培训、会务、医疗、康体、娱乐等功能，各级政府建立适度扶持城镇森林养生养老基地公益性设施建设的中央和地方投入机制，鼓励和引导社会资金投入城镇森林养生养老基地建设。加强城镇森林养生养老基地建设的组织管理，强化科技支撑。

②拓展发展国家生态公园。对于需要进一步发展森林养生养老的国家生态公园，需要重点进行生态建设、生态修复、生态治理，按照森林养生养老基地的申报、建设、管理的法规标准加快完善。积极探索符合本地实际的森林养生养老基地管理模式、运行机制和政策措施，将其建设成为兼具生态环境保护、生态文化宣传、生态休闲、生态疗养、生态康养等多种功能的区域。

③拓宽与其他机构的合作。在当地政府部门、主管部门、行业协会等指导下，通过引入社会机构等合作方式，提升森林养生养老的服务和接待能力，连接社会公共服务体系和社会康养服务企业以及人员，打造以森林养生养老为中心的完整社会康养服务体系。例如康养机构、疗养院、养老院、健康中心、美容中心、保健品企业、按摩、火疗、针灸等。建立集森林康养、休闲、度假、娱乐等为一体的多功能基地，提供适合不同年龄段的各类人群去森林游憩、度假、疗养、保健、养老等服务活动。但是，要以保护种质资源为首要任务，合理确定范围，编制合作项目总体规划，健全管理机构和人员，积极提升景观质量和文化内涵，使之成为养生养老、观光休闲、文化体验于一体的区域。

二、日本医养生态环境概况及设计[1]

日本对于医疗环境的研究是从明治维新时期开始的，有较长的历史，并已达

---

1 本节由日本东京大学建筑学博士、日本建筑学会老年人设施委员会主席、日本医疗福利建筑协会运营委员兼国际委员长、日本宫城学院女子大学教授严爽撰写。

到相当高的水平。在医疗环境领域中最早提及生态环境的可追溯到著名医院建筑家长泽泰（原东京大学教授，笔者的导师）建立的康复环境理论，其中就强调了康复环境中生态环境和景观设计的重要性。在医疗环境领域，以景观设计为代表的生态环境被定位为医院建筑设计的领域之一。但是，在养老环境领域，对景观设计的认识呈现出了不同的倾向。

20 世纪 80 年代后期，随着日本老龄人口的急剧增加，社会逐渐认识到了改善养老环境的重要性和必要性。受瑞典等福利发达的北欧诸国的影响，原先以医院模式为基础的养老环境被逐渐淘汰，转而认为理想的养老环境应该是类似家庭的环境。在日本养老设施的生态环境、住宅的户外环境等领域均接受了这样的思想，综合考虑所在区域（城市或农村）、用户的生活环境和生活习惯等多种因素进行设计，典型的特点是小型菜园和花园设计较多，大规模景观设计较少。本节主要以景观设计为出发点，介绍日本的医养生态环境，同时分享一些海外的案例。

（一）日本的养老环境

根据老龄人口增长的数量，老龄社会的发展过程被分为高龄化（Aging）社会、高龄（Aged）社会、超高龄（Super aged）社会三个阶段。联合国世界人口统计资料显示，从高龄化社会到高龄社会的时间，法国是 115 年，瑞典是 85 年，美国是 70 年，英国比较短也用了 45 年。但是日本只用了短短 24 年就跨入了高龄社会。截至 2019 年 12 月，日本 65 岁及以上老龄人口比率是 29%，已经达到世界最高水平。可以说日本虽不是老龄化最早的国家，但却是老龄化最快的国家。笔者认为，中国未来也将面临同样的问题。

战后的日本，伴随着经济的高速发展，公共卫生条件大幅改善，并于 20 世纪 70 年代进入了高龄化（Aging）社会。在这个时期，老龄护理仍以家庭护理为主，养老设施的定位是给无依无靠的老人提供一张床，这种医院模式为主的养老设施持续了很久。20 世纪 90 年代，高龄（Aged）社会来临，老龄人口激增，家庭护理模式崩溃，改善养老环境成为了国家层面的紧迫课题。当时，从瑞典留学归国的外山义（已故，京都大学教授）将北欧的养老环境的思想带到日本，对普及养老设施中的单人房间、充实公用空间等方面都做出了极大贡献。受这一思想影响，这一时期的养老设施的建设执行住宅标准，倡导“如住在家”理念，将大规模的养老设施分成小组团，制定了在社区中普及小型老人之家的相关制度。

2010年以后，为了解决老龄人口持续增加带来的越来越严重的失智老人问题，小型“老人之家”的建设成为趋势，“住在自家”的并通过小型“老人之家”提供日常服务的模式成为了主流。

（二）生态环境中的庭院设计和景观设计

日本的生态环境设计分为两个领域，一是庭园设计（Gardening），二是景观设计（Landscape Design），两者从20世纪50年代开始就有各种相关研究。其中，在日本造园（园林建造）学会监督修编的入门书中指出：园林建造是一种通过园艺和庭园的管理来提高风景价值的技术和实践；景观设计则是通过景观设计和建造营造一个生活舞台，给用户提供一种新的生活方式。可以说，前者注重的是环境本身的质量，后者注重的是环境中人的生活质量。

日本医养生态环境的基本思想是以景观设计的定义为出发点的，这种思想不再是单方面地以规划庭院和设计景观为目的，而是从根本上考虑如何给用户提供一个增进身心健康的环境。本节也将围绕如何提高生活质量来论述日本医养生态环境中的景观设计。

在日本的医疗生态环境领域，最早提到景观设计重要性的文件是2006年日本厚生劳动省发表的《庭院医院计划》。在这个计划中，日本厚生劳动省直属的成育医疗研究中心、国立精神神经医疗研究中心均积极导入了景观设计的理念。在以严重残疾少儿为医疗对象的成育医疗研究中心，研究主题包括提供先进医疗、控制院内传染、促进绿色医院、支援患者和家属，景观设计是促进绿色医院发展的最重要的一项内容。可以说，医疗生态环境的发展过程就是景观设计的发展过程。在养老生态环境领域，园艺疗法曾和音乐疗法、宠物疗法一样作为一种护理方法在20世纪90年代初期流行过一段时期，但最终普及的景观设计的定义是作为提高用户生活质量的方法，而不是“疗法”。

（三）相关学术领域对医疗福利设施中景观设计的看法

1. 从建筑设计角度看景观设计

在建筑设计中，往往从三个方面来考虑医疗福利设施中的景观设计。第一，根据建筑的类型配置室内空间和户外空间；第二，根据建筑的功能来设定户外空间的用途；第三，根据建筑的类型、用户的需求选择植物的种类和种植的地点。医疗福利设施中景观设计的效果可以归结为以下三点。

第一，增强对生命的憧憬。例如，从心理学的角度来讲，常青树是生命的象征，给人可以信赖的印象，有使人安心的效果。因此，在场所的入口处种植一棵枝繁叶茂的常青树，不仅能给来访者带来生活的希望，还可以增强其对该场所的信任。

第二，带来安慰和愉悦。例如，很多医养设施中的患者（或老人）的卧床时间很长，如果在环境中配置方便散步的庭院或屋顶花园，不仅可以改变患者（或老人）心情、增进康复效果，对工作人员和患者家属来说同样也是一个令人愉悦空间。对东京圣路加国际医院的屋顶花园使用状况的调查结果表明，患者的平均使用时间为每次 30 分钟。近年来，庭院和屋顶花园不仅在很多位于郊外的设施中得到普及，就连位于东京或首尔等大城市中的很多养老设施也在积极建设此类空间（图 1）。

图 1 梨花女子大学附属医院屋顶花园（首尔）

第三，加快身体和心理的康复。与屋顶花园类似，户外的康复训练小径也是深受患者（或老人）喜爱的空间。康复训练小径通常提供多种坡度、多种铺助装备，还经常设计一些小起伏以供不同身体状况的用户使用。类似地，避雨凉亭、小桌长椅、盛开花坛等公共空间，可供患者、老人、工作人员和访客同时享用，这不仅能促进患者（或老人）的身体康复，还给他们提供了一个和外界交流的场所，利于其保持良好心态促进心理康复。

2. 从植物生态学的角度看景观设计

近年来，日本越来越重视改善医护人员的工作环境。相应地，医养生态环境也从单纯提升患者（或老人）疗养环境，发展到同时注重提升工作人员的环境以利于其保持医疗和护理水平。以植物生态学的角度看，景观设计的效果可归结为以下三点。

第一，景观设计不仅能够提高患者（或老人）的疗养环境，而且能减轻工作人员的精神压力。十多年前完成的一份有关医院绿化环境的问卷调查显示：大多数医院景观设计的目的是“为患者提供舒适的疗养环境”和“为患者家属提供休息环境”。但由于医院本身主要功能是医疗，实际上医院景观设计更多围绕“为患者提供舒适的疗养环境”进行。但是，近年来这种情况发生了一些明显变化，以“减轻医护人员的精神压力”为目的的景观设计正在逐渐增加。因为，对于医生、护士、护工以及其他工作人员来说，医养设施是一个人命关天、责任重大的工作场所，他们长期承受着很高的精神压力。为了向患者（或老人）提供优质的服务，也必须保持医护人员的身心健康。否则，不仅会降低服务的质量，也可能增大医疗事故的风险。近年来，医养设施的管理层已经意识到景观设计在这方面所起到的重要作用，对此日趋重视。

第二，以医养设施用户的需求为出发点的种植规划。基于植物生态学的观点，医养设施中植物的种类和种植的方法应该与一般公园不同，应该更多以用户的身心特点作为中心慎重地选择和规划。遗憾的是，因为当前还没有针对医养设施的绿化或景观设计规范，大多数情况下植物种类和种植方法都和普通公园的类似。在前文提及的问卷调查中发现，很多植物并不适合于医养设施。例如，一家栽种了果树的医院收到患者的投诉，说看到果实落地便联想到了死亡。这样的投诉对一般的公园来说是不可想象的，但这恰恰说明了景观设计对医院特性考虑不足。不仅如此，医院的类型繁多，还必须结合不同类型医院的特征来考虑景观设计方案。再举一个例子，为了使患者（或老人）获得愉悦的心情，通常会在窗外可以看到的区域种植一些绚烂的鲜花或放置一些鲜艳的盆栽花卉。但是，在采访中发现，因为患者（或老人）大多长期卧床，窗外这些区域他们很难看到，反而是躺在床上透过窗户能看到的区域才是他们关心的；至于植物种类，他们更喜欢可以感受到自然和生命的植物，比如随风飘动的潘帕斯草。这个例子说明，医养设施的绿化最重要的并不是美观，而是如何了解患者的心理、如何让患者融入景观。上述内容和各国各地区的生死观、伦理习惯紧密相连，需要通过慎重考察来计划。

第三，结合生理和心理效果的景观设计。针对不同用户的需要，应提供不同的景观设计。例如，设计医养设施的“绿色休息空间”就要同时考虑不同用户对“休息”这一行为的不同要求和不同理解。对于老人来说，“休息”是换一种场景和气氛的散心；而对于医护人员来说，“休息”是身体放松、情绪安宁。为验证不同群体的不同需求，曾经进行过一项实验，测试“草坪”和“薰衣草”对不同人群的生理和心理影响，“草坪”经常应用于休息区，“薰衣草”香气具有松弛作用。试验通过 SD 法测定受试者对两者的印象效果，通过血压、脉搏、唾液淀粉酶浓度等生理指标测定两者的心理效果。结果显示：安静时血压高的受试者，“草坪”和“薰衣草”对其均有降压效果；但是，安静时血压低的受试者，血压则没有变化。从淀粉酶浓度的测定结果中发现，“草坪”比“薰衣草”减轻压力效果更好。在印象评价中，对“草地”的感觉是“柔软”和“镇定”，对“薰衣草”的印象则是“有趣”或“刺激”。这些实验结果表明：“草地”具有较高的缓解压力作用，并且给人平静和安宁的印象；而“薰衣草”虽然也有缓解压力的效果，但同时有令人兴奋的印象和变换气氛的效果。上述实验明确给出了“绿色休息空间”的景观设计的科学依据：工作人员的休息空间“草坪”更有效，老人的休息空间则“薰衣草”更适合。综上所述，未来进行医养设施的景观设计时，验证其对用户的生理和心理的影响将成为必不可少的一环。

3. 从人间环境行动学的角度看景观设计

生活中环境的变化可以给老人适当的刺激，使其日常生活更加丰富并缓和失智老人的一些症状；植物的成长过程本身对老人也是一种非常好的刺激。因此，国内外均日趋重视医养生态环境的研究。

前面已经从建筑设计和植物生态学的角度来分析了花园和植物效果。下面从人间环境行动学的角度，分析人（老人）与环境（景观）的关系和互动模式。

第一，治疗型花园［环境→（刺激）人］。这种花园通过给老人（特别是失智老人）一定的刺激，以促进老人自发的生活行为并改善其失智症状。这种花园既有一定治疗效果，同时也有美化环境的效果。例如，花园中雕塑、水池等能够作用于五官感觉，均可以给使用者各种有益的刺激（图 2）。

第二，参与型花园［人→（作用）环境］。对于需要护理的老人来说，积极参与种植活动、养育植物来改善生活环境是一个难得的机会。许多人年轻的时候没有这样的机会，年纪大有机会从事园艺活动能带来新鲜感，老人都会非常珍惜这样的体验。同时，园艺对于促进社区内用户交流也是一种有效的方法。但是特别要注意一点，在养老设施中设计花坛时必须要考虑到使用轮椅的用户。

图 2　美琪癌症关爱中心的喷水池（切尔滕纳姆）

第三，人工绿化环境（人 > 环境）。在园林建造的历史上有很多通过人工力量改造自然环境的先例。比如整齐划一的法国庭园，来源于拿破仑的喜好和命令。在气候严寒的北欧，温室环境中依赖严格的人工管理所生长的观叶植物，都可以证明人工力量可以给自然带来巨大影响（图 3）。

第四，与自然相互作用的庭园（人 < 环境）。最新的景观设计潮流，不是整齐划一的人工庭院，而是利用新技术创造的、与自然环境相近的人工环境。例如，巴黎 Musée du quai Branly 美术馆中，精心设计的杂草花园就是一个典型的例子（图 4）。另外，通过人工改造与自然环境相结合，可以建造出能确保失智老人安全的中庭花园和散步路，为失智老人提供最佳的养老环境。

图 3　温室花园（赫尔辛基）

图 4　Musée du quai Branly 美术馆（巴黎）

第五，与日常生活相互融合的庭园（人与环境融为一体）。这种庭园不由管理方主导和单向行动，而希望用户在日常生活与外部环境相互影响，以实现舒适的生活（图 5、图 6）。从菜园收获的蔬菜，从果园采摘的果实不仅使每天的餐桌更加丰富，还可以作为礼物送给来访亲友。坐在宽敞的阳台或露台上，不仅可以眺望外界的景色，还可以随时和路过的邻居打招呼。这样的一种庭园，可以给日常生活增添很多乐趣。

图 5　老人之家的果树（赫尔辛基）

图 6 老人之家的庭园（左：赫尔辛基，右：千叶）

（四）各国景观设计的案例

笔者感到，相较于东亚，东南亚和欧美国家对景观设计更加重视，历史也更长。

东南亚各国气候温暖，医院和养老设施重视自然通风和自然采光，这既能提升康复环境又能节省能源，具有事半功倍的效果。

最典型的案例是新加坡 2010 年建成的绿色医院——Khoo Teck Pua 医院（图 7）。医院的设计以“患者心灵的舒适”为中心，因其出色的绿色环保和节能设计，自开业以来已经赢得了无数奖项。医院中不同类型的病房特点也不同，例如有的强调绿色的风景，有的要求清洁的空气，但都为患者提供舒适的疗养环境。毗邻的义顺池塘有健康促进公园，有海滨社区，无论是患者、游客还是公众，都可以在义顺池塘和郁郁葱葱的花园中放松身心，享受宜人的康复环境。

图 7 Khoo Teck Pua 医院（新加坡）

欧美则有更加悠久的庭院设计历史，加之欧美人比较重视户外生活，所以景观设计是建筑设计的重要组成部分之一。欧美的医养生态环境的典型案例之一是英国各地的美琪（Mggie’s）癌症关爱中心（图 8）。创始者美琪 · 凯瑟克在 1988

图 8　美琪癌症关爱中心（邓迪）

年（她 47 岁时）被确诊为乳腺癌。美琪·凯瑟克发现，癌症患者不仅要战胜病魔，还要战胜自己的情绪。于是，她策划了一个癌症患者可以一起轻松喝茶、互相交流，甚至可以躲起来流泪的地方，这就是美琪（Mggie's）癌症关爱中心。非常遗憾的是，1996 年第一家中心落成的一年之前，美琪·凯瑟克因为癌细胞扩散去世了，但是她的想法得到了全世界的支持，现在全球已经建成了 30 家，其中英国 27 家，东京、巴塞罗纳和我国香港各 1 家。美琪（Mggie's）癌症关爱中心是一项慈善事业，依靠捐款来建设和运营。Zaha Hadid、Franc Owen Gehry、Rogers Stirk Harbour、Rem Koolhas 等世界驰名的建筑师均参与了设计和建设。美琪·凯瑟克从亲身体验出发，非常重视景观设计，与建筑设计一起提出很多条件；也正得益于此，该中心的建筑和设计具有极高的水平。

【建筑设计条件】

（1）温暖安静、充满阳光和热情的空间。

（2）能接待各种访客的温馨的厨房。

（3）既有供人群集会的大空间，又有保持个人隐私的小空间。

（4）能眺望周围自然美景的空间。

【景观设计条件】

（1）一定要有可享受自然景色的庭园。

（2）从项目开始建筑师和室内 / 景观设计师应紧密合作，确保室内室外空间的协调。

（3）景观设计师严选四季生长繁盛的植物。

在日本，养老设施中的大规模景观设计案例比较少，但值得一提的案例是朝日苑。朝日苑坐落于气候温暖、风光明媚的爱媛县，其突出亮点是与自然环境和周边景色的完美融合（图 9）。朝日苑最大的特点是以屋顶绿化为主的景观设计，并且每个居室都能直通花园。其景观设计的核心要素是专业植物设计。朝日苑建成几年之后，植物繁茂，屋顶绿植和背后山峦融为一体，而建筑又和绿植融为一体，从而将整个建筑完美地融入了自然（图 10）。

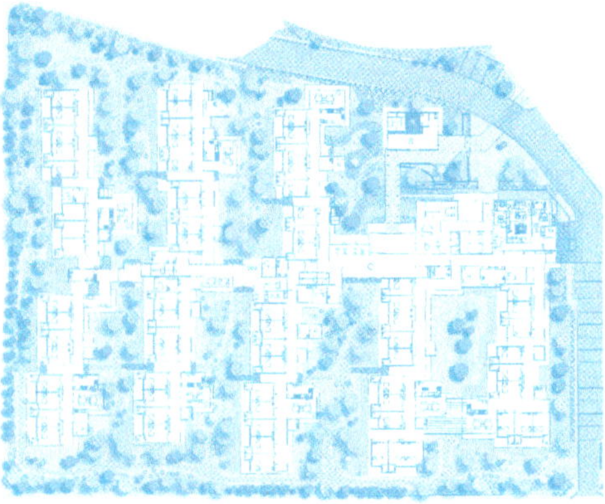

图 9 朝日苑的配置图（爱媛县）

图 10 朝日苑落成 15 年后，屋顶绿化与周围的自然融为一体

在日本比较普及的是组团形式平面构成的户外空间绿化（图 11、图 12）。组团和组团之间的小庭院布置得比较精心，“乐”提供可以晾衣服的生活庭院（图 13），还安排了一个供欣赏的日本式庭园（图 14）。前者有四合院的氛围，后者有苏州庭园的意趣。

图 11 南生协村的小径

图 12 “你的家”庭院设计

图 13 “乐”的组团间绿化（生活庭院）

（五）结语

图 14 “乐”的组团间绿化（日本庭园）（鸟取县）

执笔本文之时，世界各国都在经历新冠疫情的洗礼。为避免密集、密闭和密接，日本很多咖啡馆和居酒屋都敞开大门营业。家庭中则尽量利用阳台和庭园等开放空间活动，生活方式已经有了一些变化。原来不很爱好户外生活的日本人，也越来越多地增加了户外活动。蓝天白云、绿树鲜花可以让人心态平和，期望新冠疫情之后，医养的生态环境能够跨越到一个新的境地。

三、新西兰莱曼健康养老商业模式解析[1]

在生态养老领域，中健联盟产业研究中心通过理论研究、实地考察、面对面交流等方式，对世界各国的养老项目、养老模式进行深入研究。研究发现，在全

1 本节由中国林业与环境促进会副秘书长、中国林业与环境促进会生态养老分会秘书长、中国健康养老产业联盟秘书长蒋洪卫撰写。

球养老领域，新西兰的模式独具特色，以莱曼健康养老为代表，该公司入选新西兰十大市值上市公司，成为新西兰股市盈利能力最强的公司，自成立以来，长期保持高速增长，创造了一个商业奇迹。与美国最大的养老集团布鲁克代尔长期挣扎在盈亏平衡线上比，新西兰令人羡慕的业绩表现，让人不禁产生疑问：同样是西方国家，同样的养老服务，为什么会有如此大的区别呢？为此中健联盟产业研究中心以新西兰莱曼健康养老为案例，对其运营和商业模式进行全面的研究，并结合国内养老产业的发展情况，进行解析，希望新西兰莱曼健康养老的商业模式，能够给国内同行以启发，帮助中国养老产业在建立和完善商业模式并予以创新方面，能有所借鉴。

（一）新西兰莱曼健康养老介绍

1. 莱曼开始的故事

给爸爸妈妈的，一定要足够好。

1983 年，私家侦探凯文·希克曼（Kevin Hickman）被要求调查克赖斯特彻奇（Christchurch）一家疗养院的火灾。

“对我来说太疯狂了，标准太差了。”凯文回忆说，“火灾发生在一栋旧别墅里，一个房间有四个人，所有人共用厕所。标准太差了，但那时候疗养院就是这样的。

“我想，我要为妈妈做什么？我想要一间单人房，附带一个卫生间。不是共用的卫生间，因为那会造成巨大的问题。”

2. 找到完美的生意

凯文和他的商业伙伴——会计约翰·莱德，几年前见过面。凯文离开了警察局，自己开了一家私人调查公司，需要一名会计师。凯文说，合作关系之所以成功，是因为他们有互补的技能。

在凯文经历了被破坏的疗养院事件之后，他们知道他们找到了想要的东西。这是一个很好的商业想法，他们可以改善老年人的生活方式并照顾他们。这是一项他们可以感觉良好并充满希望的业务。

他们很快就在克赖斯特彻奇的河路找到了一栋有 14 个两居室的公寓楼，他们将把它改建成自己的第一个安乐窝。

由此，“莱曼”——由莱德和希克曼结合而成——诞生了。

他们重新命名 Rest Home Riverside，现金流开始流入，莱曼很快就在市场上寻找第二处房产。霍恩比伍德科特大道上的汽车旅馆成为他们的下一个发展方向。

凯文说："因为我们没有多少钱，所以我们重建时我就住在那里。我们需要在重建时从中挤出每一滴现金流。"

凯文和约翰相信再投资能使公司成长。投资、再投资，为未来收益奠定基础，因此投资的价值总是复合的。

莱曼的策略是在一个成熟的郊区购买合适的土地，利用流动资金建设村庄的第一阶段，出售，并利用收入为下一阶段提供资金。然后，他们将建立一个护理部门，并使用在莱曼系统培训的本土员工来运营这个村庄。

3. 对培养内部人才的信念

凯文把现任领导人称为"莱曼的孩子们"——"孩子们"几乎描述了他们刚开始时的样子。例如，首席营销官黛比·麦克卢尔（Debbie McClure）在 1990 年开始担任退休村管理人员。

凯文和约翰都相信能把年轻的、有才华的人带到高层，而莱曼目前的董事会和管理层今天仍然持有同样的信念。人们需要在自己的 DNA 中找到莱曼人的工作方式才能成为莱曼人。他们所做的每件事都需要以关心为中心。

4. 莱曼的风气没变

三十年过去了，莱曼的风气没有改变。"我们做的每件事都必须对爸爸妈妈足够好。"

5. 莱曼的发展史

1984 年，由约翰·莱德和凯文·希克曼创立莱曼健康养老（Healthcare）。

1996 年，开设第一个提供全方位护理的村庄——因弗卡吉尔的 Rowena Jackson 退休村。

1996 年，获得直接资本合伙人 Ngai Tahu 投资。

1999 年，在纽交所上市，募集资金 2500 万美元，市值 1.35 亿美元，1600 名股东。

1999 年，开设马尔维纳主要退休村——第一北岛村。

2003 年，加入 NZX 50（新西兰 NZX 50 指数）。

2003 年，奥克兰第一家退休村——格雷斯乔尔退休村开业。

2007 年，目标增长率翻了一番，达到 300 个退休村单位和 100 张疗养院 / 医院病床。

2007 年，奥克兰埃德蒙希拉里村旗舰店开业。

2009 年，进入 NZX 10。NZX 10 是新西兰股票交易市场中市值最大的前十家公司的股票根据不同的权重值占比，组成的一个反映新西兰股市中“大市值公司”运行情况的指数。RYM（莱曼健康养老）排第六，权重 8.86%。

2010 年，奥雷瓦第 21 家退休村开业。

2011 年，新西兰将增长率提升至 550 个单位或床位 / 年。

2011 年，在墨尔本惠勒山收购了澳大利亚的第一块土地。

2012 年，新西兰将增长率提升至每年 700 个单位和床位。

2013 年，开始澳大利亚第一村的建设。

2014 年，在布兰登公园收购墨尔本第二块土地。

2014 年，首家澳大利亚退休村——Weary Dunlop 退休村在惠勒山开业。

2014 年，在奥克兰 Howick 的 Bruce McLaren 退休村开业。

2015 年，首批居民入住奥克兰的波森伯恩退休村和惠灵顿的鲍勃斯科特退休村。

2016 年，在墨尔本 Burwood East 收购第三块土地。

2016 年，首批居民入住奥克兰的 Rangiora 和 Bert Sutcliffe 的 Charles Upham 村。

2016 年，莱曼在伊莱扎山买下了历史悠久的穆恩达庄园。

2016 年，在墨尔本收购了科堡遗址。

2017 年，在基隆收购维多利亚第六块土地。

2017 年，在马莎山收购维多利亚第七块土地。

2018 年，分别在阿伯菲尔德和海洋格罗夫收购维多利亚的第八和第九块土地。

2018 年，首批居民抵达墨尔本的 Nellie Melba 村和奥克兰的 Murray Halberg。

2019 年，第二个澳大利亚退休村——布兰登公园内莉 · 梅尔巴退休村开业。

2019 年，首批居民入住奥克兰的威廉桑德斯退休村和汉密尔顿的琳达琼斯退休村。

2019 年，在维多利亚州林伍德东部购买了第十块土地。

6. 莱曼新西兰项目分布

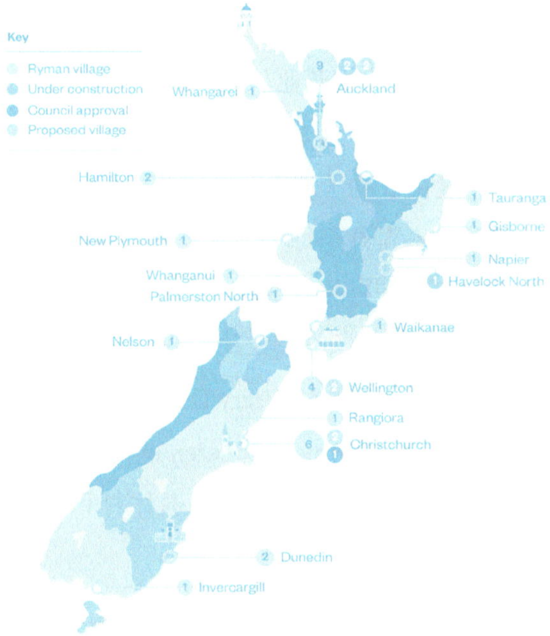

图 15　莱曼在新西兰的项目分布图

（二）莱曼健康养老的商业模式

1. 持续高速增长的莱曼健康养老

莱蔓健康养老连续 18 年高速增长，创造了新西兰上市公司的奇迹，更是在全球开办养老机构，其盈利能力无人能比。

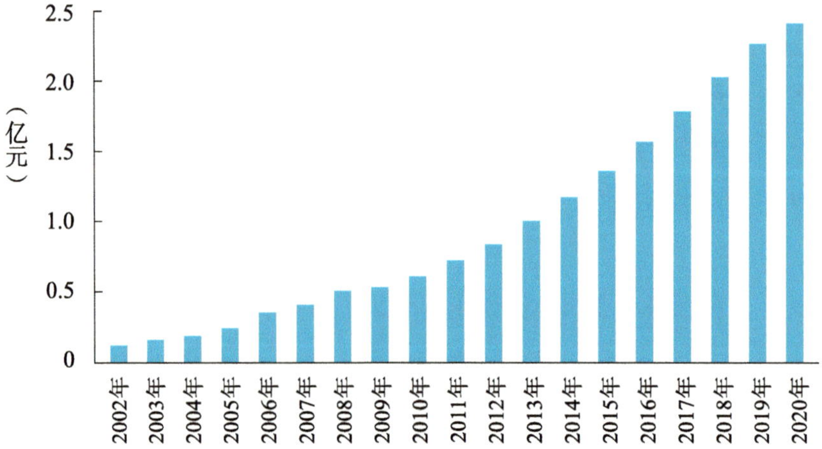

图 16　莱曼健康养老 18 年来基本利润增长（新西兰元）

资料来源：莱曼 2020 年度财务报告。

2. 莱曼的商业模式

（1）提供全面服务。

莱曼是新西兰和澳大利亚的维多利亚领先退休生活社区及照护服务商。

莱曼超过 50% 的社区根据不同需求提供集独立生活、介护服务（辅助生活）、机构养老、医院服务及失智照护于一体的服务项目和内容。

这种全面服务满足长者夫妻可以共同居住，一旦他们的健康发生变化，他们及他们的家人在本社区就能得到相应的服务。

莱曼的商业模式以 care 为中心，care 包括照护、护理、关心、关怀等。

社区围绕满足居民需求进行设计，从最初的选址，到建造村或社区，到资金回笼，再投资兴建下一个社区。

莱曼的自营开发和设计团队按照标准流程开展，自营建设团队建造，自营销售团队进行销售项目，自营运营团队管理运营。

自营团队可以更好地为居民服务，可以保证质量，积累经验，可以使项目运营相对比较灵活。

随着业务的增长，自营团队可以使业务在增长的同时，不背离“道德、透明、诚实和公平”的企业愿景。

（2）协议与同行不同。

莱曼提供澳大利亚最方便支付方式，叠拼和公寓的周费用自入住后到离开前费用固定，延期管理费用上限为 20%，是最低的。

正如您看到的，莱曼不仅保证长者的身体安全，更致力于保证长期的财务稳健性。

莱曼承诺“无意外”，而且协议用简单语言书写，条款透明，人人容易理解。

（3）提供可以消费得起的产品。

莱曼聚焦于保障为客户提供负担得起的产品和服务，关注居住项目的价格，并努力使其升值，保证价格在合理区间浮动，使客户可以承受。

（4）员工热心为长者提供服务。

在莱曼，一切都以人为本，无论对居民、居民家人、同事及与之联系的人都友好相待。

莱曼的专业经验来源于对客户的热情相待。莱曼确保人人理解并遵守其价值观。莱曼的标准是：像对待母亲那样对待客户。

（5）帮助不同背景长者适应不同的社区生活。

莱曼开发的村庄、社区居民来自各个社区，莱曼让这些长者居民在这里转变成新的生活方式并从中受益。反过来，也让当地社区居民受益。

莱曼的社区注重居民之间的联系。压抑和孤独感是长者的主要社会问题，莱曼的居民与他们邻居和朋友保持联络，并且安全地待在家里。

（6）致力于不断提高服务。

莱曼一直致力于提高服务水平，设计师团队思考怎样运用新理念到村庄，追加技术投资是为了以提高信息分享和处理速度或者更好地对居民进行照护且一直在努力提高。

（三）莱曼商业模式的中国借鉴

中健联盟产业研究中心全面整理了莱曼健康养老官方网站及年度报表等可信渠道中关于商业模式以及与商业模式相关的资料，并进行了系统的总结。国外与国内在思维方式、表达方式等方面会有一些差异，接下来，我们结合国内养老产业的发展现状，以国内养老产业研究、消化国际有益经验的视角，来解析莱曼健康养老的商业模式。

1. 项目选址，注重生态环境区位配套

前文说过，莱曼的策略是在一个成熟的郊区购买合适的土地，利用流动资金建设村庄的第一阶段，出售，并利用资本为下一阶段提供资金。然后，他们将建立一个护理部门，并使用在莱曼系统培训的本土员工来运营这个村庄。

我们选了两张莱曼健康养老项目选址的图片：

图 17　莱曼项目选址

以上是莱曼其中四个项目的项目选址，图中标出的位置为莱曼新项目的地址。我们可以看到，生态环境优良、交通便利、郊区，但又不远离城区，莱曼称其为成熟的郊区。目前，国内也有不少类似的项目，如香河大爱城、燕达等，都属于近郊项目，我们分析一下这个选址的优点。

（1）成熟郊区，邻近城区，周边配套设施较为齐全，有居民基础，也就是有较好的客户基础，同时也符合客户原有的生活习惯、生活环境类似，更容易被接受。

（2）交通便利，通过以上四个项目的选址，我们看到，便利的交通是重要的因素，项目地址位于交通主干道或者近郊区主要交通道路，便利的交通，不仅方便机构运营，同时也方便家属探望，以及举行各种与周边社区交流的活动等。因是成熟的郊区，所以基本上和我们的城区有一定的类似，因为是郊区，在土地成本和生态环境方面，会更有优势，而我们从莱曼的选址图片可以看出，优良的生态环境几乎是每个项目的标配。

（3）在郊区居住符合外国人的生活习惯。与国内近郊项目选址不同的且需要注意的是国外的生活居住在郊区多，主城区、类似北京的 CBD 区域一般面积不大，多数人都在郊区这样的地区居住和生活，而我国多数城市，主城区面积较国外城市大，配套设施相对集中在主城区，郊区一般配套设施不全，有些甚至连交通等基础设施都有待完善。

项目选址，是决定项目成功的重要因素，也是项目成功的第一步。在项目选址方面，莱曼的主要产品是养老村，一般选择土地价格相对较低、生态环境优良、配套设施齐全、交通便利的成熟郊区，这些选址原则，体现了莱曼健康养老项目的区位优势，如果国内项目，符合类似选址条件的，可以优先选择。

另外，参考国内一些项目的经验，虽然项目建设初期，其区位优势并不明显，但随着城市的发展和项目配套设施建设的完善，逐步满足了莱曼项目选址的要求，或者说，这类项目进入运营阶段后，已经能够看到，成功的项目都基本符合莱曼健康养老的项目选址原则。

2. 项目建设，围绕满足居民需求进行

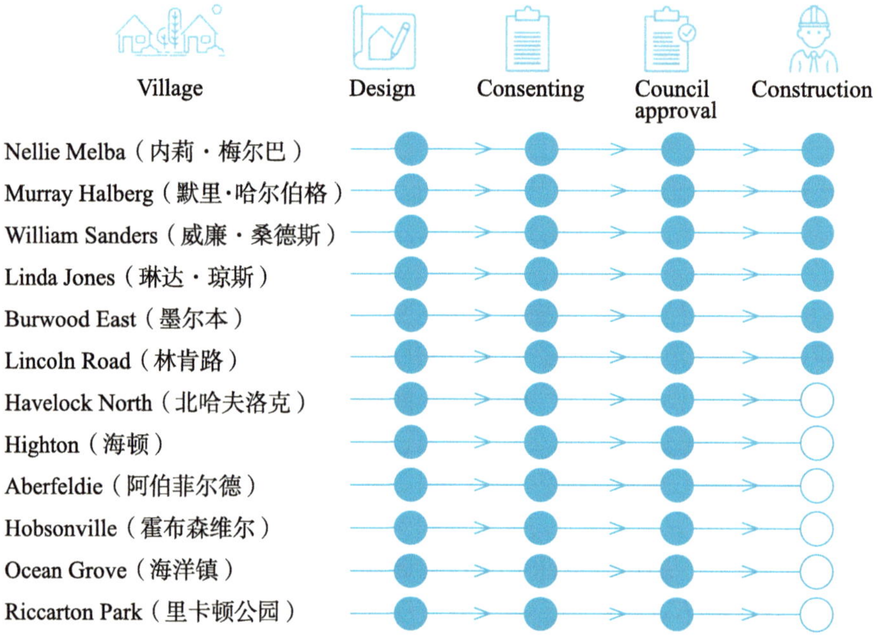

图 18　莱曼项目建设进度

注：Village（村庄）；Design（设计）；Consenting（许可）；Council approval（政府批准）；Construction（建设）

莱曼的项目建设分为四个阶段，即设计、许可、政府批准、建设，并及时根据项目建设进度，更新项目进展。

在莱曼的发展进程中，我们发现，在进入良性循环后，形成了每投入运营一个项目，就培养一头现金牛，源源不断为莱曼提供现金、提供收入。同时，不断有新的项目进入建设流程，有些处于设计阶段，有些处于许可阶段，有些处于政府批准阶段，有一些正在建设，这样源源不断会有新项目投入运营是保障莱曼连续多年高速增长的基石。莱曼项目建设经验给我们的启示是，作为有集团化发展、连锁化发展方向品牌的养老项目，在项目建设和布局方面，可以借鉴学习莱曼的经验，特别是每投入运营一个新的项目，就是一头现金牛，不断地增加现金，创造收入。

用莱曼的说法是，我们的社区围绕满足居民需求进行设计，从最初的选址到建造村或社区，到资金回笼，再到投资兴建下一个社区。

3. 服务对象，重点服务 80 岁及以上老人

莱曼健康养老对未来发展的信心，来源于世界老龄化的大趋势，在这个大趋势下，已经有稳定的运营项目、成熟的商业模式、专业的管理团队、敬业的服务人员，因此对未来的发展充满信心。

莱曼健康养老对服务的客户人群进行了精准的统计分析。

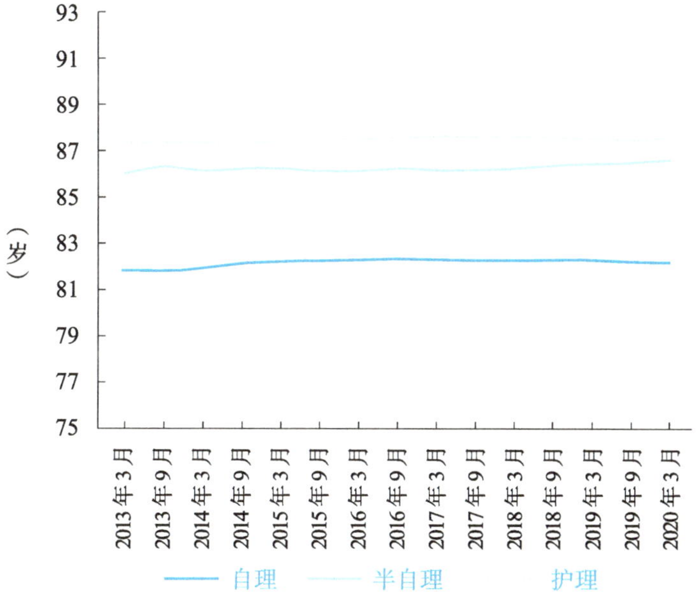

图 19 居民平均年龄

表 1 莱曼入住老人情况

自理能力		时间	
		2020 年 3 月	2019 年 3 月
平均年龄（岁）	自理	82.2	82.3
	半自理	87.5	87.5
	护理	86.6	86.4
入住时长（年）	自理	5.7	5.5
	半自理	3.0	2.6

近几年莱曼健康养老分别对 Independent 独立居住（自理）、Serviced 介助服

务（半自理）、Care centre 护理中心（不能自理）等三类入住老人进行统计分析。入住老人的平均年龄变化并不大，独立居住的老人，平均年龄在 82.2 岁，而介助服务的老人平均年龄 87.5 岁，而护理中心入住的不能自理的老人，平均年龄约 86.6 岁。从这里，我们可以看到，莱曼养老村所居住的村民，年龄都在 80 岁以上，也就是我们常说的高龄老人，只是根据高龄老人的身体状况和服务需求，提供相对应的专业服务。这里我们注意一点，新西兰的退休年龄是 65 岁，也就是说，新西兰老人，只要年满 65 岁，就可以领取养老金，而莱曼养老村入住的老年人平均年龄在 82 岁以上，这中间有 17 年的差距，也就是说，刚刚退休的老年人，一般不会成为莱曼的服务对象。所以，对照国内的情况，我国目前的退休年龄是男性 60 岁，女性工人 50 岁即可退休，女性干部 55 岁即可退休，参考莱曼的入住老人的年龄结构，中国入住养老院的老年人主要客群，应该在 75 岁以上，甚至 80 岁以上。新西兰平均寿命为 80.6 岁，根据国家卫生健康委员会发布的《2019 年我国卫生健康事业发展统计公报》显示，中国居民人均预期寿命由 2018 年的 77.0 岁提高到 2019 年的 77.3 岁，考虑到平均寿命的差距，我国入住养老项目的平均年龄应该在 78 岁以上。也就是说，不要把刚退休的年轻老人作为主要服务对象。刚退休的年轻老人群体，也是一个特殊群体，刚退休，有退休工资，身体状态较好，这个群体对入住养老机构需求较小，但其也是一个重要客群。如何为这个群体的老人提供服务，是养老产业体系中另一个服务品类，满足这个群体需求的产品有旅游、旅居、健康服务、保健产品、文化娱乐等。莱曼将 80 岁以上的老年人作为重点服务对象，在莱曼最新的财务报告中，专门对世界总体及新西兰和维多利亚 80 岁以上老龄人口的发展趋势进行了分析。

从趋势分析图（图 20）显示，世界总体及新西兰、维多利亚 80 岁以上老年人口快速增长，这是莱曼健康养老未来发展的人口基础，根据发展趋势预测，2065 年前，新西兰的老龄人口增长速度超过世界老龄人口增长速度；2065 年后，新西兰的老龄人口发展趋势和世界大趋势差不多。而维多利亚的老龄人口增长速度远超过世界老龄人口增长速度。

4. 经营理念，像对待母亲那样对待客户

莱曼的故事开始于创始人确信给爸爸妈妈的，一定要足够好。所以莱曼给自己制定的标准是：像对待母亲那样对待客户。中健联盟在山东烟台调研时，也曾给养老项目建设方提出过类似的要求：如果你建设的养老项目，愿意让自己的父母入住，那么，我们相信你能做好这个项目，如果连自己的父母都不愿意入住你

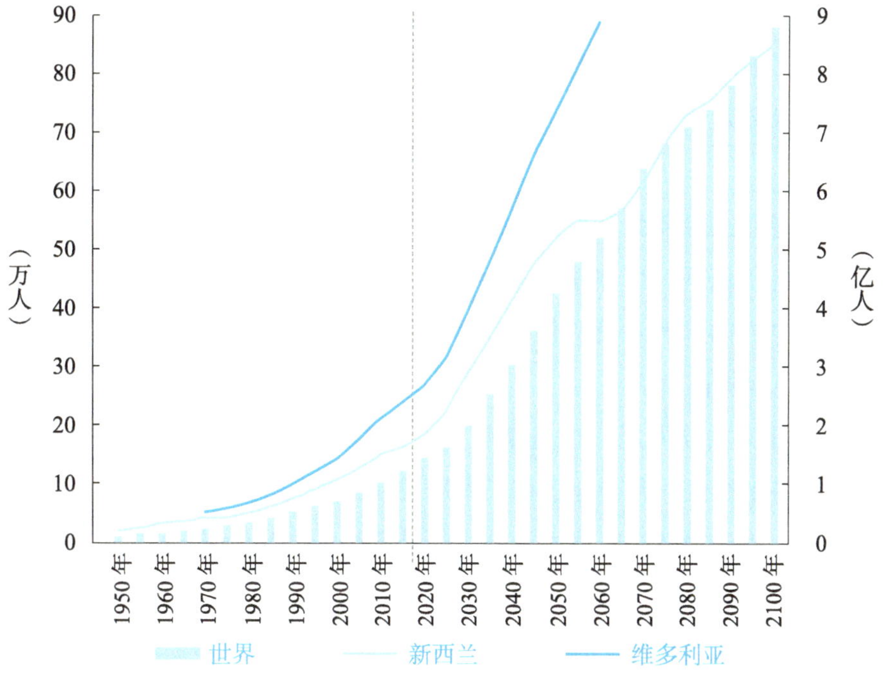

图 20 世界 80 岁以上人口增长趋势预测

资料来源：联合国2019年世界人口展望，澳大利亚统计局（A系列），维多利亚数据预测到2060年。

建设的项目，就很难让人相信，能够把这个项目建设好。这个和莱曼的理念有相似之处，但莱曼的理念更简洁、更具体，如果我们所有的养老从业者，都能够像莱曼这样，像对待母亲那样对待客户，我们相信，我国的养老产业一定能够高速、高质量发展起来。

在经营理念方面，莱曼还有很多值得我们学习的地方：在莱曼，一切都以人为本，无论对居民、居民家人、同事及与莱曼联系的人都友好相待。莱曼提倡快乐养老，在莱曼的项目里面，所有的人都是赢家，这是一个多赢的项目，因为项目的高收益，公司股东和管理者肯定都是快乐的；而入住莱曼的老人，享受专业的、稳定的、高品质的养老服务，在莱曼的养老村里，开心幸福地生活，也是快乐的；至于莱曼的员工，莱曼为员工提供的薪酬、福利都非常不错，还可以为员工购房等需求提供无息贷款，所以莱曼的员工都很快乐地为老人服务，同时老人并不会因为莱曼提供了高品质的服务，而支付更多的费用；对于政府来说，只要经营者、工作人员、入住老人都满意，都开心快乐，解决了政府的养老难题，政府当然也乐于看到，所以莱曼是一个快乐的、能够让各方多赢的领先退休生活社区及照护服务商。

基于莱曼的服务理念，在很多细节方面，莱曼做得非常到位，我们知道，当母亲年龄大了的时候，对复杂的服务合同及很多事情的理解，已经不如以前，而在服务中，莱曼承诺于“无意外”，莱曼的协议用简单语言书写，条款透明，人人容易理解。

莱曼的专业经验来源于对客户的热情相待。莱曼确保人人理解莱曼的价值观并遵守莱曼的价值观。以热情感染客户，并建立人人能够理解并遵守的价值观，这为莱曼养老村的顺利运营提供了基础保障，当大家共同遵守莱曼的价值观时，很多矛盾就已经提前解决了。

与周边社区共同发展，也是莱曼的经营理念的内容，莱曼开发的村庄、社区居民来自各个社区，莱曼让这些长者居民在这里转变成新的生活方式并从中受益。反过来，也让当地社区居民受益。这是典型的与当地社区共同发展、和谐共生，和国内到处抵制养老项目形成鲜明的对比。莱曼的员工热心为长者提供服务，并帮助不同背景的长者适应不同的社区生活。

让入住的老年人融入群体生活，莱曼的社区注重居民之间的联系。压抑和孤独感是长者的主要社会问题，莱曼的居民与他们的邻居和朋友保持联络，从而安全地待在家里。

提供可以消费得起的产品，也是莱曼重要的经营理念，这就是我们常说的，提供物美价廉的产品和服务，莱曼的服务对象是大众化的，这和我国养老行业大家普遍希望定位高端也有明显的差别，其实这也很好理解，只有针对大众的产品，才会有更长久、更持续的生命力，也才会有更大的市场容量。

莱曼强调聚焦于保障为客户提供负担得起的产品和服务。莱曼关注居住项目的价格，并努力使其升值，保证价格在合理期间浮动，使客户可以承受。莱曼的服务定价，在新西兰并不是最高的，但却是最成功的项目，只有客户可以承受的价格，才能让更多的客户享受到莱曼的专业服务。而国内的很多项目，只计算自身的成本和目标收益，并不会充分考虑当前客户的承受能力，也不充分考虑客户的付费意愿和付费能力，所以导致新开的机构入住率普遍不高，有很长的去空置化过程，而莱曼的项目，基本上，一开张就能够很快住满。

在澳大利亚，莱曼提供澳大利亚最方便的支付方式，叠拼和公寓的周费用自入住后到离开前固定，莱曼延期管理费用上限 20%，是澳大利亚最低的，用最专业的服务和客户可以承受的价钱提供服务，同时还能保障居住项目的升值，不仅保证长者的身体安全，莱曼更致力于保证长期的财务稳健性。

莱曼的经营理念，简单总结就是用对待妈妈的心，去为客户提供最好的产品，因为给妈妈的，一定要是最好的！服务是最好的，但与之对应的价格，又要是客户能够承受的，同时还要保证客户长期的财务稳健性。这些都做到了，无论在新西兰，还是在中国，这么好的事情，想不成功都难。

5. 服务体系，自营团队保障服务质量

莱曼给自己的定位是新西兰和澳大利亚的维多利亚领先退休生活社区及照护服务商。和其他国家不同的是，莱曼没有提 CCRC（持续照料退休社区），但莱曼开发的养老村，却是实实在在地为客户提供持续的照料服务，用莱曼的话说，提供全面服务。

莱曼的商业模式以 care 为中心，care 包括照护、护理、关心、关怀等。

莱曼提供的服务，包括老人需要的全面服务，超过 50% 的社区根据不同需求提供集独立生活、介护服务（辅助生活）、机构养老、医院服务及失智照护于一体的服务项目和内容。这种全面服务满足长者夫妻可以共同居住，一旦他们的健康发生变化，他们及他们的家人在本社区就能得到相应的服务，这其实也是国内典型的 CCRC，如果从这个角度来理解，新西兰莱曼的养老村，是全世界最赚钱的 CCRC 项目。CCRC 的鼻祖是美国人，中健联盟对美国最大的 CCRC 项目——美国太阳城进行了考察（考察了洛杉矶和凤凰城的太阳城），也考察了美国第三大 CCRC 项目——美国度假圣地佛罗里达的 Shell Point，这都是美国做得最好的 CCRC 项目，与新西兰莱曼的养老村项目在经营理念、运营模式、盈利模式等方面都有着非常大的不同。同时，负责项目投资开发的机构的背景不同，也会有不同的模式，美国太阳城和 Shell Point，虽然同样都为知名的 CCRC 项目，但仍然有着巨大的差别。

自营团队是莱曼养老服务体系的最大特色，自营团队的打造需要投入巨大的时间和精力，这和我国房地产行业有着明确的分工不同。我国的养老项目，也存在两大不同的流派，一派是以北京太申祥和为代表的自营派，另一派为以整合运营资源提供服务的亲和源为一派，这两家作为中国早期养老项目的代表，北京太申祥和多年坚持自营团队提供服务，而亲和源则将更多的专业服务委托给专业的第三方。

从我国养老产业发展的实际情况，我们发现，发展自营团队，是需要下巨大的决心的，因为短时间内，很难看到成绩，再加上社会分工，这就决定了我国大多数央企、国企、保险公司、房地产商等所建设的养老项目，都是以整合专业资源，或者将服务委托给专业第三方来完成的，仅少数民营项目采用了自营团队，但我们也发现，如果长期从事和发展养老业务，自营团队虽然难，但却是高品质养老服务最好的保障！

莱曼的自营开发和设计团队按照标准流程进行开发、设计，自营建设团队建造，自营销售团队销售项目，自营运营团队管理运营。我们看到，莱曼基本上把项目建设、销售和运营全部的内容，都由自营团队来完成，这也是莱曼高效运转的有力保障。

莱曼强调：自营团队可保障项目各环节质量。保证质量，经验丰富，可以使项目运营相对比较灵活。

随着业务的增长，自营团队可以使业务在增长的同时，不背离“道德、透明、诚实和公平”的企业愿景。自营团队，可以让莱曼实现一直致力于提高服务水平的目标，莱曼的设计师团队思考怎样将新理念运用到养老村庄，莱曼追加技术投资提高信息分享和处理速度以及如何更好地对居民进行照护。

确实，在莱曼的发展过程中，我们看到自营团队带来的超强战斗力，也造就了莱曼超强的营收能力，其利润率高得让人不敢相信。

6. 盈利模式、独特模式创造超级利润

新西兰莱曼健康养老，是目前全世界养老类上市公司中最赚钱的，盈利能力最强的，甚至是新西兰最赚钱的上市公司。

表 2　莱曼近 4 年财务数据

单位：百万新西兰元

项目	2020 年 31/03	2019 年 31/03	2018 年 31/03	2017 年 31/03
总收入	423.88	382.33	342.54	289.19
收入成本合计	–	–	–	–
毛利	–	–	–	–
经营开支总额	377.87	326.87	288.62	240.51
营业收入	46.02	55.46	53.92	48.68
利息收入（开支）-非营运净额	125.13	273.95	334.94	314.31
出售资产收入（亏损）	–	–	–	–
其他，净额	–	–	–	–
税前净收益	171.15	329.42	388.85	362.99
备付所得税	−93.56	3.43	0.64	6.29
税后净收益	264.71	325.99	388.22	356.69
少数股东权益	–	–	–	–
附属公司权益	–	–	–	–
美国公认会计准则调整	–	–	–	–
计算特殊项目前的净收益	264.71	325.99	388.22	356.69
特殊项目合计	–	–	–	–

续表

项目	2020 年	2019 年	2018 年	2017 年
	31/03	31/03	31/03	31/03
净收入	264.71	325.99	388.22	356.69
净收入调整总额	–	–	–	–
扣除特殊项目的普通收入	264.71	325.99	388.22	356.69
摊薄调整	–	–	–	–
摊薄净收入	264.71	325.99	388.22	356.69
摊薄加权平均股	500.4	499.98	500.28	500.27
扣除特殊项目的摊薄每股盈利	0.53	0.65	0.78	0.71
每股股利 – 普通股首次发行	–	0.15	0.14	0.13
摊薄每股标准盈利	0.53	0.65	0.78	0.71

数据来源：莱曼年度报告。

我们先来看看莱曼健康养老近四个财年的经营数据，近四年的净收入（货币单位为新西兰元）分别为：2017 年 3.5669 亿，2018 年 3.8822 亿，2019 年 3.2599 亿，2020 年 2.6471 亿，其中 2020 年的收入下降，从财务报表来看，主要是因为税收政策的调整，从总收入来看，2020 年，莱曼的收入仍然保持着高速增长，如果我们按照我们的理解：净利润率 = 税后利润 / 总收入，我们来看看最近四年的数据情况。

表 3 莱曼近 4 年经营数据

年度	总收入（亿新西兰元）	税后利润（亿新西兰元）	净利润率（%）
2017	2.8919	3.5669	123.34
2018	3.4254	3.8822	113.33
2019	3.8233	3.2599	85.26
2020	4.2388	2.6471	62.45

如果只是从上市公司莱曼在新西兰股票交易市场网站发布的年报数据分析，其净利润率高得让人怀疑数据的真实性，就算税收政策调整，2020 年度的财报显示的净利润率，仍然高达 62.45%，已经远远超过了几乎中国国民经济体系中的所有经营实体的利润率，一家专营健康养老服务的上市公司，能够成为新西兰最能赚钱的上市公司，这在全世界也是绝无仅有的。

我们再来看看莱曼其他的经营数据，不仅惊艳，也是让所有经营者羡慕嫉妒。

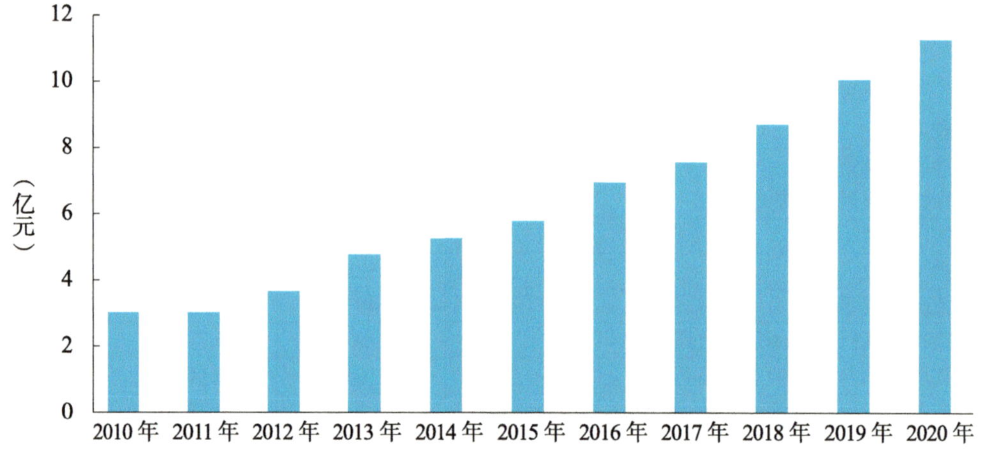

图 21　莱曼公司近十年现金收入（新西兰元）

图 21 名为 Cash receipts from residents，翻译成中文理解就是入住长者带来的现金收入，莱曼近十年收入的现金均保持快速增长。

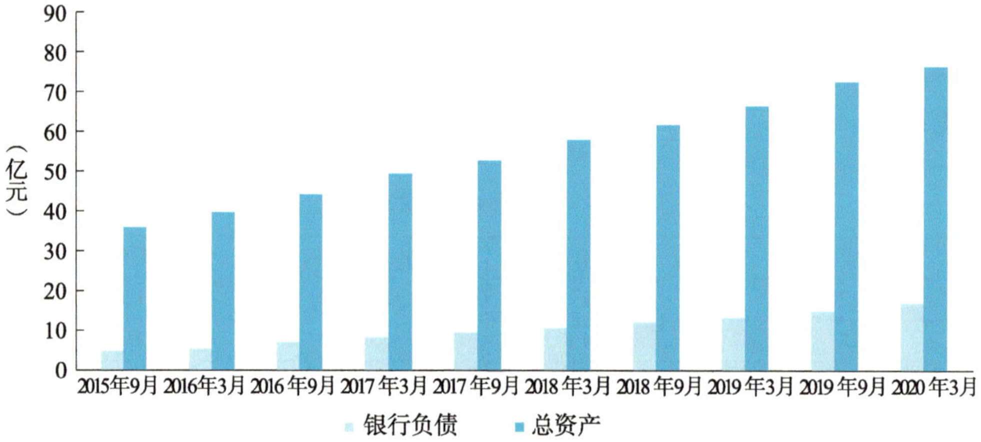

图 22　莱曼公司总资产和银行负债情况（新西兰元）

图 22 的内容是：Total assets，也就是莱曼的总资产和银行负债的情况，我们可以看到，莱曼现有的银行负债（银行贷款）占总资产的比例较少，资产总量一直保持高速增长。

莱曼的主要盈利点有两个方面，一方面是开发收益，这点和我们理解的房地产开发的收益有点类似，但莱曼是基于会员制来做的，所以开发收益的计算模式会有不同，在莱曼发布的 2020 财年的财务报告中，关于开发的利润率如表 4 所示。

表 4　利润

项目		2020 年 3 月	2019 年 3 月
新销售	资产增值收益（万元）	10575.7	8786.6
	销售使用权（万元）	38667.3	29070.1
	毛利率	27%	30%
转售（二手房）	资产增值收益（万元）	10956.5	10260
	销售使用权（万元）	48319	41735.8
	毛利率	23%	25%

我们看到，2020 财年新开发项目的利润率在 27%，转售（二手房）的利润率为 23%，不论是新开发，还是转售，均有较好的收益率。

莱曼健康养老是我们自 2016 年以来长期跟进研究的重点案例，我们总结了莱曼盈利模式的几个要点。

莱曼的核心盈利点有两个，第一点就是开发收益，刚才已经提到了，第二个是运营服务收入，即通过提供专业的服务所获得的收入。

在开发收益部分，莱曼在其商业模式介绍中提到：我们的社区围绕满足居民需求进行设计，从最初的选址到建造村或社区，到资金回笼，再到投资兴建下一个社区。这是莱曼项目建设的基本流程，在实际操作中，莱曼的项目，只要完成了政府批准，就可以向银行申请贷款，和日本养老的长期贷款不一样，莱曼在项目建设中，不需要申请长期贷款，只需要申请短期贷款即可，这样可以更有效利用资金。莱曼利用自有的流动资金，通过自营团队，完成项目设计、许可、政府批准等前三个阶段，在进入建设阶段，一般会使用银行贷款。在项目建设的过程中，莱曼充分发挥其品牌、服务和价格优势，进行使用权（会员）销售，在项目建设完成、投入使用的时候，莱曼基本上已经完成了项目的销售。莱曼的项目，在今年，为保护居民和工作人员免受 COVID-19（新冠肺炎病毒）攻击方面加大了投资，养老村的销售仍然需求旺盛，只有 1.7% 的库存未售出，按我们的理解，属于已经售完，已经投入使用的护理中心，入住率也达到 98%，超高的入住率，让莱曼获得了超高的回报。莱曼的财报显示，目前 7 个新养老村经政府批准，共有 2029 张床位，另有 7 个新养老村申请提交了 6595 张床位的建设计划，12 个新村正在建设。

莱曼每建设一个项目，只要项目投入运营，基本上已经销售一空，资金就已经全部收回，还完银行的贷款，还可以收到大笔资金。可以说莱曼每新开一个项目，就等于是培养了一头现金奶牛，不仅一开业就提供了大量现金，同时莱曼每年会收取使用权销售金额（会员押金）的 2.5% 作为管理费，这是一项稳定的收入，正常情况下，以十年为期，十年以后，扣除管理费以后的费用，会退回给老人。再加上专业的运营服务，同样为莱曼提供了可观的收益，并有足够的资金投入到下一个项目的建设中，超强的盈利能力，也让莱曼可以更方便获得银行的贷款。

低成本投入，少量资金投入，不仅收获了大量资产，还创造了持续高收入，不像国内的养老项目，一开业，就开始发愁入住率，想着什么时候能够收回投资。

深入研究莱曼的模式及发展经验，对创新中国特色的养老盈利模式有着重要和积极的意义。

7. 模式借鉴，创新中国养老盈利模式

莱曼健康养老所创造的商业模式，是当前全世界盈利能力最强的养老商业模式，如何借鉴莱曼的成功经验，结合中国的国情，创新中国养老盈利模式呢?

受社会制度、人文环境等多重因素的影响，新西兰莱曼的模式，并不能直接引进中国来实施，甚至在澳大利亚，都需要进行适当的调整。

目前，国内最接近莱曼商业模式的项目是北京太申祥和山庄，这也是中国第一家实施养老会员制的养老机构，是中国生态养老的代表项目。北京太申祥和山庄，凭借其优良的环境，皇家园林深厚的文化积淀以及国医级中医专家的服务，开创了中国养老会员制的先河，太申祥和会员有效期三年，三年以后，如果老人的身体状态等符合入住要求，可以按同样的条件，继续签订会员协议，如果不符合入住要求，则将会员押金退回给老人，会籍中止。

根据北京太申祥和网站的公开资料，以至尊尊老会籍为例：

太申祥和至尊尊老会籍

（1）会籍取得：

经本院院务会审核批准，与本院签订《入院协议书》后交纳入院押金 1200000 元人民币。

（2）会员权益：

1）年龄在 50 周岁以上的会员和拥有本院祥和会籍的直系亲属均免费享有本院提供的专属客房（一居室一套）的居住权。

2）年龄在 50 周岁以下的会员，其拥有本院祥和会籍的直系亲属免费享有本院提供的专属客房（一居室一套）的居住权，但会员本人在 50 周岁之前不得居住专属客房。

3）会员免费享受以下康乐场所：游泳池、净桑拿、棋牌室、图书资料室。

4）24 小时热水供应。

5）会员享受每年两次免费常规健康体检。

6）会员可享用标准套餐、餐厅单独小炒。

7）会员每月享受免费理发、修脚各一次。

8）会员每周享受免费搓背、剪指甲各一次。

9）会员使用专属客房所用电、热水、凉水按北京城市居民收费标准执行。

（3）会籍转让与退籍：

1）会员转让会籍，须以书面形式通知本院，经本院院务会审核批准后交纳 100 美元手续费。

2）本会籍期满后，会员权益自动取消。会员办理退籍，须以书面形式通知本院，本院在 7 天内退还入院押金本金。

3）本会籍有效期未满，会员办理退籍，须以书面形式通知本院，经本院院务会审核批准后，在本会籍有效期满后 7 天内退还入院押金本金。

（4）本院对本会籍享有最终解释权。

（以上会籍资料来源：北京太申祥和山庄网站）

太申祥和的模式和莱曼的模式，有相似之处，太申祥和是全国第一家养老会员制养老项目，有一定的开创性，曾经一度成为中国养老项目的标杆，虽然都是采取销售使用权（会员押金）和专业服务的模式，两家略有区别：太申祥和不收取会员管理费，莱曼每年会收取 2.5% 的管理费，同样合同中止后，会将会员押金退还，明显莱曼的模式，收入会远远高于太申祥和。同样，在专业服务收入方面，太申祥和也未收取费用，医疗通过设立的中医医院提供，多数老人走的是医保，这部分不计算在养老机构的收入中。餐费，太申祥和长期坚持低收费，每天餐费 12 元，标准是中餐 3 元，午餐 6 元，晚餐 3 元，在当前物价条件下，基本上低于成本价，而太申祥和目前未有其他更多的收费项目，其模式相对较为单一。而莱曼除了销售使用权（会员押金）以外，还提供专业的健康养老服务，就如莱曼给自己的定位领先退休生活社区及照护服务商。在照护方面，莱曼也有不错的收入，基本上有一半的净利润来源于莱曼的专业服务所带来的收入。

太申祥和收取会员押金，但未承诺任何收益，有效规避非法集资，虽然会员押金缓解了资金压力，但因为模式相对单一，未能取得更好的收益。同时也因为太申祥和入住的以健康、能够自理的老年人为主，所以专业的照护服务收入较少，护理服务也是通过类似医院，由老人直接聘请护理人员来解决，不是太申祥和的直接收入来源。

而莱曼则不仅在销售使用权（会员押金）方面有丰厚的收入，同时还提供了更多的专业养老和照护服务，从而获得了更多的收入，也成就了莱曼这一全球盈利能力最强的养老公司。

2018 年 11 月 23 日，北京市民政局联合 14 个部门联合发布《北京市养老服务机构监管办法（试行）》，明确规定：除利用自建或自有设施举办的养老服务机构外，严禁实施会员制。会员制收费额度原则上不能超过经营者可抵押物估值。会员费不得投资风险行业。也就是说，自有或自建设施的养老服务机构，可以实施会员制，同时要求会员制收费额度不能超过可抵押物估值，并且不得投资风险行业。从这个文件来看，莱曼的模式一定程度上符合北京的监管要求，莱曼的全部项目都是自建，并且长期持有，同时莱曼的会员收费，也会略低于当地同区域物业的售价，也就符合文件规定的不超过可抵押物估值，莱曼收取的费用，多数用于发展新项目，而不是投资高风险行业，这也符合文件的要求，只是这份文件出台以后，一直未出台执行细则，北京某央企、北京国企与国内知名投资机构联合投资的养老项目，实行养老会员制，后因为承诺收益，同时非自建或自有物业，被政府叫停。但此前该项目的销售情况还不错，说明养老会员制符合市场需求，是有生命力的，同时也是解决中国养老产业发展资金不足的重要方式，只是因为政策和监管等多方面的原因而无奈叫停。社会上也发生多起养老会员制项目负责人卷款跑路或者因涉嫌非法集资被抓，导致一定程度上国内的养老会员制被妖魔化。政府未出台监管细则，有很多地方政府甚至明令禁止实行养老会员制，而采用养老会员制的企业，则因为模式设计先天不足，对现行法律不够熟悉，同时自身实力较弱等多种原因，多数都未能进入良性循环就倒下了。目前实行养老会员制的知名项目，以太申祥和为代表，上海亲和源也是国内养老会员的代表项目，但其新发展的部分项目，以租赁物业发展养老会员，不符合北京市民政局出台的文件精神，但因为这只是北京的文件，在上海、青岛、浙江等地并未有如此明确的规定，从政策出台的意图看，亲和源租赁物业实行养老会员制，存在一定的政策风险。

如何深入学习和借鉴新西兰莱曼模式，并结合国内的实情，在符合法律、法规规定，符合政策监管要求的前提下，设计创新中国养老盈利模式，仍然任重而道远，如果不能很好地解决中国养老盈利模式的问题，养老产业的发展，将跟不上我国老龄化的进度，从而影响满足人民日益增长的对养老服务的需求。

学习、借鉴、应用新西兰莱曼的商业模式，结合当前中国银保监会对发展保险的支持，借助保险的金融服务能力，养老 + 保险、养老 + 金融的模式，或许将成为创新中国养老盈利模式的重要方面。

我们需要积极学习和借鉴国外成熟的商业模式、盈利模式，这样可以加速中国养老产业的发展进程，但同时也要充分考虑国家制度、社会体制、社会人文、消费能力等方面的不同，我们很难照搬国外成功的模式，但可以学习很多值得我们学习的经验，中健联盟产业研究中心对此进行深入研究，以找到符合中国国情的、创新的中国养老的商业模式。莱曼健康养老的模式在我国应用的最大障碍是我国金融政策还不允许直接复制其商业模式，对于养老会员制，目前政策仍不明确，如何在我国现有的法律框架、金融政策条件下，最大限度地学习应用莱曼的商业模式？经深入研究，可以引入保险，建立养老 + 保险的商业模式，借助保险的金融资质、保险的保障功能来避免目前会员制养老模式的法律风险，完善会员制养老模式，特别是用于集体建设用地建设的生态养老项目。通过论证，养老 + 保险的模式，将可以解决养老项目的模式难题。学习莱曼的商业模式、日本的介护技术、美国的产业发展，然后融会贯通，建立既有国际水准，又有中国特色的养老商业模式，将有效推动中国生态养老产业的发展。

四、生态养老与乡村振兴融合发展模式[1]

随着我国老龄化问题的日趋严重，养老的形势日益严峻。同时，人民收入水平和消费能力不断提高，传统的养老方式逐渐不再能满足老年人个性化的消费需求。为缓解我国人口老龄化压力，近年来，“养老下乡”成为一种新的养老趋势。“养老下乡”即发挥农村资源与环境优势，并基于农村环境而建立起来的新型的老年生活方式。

1　本节由中健联盟产业研究中心研究员杨围围、李佳楠与邱瑞英撰写。

乡村振兴战略是党的十九大确定的战略目标，是实现“三农”发展的重要突破口。随着社会发展进程，党和国家越来越重视乡村振兴，第十三届全国人大常委会第十九次会议对《中华人民共和国乡村振兴促进法（草案）》进行了审议，根据全国人大的立法计划，今年将出台并正式颁布《中华人民共和国乡村振兴法》。在乡村振兴实施战略背景下，生态养老产业迎来众多的机遇。乡村振兴最重要的是产业振兴，生态养老不仅为城市养老提供了更多的选择，同时也促进乡村多元产业振兴。通过发展生态养老模式，可以充分发挥农村的环境优势，能够激活农村闲置的土地和劳动力，推动我国农村一二三产业融合，为乡村产业振兴注入新活力。

促进生态养老与乡村振兴融合发展需要整合社会各方资源。当前，我国乡村休闲旅游呈现依托区域优势各显特色现象，生态养老可以依托区域优势和特色进行发展。此外，生态养老虽然已在多个地区与项目得到了应用和实践，但仍然存在一些发展困境。发展生态养老促进乡村振兴，需要加强人力、物力、财力保障，更需要政府、企业、民间力量以及村民多方参与，共同开发建设生态养老资源。

（一）国家政策：促进生态养老产业融合发展

党的十九大报告明确提出农业农村优先发展，实施乡村振兴战略，为新时代农业农村改革发展指明了方向、明确了重点。在乡村振兴战略实施大环境背景下，美丽乡村整体建设，改造提升乡村整体设施环境，休闲农业与乡村旅游政策逐步完善落实，新农村生态建设稳步推进，农村人居环境明显改善。同时，农村集体经营性建设用地改革，针对休闲农庄等资金政策支持，为农村休闲产业、生态养老产业发展提供基础支持。在国家政策大力支持的宏观环境下，生态养老产业迎来众多的机遇。

1. 由传统农业向乡村振兴转变

从 2004 年至 2020 年连续十七年的中央一号文件均以“三农”为主题，国家对农业和农村的重视程度不断加深。从 2015 年开始，除了关注农业生产以外，中央一号文件及相关政策开始更加关注农村整体建设和现代化发展，进而到 2018 年从整个乡村建设的角度提出了发展战略。

2014 年中央一号文件重点关注粮食自给率保障、品质和质量安全保障，严守耕地保护红线，注重农业可持续发展，构建新型农业经营体系，文件中未提及乡村休闲旅游相关政策。到了2015年，中央一号文件提出三产融合，挖掘乡村生态休闲、旅游观光价值以增加农民收入，提出实施乡村旅游扶贫工程。改善农民居住条件，搞好农村公共服务设施配套，推进山水林田路综合治理。2016年中央一号文件明确提出大力发展休闲农业和乡村旅游，使之成为繁荣农村、富裕农民的新兴支柱产业。一号文件提出美丽乡村概念，开展农村人居环境整治行动和美丽宜居乡村建设。2017年中央一号文件再次明确提出大力发展休闲农业和乡村旅游，深入细化提出利用“旅游+”和“康养+”等模式推进农业与各产业的融合发展，再次强调深入开展农村人居环境治理和美丽宜居乡村建设。2018年中央一号文件首次以“乡村”整体为出发点，而不是单纯从农业角度发布相关政策，开始从农业质量、绿色乡村发展、乡村文化等方面来全面建设美丽乡村，提出实施并加快休闲农业和乡村旅游精品工程，建设一批设施完备、功能多样的休闲观光园区。2019年中央一号文件对乡村振兴和农业农村发展进行了更细化实化的部署安排，综合性解决方案成为乡村振兴规划的新方向，用旅游产业带动基础设施升级更为符合乡村现实。乡村文化建设要求为文旅介入乡村带来多种可能性，乡村产业业态进一步扩展，为创新乡村产品模式提供了灵感。同时，还提出充分发挥乡村资源、生态和文化优势，发展适应城乡居民需要的休闲旅游、餐饮民宿、文化体验、健康养生、养老服务等产业。2020年，中央一号文件则以“确保如期实现全面小康”为核心，提出加快补上农村基础设施和公共服务短板，形成有竞争力的产业集群，推动农村一二三产业融合发展，为生态养老发展提供了有力保障与支持。

2. 美丽乡村提升农村宜居环境

从2015年国家提出美丽乡村概念，各类美丽乡村建设相关支持与指导性文件纷纷出台。至2018年中央一号文件，从乡村整体建设的角度，对农业质量、绿色乡村发展、乡村文化、民生保障、体制创新、人才培养、乡村投融资等方面关注美丽乡村的建设。

2015年，国家质量监督检验检疫总局、国家标准化管理委员会批准发布《美丽乡村建设指南（GB/T32000–2015）》，在乡村建设、生态环境、经济发展、公共服务等领域规定了21项量化指标，就美丽乡村建设进行有针对性的指导。

2018年中央一号文件提出：统筹山水林田湖草系统治理，加强农村突出环境问题综合治理，建立市场化多元化生态补偿机制，增加农业生态产品和服务供给，促进农村劳动力转移就业和农民增收，持续改善农村人居环境；大力发展乡村休闲旅游产业。充分发挥乡村各类物质与非物质资源富集的独特优势，利用“旅游+”“生态+”等模式，推进农业、林业与旅游、康养、教育、文化等产业深度融合；丰富乡村旅游业态和产品，打造各类主题乡村旅游目的地和精品线路，发展富有乡村特色的民宿和养生养老基地。

3. 休闲农业发展创新业态模式

2016年国家提出发展休闲农业和乡村旅游，成为繁荣农村、富裕农民的新兴支柱产业，国务院、农业部、旅游局等部门逐步发布相关政策，相关产业的各类政策支持日趋全面。2017年“共享”概念兴起，共享农庄在原有休闲农业和乡村旅游的基础上继续发展。

2016年农业部印发《关于大力发展休闲农业的指导意见》(农加发〔2016〕3号)，提出鼓励农村集体经济组织创办乡村旅游合作社，或与社会资本联办乡村旅游企业。完善休闲农业、乡村旅游行业标准，建立健全食品安全、消防安全、环境保护等监管规范。支持传统村落保护，维护少数民族特色村寨整体风貌，有条件的地区实行连片保护和适度开发。同年，国家旅游局、农业部印发《关于组织开展国家现代农业庄园创建工作》的通知，文件提出要立足产业发展实际，结合旅游资源禀赋，科学开发旅游产品，合理挖掘多元化功能，突出特色，实现农旅深度融合。2017年发展与改革委等印发《关于促进分享经济发展的指导性意见》(发改高技〔2017〕1245号)指出，促进分享经济更好更快发展，坚持以推进供给侧结构性改革为主线，实现动态及时、精准高效的供需对接。支持和引导各类市场主体积极探索分享经济新业态新模式。

4. 坚守底线抓住土地改革机遇

乡村振兴政策对于宅基地使用和土地用途的管制都十分严格，国土规划纲要的指标也更注重生态环境可持续性和生态及耕地红线，《国务院关于印发全国国土规划纲要（2016—2030年）的通知》(国发〔2017〕3号)在农村用地使用规范方面作出规定：第一，改善农村人居生态环境，严格工业项目环境准入，防止城市和工业污染向农村转移。第二，加强重点生态功能区保护，实施更加严格的区域产业环境准入标准，提高各类重点生态功能区中城镇化、工业化和资源开发的生态环境准入门槛。第三，规定并严守生态保护红线，生态保护红线原则上按禁止开发区域的要求进行管理，严禁不符合主体功能定位的各类开发活动，严禁任意改变用途，确保生态保护红线功能不降低、面积不减少、性质不改变，保障国家生态安全。第四，强化耕地资源保护，严守耕地保护红线，坚持耕地质量数量生态并重。2030 年耕地保有量指标为 18.25 亿亩。

农村集体建设用地是未来用地的新领域。2019 年中央一号文件重点强调“深化农村土地制度改革”，在“三个坚持”（坚持农村土地集体所有、不搞私有化；坚持农地农用、防止非农化；坚持保障农民土地权益）的前提下，放开“两个允许”（允许承包土地的经营权担保融资——方便抵押贷款；允许在县域内开展全域乡村闲置校舍、厂房、废弃地等整治——盘活土地资源），推进“两个加快”（加快宅基地使用权确权登记颁证工作，力争 2020 年基本完成；加快推进农村集体经营性资产股份合作制改革），完成“一个推开”（全面推开农村土地征收制度改革和农村集体经营性建设用地入市改革）。

从 2018 年中央一号文件提出适度放活宅基地和农民房屋使用权，到不久前土地管理法修正案草案关于调整集体建设用地入市流转及使用权转让、出租、抵押的系列内容，进一步明确了抵押贷款权益、闲置房屋土地整治以及农村集体经营性建设用地入市等改革措施，直指乡村资源改革痛点，表明国家对于乡村振兴的决心和效率要求。

2020 年 3 月 1 日，国务院发布《关于授权和委托用地审批权的决定》（国发〔2020〕4 号），下放用地审批权。2020 年 5 月 14 日自然资源部发布《关于加快宅基地和集体建设用地使用权确权登记工作的通知》（自然资发〔2020〕84 号），加快推进农村土地改革。2020 年 5 月 22 日，李克强总理做政府工作报告，强调完善乡村产业发展用地保障政策。随着农村土地改革的推进，制约生态养老发展的瓶颈将有突破。

5. 补贴资金下沉支持乡村振兴

资金政策支持方面，财政部和农业部各针对休闲农业和田园综合体给予了资金补助、财政、税收、金融政策的支持。

农业部《关于大力发展休闲农业的指导意见》（农加发〔2016〕3 号）在财政政策方面提出，鼓励各地将中央有关乡村建设资金适当向休闲农业集聚区倾斜。鼓励各地采取以奖代补、先建后补、财政贴息、设立产业投资基金等方式加大财政扶持力度。而在税收政策方面，则指出要落实税收优惠政策，从事休闲农业的经营主体符合税收优惠条件的，可享受有关税收优惠。在金融政策方面则要求金融机构要创新担保机制和信贷模式，扩大对休闲农业和乡村旅游经营主体的信贷支持。鼓励社会资本依法合规利用 PPP 模式、众筹模式、“互联网 +”模式、发行债券等新型融资模式投资休闲农业。

财政部《关于开展田园综合体建设试点工作的通知》（财办〔2017〕29号）中明确提出：确定河北、山西、内蒙古、江苏、浙江、福建、江西、山东、河南、湖南、广东、广西、海南、重庆、四川、云南、陕西、甘肃18个省份开展田园综合体建设试点。中央财政将按照三年规划、分年实施的方式，三年共扶持1.5亿元，地方财政根据实际情况给予安排。采取资金整合、先建后补、以奖代补、政府与社会资本合作、政府引导基金等方式支持开展试点项目建设。

6. 乡村振兴立法提供法治保障

2020年6月，《中华人民共和国乡村振兴促进法（草案）》公布并征求意见。草案以五大振兴为主要内容，着重从产业发展、人才支撑、文化传承、生态保护、组织建设等方面，将党中央有关方针政策和地方实践中的成功经验，通过立法形式确定下来，明确相关政策措施，完善相关制度，保障乡村全面振兴。特别是着重围绕发展壮大农村集体经济、培育新型农业经营主体、促进农业转型升级、不断提高农业科技水平、严格保护耕地、保障粮食等主要农产品供给、改善乡村生态和人居环境、提高乡村文明程度和思想道德建设水平、传承和发展中华优秀传统文化、建立健全乡村社会治理体系、加强基层组织建设等方面，作出相应规定。草案专设“扶持措施”一章，将党中央强农惠农富农政策上升为法律规范，分别就财政投入、农业补贴、土地出让收入、资金基金、融资担保、资本市场、金融服务、农业保险、用地保障，以及社会资本参与乡村振兴等作出规定，从政策扶持上落实农业农村优先发展。草案把行之有效的乡村政策法定化，为加快推进农业农村现代化，走中国特色社会主义乡村振兴道路提供有力的法治保障。

（二）理论实践：践行两山理论发展生态养老

政策、经济与当地资源是区域经济发展三大关键点。从乡村振兴与生态养老产业发展来看，三大关键要素各有体现。一是当地政府政策引导。通过顶层合理规划形成优势，发展共享农庄和田园综合体，从政策端整合农民、村集体、城市消费者各方利益与诉求，以期实现社会效益、经济效益、文化效益的最大化。二是当地经济发展情况。民间资本活跃的地区，将会有更多的资本投入到原本就较为活跃的市场中，促进当地经济更进一步发展；而较为贫困的地区则有可能借助政策和自然资源脱贫致富。三是当地特色文化、历史、自然资源。自身拥有丰富的自然、旅游、历史、文化资源，将会成为发展共享和田园综合体的巨大优势；而在没有特殊自然资源的情况下，也可以利用乡村农业基础吸引消费者。

就目前我国各地区域优势和特色来看，北方的省份，如山东、河北、山西等，拥有较为浓厚的农耕传统和历史文化资源，同时近年来在政策上给予了大量的引导和鼓励；华南和华东地区拥有优质的旅游资源，经济发达，充满活力且当地政策灵活先进，具备了促进区域乡村休闲旅游发展三大关键要素，加上基础深厚且优质的农耕经济和乡村建设，是目前乡村休闲旅游发展较为优秀的地区。在众多试点中，海南拥有优越自然环境，旅游资源丰富，并且有较好的康养旅游基础。在政策上，海南省也大力鼓励各类乡村休闲旅游发展，拥有巨大的乡村休闲旅游发展潜力。

目前全国各个省份中，进入田园综合体试点的省份有：河北、山西、内蒙古、江苏、浙江、福建、江西、山东、河南、湖南、广东、广西、海南、重庆、四川、云南、陕西、甘肃共 18 个省份。我们主要选择浙江、海南、山东为代表来进行分析。

1. 浙江：打造现代版“富春山居图”

2018 年，中共浙江省委、浙江省人民政府印发《全面实施乡村振兴战略，高水平推进农业农村现代化行动计划（2018—2022 年）》，提出浙江省要打造现代版的“富春山居图”。浙江省强大的政策支持、良好的农业发展基础、高度发达的市场经济和优良的旅游资源共同打造了浙江省“富春山居图”发展基础。在政策支持方面，该行动计划列出 30 项乡村振兴重点项目，总投资 5000 多亿元，农信系统信贷投放 5000 亿元。提出了实施“千村精品、万村景区”工程、全域提升农村人居环境质量等举措，加快建设现代化的美丽乡村。推进农产品生产、加工、销售与旅游、健康、文化、信息、体育等产业融合发展，形成产业链条完整、布局合理、功能多样、业态丰富、利益联结紧密的发展新格局。浙江省同时具有优良的农业基础，2017 年，浙江省农村常住居民人均可支配收入 24956 元，连续 33 年位居全国省（区）第一。浙江省经济发达活跃，乡村经济拥有各类活跃的经济主体和浓厚的返乡创业的氛围。在优质旅游康养资源方面，拥有国家级风景名胜区 17 处，省级风景名胜区 44 处，国家级森林公园 33 处，国家级自然保护区 9 处。

2. 山东：政策先行大力推进乡村发展

山东省 2018 年成立了省委农村工作领导小组，由省委主要负责。2018 年 5 月印发了省委省政府决策落实中央行动部署的指导意见，印发了《山东省乡村振兴战略规划（2018—2022 年）》和 5 个专项工作方案。《山东省乡村振兴战略规划

（2018—2022 年）》提出打造乡村旅游提升工程，着力推动乡村旅游提档升级，到 2022 年，在全省打造 120 个乡村旅游集群片区，重点打造 70 个国家级精品园区、30 个精品旅游小镇、30 个精品乡村旅游酒店；打造乡村文化产业精品工程，规划计划打造一批画家村、美食村、影视村、艺术村、健身休闲村等特色村，推出 10 个具有地方特色的精品民俗活动、10 个精品农事活动；“绿满齐鲁·美丽山东”造林绿化工程，力争每年建成 50 个森林乡镇、500 个森林村居；打造养老服务进村工程，加快农村各类养老服务基础设施建设，加强农村养老试点创新，繁荣乡村养老服务市场；促进现代林下经济发展，发展森林旅游，全省森林公园总数达到 270 处左右。由政策引导，从产业、人才、文化、生态、组织 5 大方面全面支持乡村振兴，结合山东传统农业大省和深厚的历史文化底蕴发展乡村，规划将直接促进山东的休闲旅游、康养旅游、森林康养业的发展。

3. 海南：“旅游 +”与“生态 +”促进热带特色乡村发展

海南省的旅游康养资源、特色热带风情以及政策支持，共同打造了海南省“共建共享共赢模式”。海南省拥有丰富的热带海岛旅游资源、优质的自然康养环境和较成熟的休闲疗养旅游模式，能够吸引到众多游客，并有能力提供较为优质成熟的服务。相较于其他地区，海南省特有的热带风情和热带作物能够让海南省的共享农庄更具有特色，在吸引本地常客的同时也能喜迎更多异地游客。在政策支持方面，省市两级发布众多共享农庄、美丽乡村和田园综合体相关的政策，包括扶持政策、补贴政策、试点方案和标准等。如 2017 年省人民政府印发的《关于以发展共享农庄为抓手建设美丽乡村的指导意见》，2018 年省人民政府印发的《关于进一步加强土地宏观调控提升土地利用效益的意见》，省农业厅印发的《2018 年海南共享农庄创建试点申报方案》。在市级政策方面，则有海口市人民政府印发的《海口市开展“共享农庄”（2017—2020 年）创建行动实施方案》，三亚市农业局印发的《以共享农庄为抓手建设美丽乡村和田园综合体的行动方案（2017—2020 年）》等。

（三）创新模式：生态养老与乡村振兴融合发展

创新生态养老与乡村振兴融合发展，要意识到生态养老产业发展并不是孤立前进的，相反它需要生态农业、乡村旅游业、医疗服务业等产业作为动力保障。乡村生态资源环境是生态养老产业中的核心环节，良好的自然环境是提供生态养老服务的前提。促进生态养老与乡村振兴融合发展要整合社会各方资源，增强人力、物力、财力保障，呼吁政府、企业、民间力量以及村民多方参与，对生态养老资源共同开发建设。

1. 发展意义

（1）充分发挥农村的资源优势。根据国家统计局发布的数据，2019 年末我国人口总量突破 14 亿人，老年人口占比达 18.1%，《中国发展报告 2020：中国人口老龄化的发展趋势和政策》预测，到 2050 年我国老龄人口将近 5 亿人。随着老龄化进程加快推进，我国城市养老住宅设施面临较大缺口，很多城市可能出现养老床位一床难求的困局。同时，城市养老整体成本较高，受到土地、建筑、人力、生活物资等多方面因素影响，降低了老年人群的生活质量。相较城市养老，我国农村在养老方面具有独特的资源优势。在农村环境方面，我国大部分农村工业较少，绿色植被覆盖率高，人口密度小，空气质量好，具有较好的基础自然环境，生态优势明显。在住房方面，由于很多农民进城务工，使农村出现了大量的“空心村”现象，农村住房的使用率较低，可以给城市居民养老提供充足的住房来源。在养老成本方面，当前我国城市的消费成本远远高于农村地区，而农村是农产品的主要生产地，且离水源地较近，各项生活成本远远低于城市地区。由此可以看出，充分发挥农村的资源优势，可以给城市居民养老提供更多的便利，可以在一定程度上化解当前城市居民养老的资源困境。

（2）提升农村经济发展的活力。一方面，城市居民“养老下乡”能够推动农村产业的多元化发展。与城市相比，我国农村第三产业发展水平较低，这是制约农村经济发展的重要因素。而通过发展城市居民“养老下乡”模式，可以发挥养老产业在促进农村经济发展中的作用，推动农村养老服务、养老旅游、交通运输、住宿餐饮、家政服务等行业的发展，有助于激发农村第三产业发展的内部动力，实现农村产业的多元化发展。另一方面，城市居民“养老下乡”给农村经济发展注入资本活力。由于传统农业生产和经营活动的资本回报率相对较低，使很多市场主体对于农村产业的投资规模较小，导致我国农村经济发展面临资本活力不足的问题。而通过发展城市居民“养老下乡”，可以吸引市场上的医疗、养老等多元康养产业投资机构以及其他市场主体到农村投资养老产业，可以吸引更多的社会资本参与农村社会的经济活动，增强农村经济发展的资本活力。

2. 主要要素

生态养老要从老年人的消费习惯和生理特点出发，能够为老人提供日常的衣食住行基本保障，满足老人长期或短期的居住环境要求，还能为健康老人提供人际交往、文化娱乐活动，满足老年人精神文化需求。与此同时，生态养老要拥有基本医疗条件，为老年提供健康保障服务。因此，打造生态养老环境，真正让“生态养老”有价值，至少要具备以下要素。

（1）生态环境好，符合大众审美要求。城市老人普遍怀有深厚的田园情结，渴望长期居住在农村，呼吸乡村的新鲜空气，漫步乡间小路，品味山肴野蔌，体验农耕乐趣，感受乡土文化。因此，良好的生态环境与优质的乡村生活氛围，是生态养老的基础所在。

（2）生活、文化、商业等基础设施完备。生态养老要实现城乡两种市场、两种资源有效对接。老年人群前往农村进行养老，是将农村作为自身长期生活居所，其生活习惯依然延续以便捷与配套服务齐全为特色的现代城市生活方式。因此，基础的生活服务、文化服务、商业服务等是乡村生态养老的必要配套。

（3）医疗、健康等基础服务保障到位。生态养老目的地，需要具备基础医疗服务条件，特别是应对突发疾病的处置能力。在此基础上，配套日常医疗、用药服务、健康管理等专业服务。项目整体交通便利，能够快速通达周边二级以上医疗机构，为入住老人提供多层次的医疗、健康保障服务，让入住老人能够安心地享受快乐生活。

（4）交通便利，具备较好的区位优势。良好的交通条件，能够为入住老人家属探视提供便利，因此生态养老项目应具备良好交通区位条件，距离周边核心城市主城区不宜超过 1.5 ~ 2 小时的车程。

（5）结合生态资源的专业康养服务能力。生态养老项目需能够提供专业的日常基础生活服务，并根据自身特色与入住老人需求，提供有针对性康养服务，如农事体验、社交活动、基础护理等，满足老年人多方面需求。同时也能够进一步拓宽当地村民增收致富渠道。

3. 发展困境

（1）农村公共服务设施和娱乐设施不完善。提升农村地区公共服务设施环境，能够有效提升城市居民生态养老的居住体验。发展生态养老首先要有优美的田园景观和干净整洁的村居环境，通过塑造田园风光、保护田园建筑、挖掘乡土文化，补齐乡村公共服务短板。要着力强化农村环境综合整治，加强农村道路、厕所、垃圾处理、通信、电力、网络等生活基础设施建设。城市有着丰富的体育娱乐设施，为城市居民的养老生活提供了丰富的体育和娱乐活动。但农村的体育娱乐设施较为缺乏，这容易导致城市居民在农村的养老生活面临单调、枯燥等问题，在一定程度上影响了城市居民生态养老的意愿。此外，在居住条件方面，目前虽然我国农村空余住房较多，但与城市相比，农村住房条件较为简陋。不仅如此，很多农村住房由于长期闲置，导致年久失修，存在一定的安全隐患。

（2）农村医疗卫生资源和专业护理员缺乏。城市老人到农村养老最大的顾虑就是担心生病得不到及时有效的医治。目前我国城乡医疗条件与医疗水平差距较大，农村医疗卫生基础设施配套较差，部分偏远山村甚至缺乏基本医疗卫生站、医疗卫生工作人员。因此，农村地区发展生态养老，急需补齐农村医疗短板。在专业化护理员队伍建设方面，政府部门要出台相关的扶持政策，鼓励养老护理类专业职业院校毕业生到农村养老机构就业，并给予相应的补贴。另外，民政部门应针对有就职意愿的农民组织开展养老护理员培训，给培训合格的农民颁发护理员从业资格证书。

（3）农村产业配套和深度融合力度不够。目前我国生态养老项目发展模式较为单一，产业融合力度不够。发展生态养老，要顺应城乡居民消费拓展升级趋势，结合各地资源禀赋，深入发掘农业农村的生态涵养、休闲观光、文化体验、健康养老等多种功能和多重价值。培育新产业新业态，深入实施电子商务进农村综合示范，建设具有广泛性的农村电子商务发展基础设施，加快建立健全适应农产品电商发展的标准体系。实施休闲农业和乡村旅游精品工程，发展乡村共享经济等新业态，推动科技、人文等元素融入农业。

4. 发展机遇

国家乡村振兴战略，将为生态养老产业的发展带来巨大机遇，从政策、市场、土地、人才等多个方面，为企业指明新方向与新通道。

（1）乡村振兴战略带来的发展机遇。乡村振兴是今年以及今后一段时期的重点工作，乡村振兴不仅事关扶贫开发，更是美丽乡村建设的重点。乡村振兴的核心是产业振兴，农村在发展经济的过程中，因为经济要素的不足，长期制约农村经济发展，随着新兴产业模式的形成，互联网、休闲农业、生态养老等能充分发挥农村优势的产业将逐渐形成规模。发展生态养老将成为乡村振兴战略带来的重要产业内容，随着生态养老商业模式的逐渐发展成熟，将成为新的经济增长点。

（2）集体土地改革释放的政策红利。城市土地开发逐步向巨头聚集，留给中小开发商的机会减少成为制约大量中小规模开发企业的核心问题所在。而集体土地改革的加速推进，带来的新的土地资源与开发模式，将释放一轮政策红利。2020 年 5 月 17 日发布《中共中央、国务院关于新时代推进西部大开发形成新格局的指导意见》，明确提出：“依托风景名胜区、边境旅游试验区等，大力发展旅游休闲、健康养生等服务业，打造区域重要支柱产业”。即将大力发展康养产业打造区域重要支柱产业，2020 年 6 月 30 日召开的中央全面深化改革委员会第十四次会议，审议通过了《深化农村宅基地制度改革试点方案》，集体土地改革，将释放出巨大的政策红利，生态养老是集体土地改革最具潜力的新兴业务模式之一，发展生态养老，特别是城市近郊的生态养老服务，将成为乡村振兴重要的产业机遇。

（3）农村人口回流带来的发展机遇。2020 年，受新冠肺炎疫情影响，城市服务业用人数量减少，产业转移，导致农村的人口回流。与此同时，国家加大了对返乡人员的支持力度，促进留在农村的返乡人员就地创业、就地就业。人口是经济发展的基础，有了人口，就会有更多的发展机遇，人口也一直是制约农村发展的重要因素。目前，我国农村拥有大量留守老人与儿童，缺乏经济活力，造成了农村经济发展滞后与大量社会问题的出现。乡村振兴是今年及今后一段时间的重点战略，发挥留在农村的人员的作用，加大返乡创业人员的培训和资金支持等政策的发布与落实力度将不断加大。特别是李克强总理在今年的政府工作报告中强调：支持农民就近就业创业，促进一二三产业融合发展，扩大以工代赈规模，让返乡农民工能打工、有收入。加强农民职业技能培训。扶持适度规模经营主体，加强农户社会化服务。增加专项债券投入，支持现代农业设施、饮水安全工程和人居环境整治，持续改善农民生产生活条件。农村生活条件改造，与良好就业机会充沛，必然能够带动农村经济发展，有利于美丽乡村建设，也为发展生态养老提供了更好的条件。

生态养老和乡村振兴的融合发展模式，是在国家乡村振兴战略的推动下，充分挖掘生态资源的服务价值。康养、养老是发挥生态服务价值最好的领域。与集体土地的成本优势、生态环境优势、吸引城市人的美丽乡村生活体验等充分融合，生态养老与乡村振兴融合发展的过程中，将形成新的发展模式。

五、生态康养特色小镇发展模式[1]

（一）生态康养特色小镇概述

1. 生态康养

生态康养是以优良的自然生态、自然景观和与之共生的人文生态为依托，以促进人与自然和谐为准则，采取生态友好、绿色低碳、文明健康方式，将生态理

1 本节由天佑安康养老集团董事长陈琳翰与欧英明德咨询集团咨询师李军撰写。

念、生态体验和生态行为融于日常生活并基于生态资源获得心身愉悦的一种健康养老、健康养生的生活方式。

2. 特色小镇

时任浙江省长李强首次提出特色小镇，他说，“特色小镇不是行政意义上的“镇”，是“产、城、人、文”一体的综合发展平台。特色小镇是以产业为核心，集聚空间要素的创新创业平台。不管特色小镇选址在何处，它的功能价值已经被确定，特色小镇的发展与建设模式都将对地方的文化、社会、经济、生态、党建产生深远的影响，是经济发展的重要增长极。一类特色小镇是指非建制镇。另一类是以建制镇或行政村发展起来的特色小镇。总体来说，特色小镇就是以现有的城镇为根基，将具有不同特色的产业综合在一起发展起来的，它是融合多种功能的空间形态及发展平台，是要素融合的综合性小镇。它的主要特色体现在以下几个方面。

第一，产业带动。特色小镇是将具有不同特色的产业综合在一起发展起来的，不仅包括信息技术、生物工程技术等高新技术产业，也包含经典特色产业，例如淄博的瓷器小镇、汉中市宁强县青木川镇、夏津德百旅游小镇等，这些特色产业成为推动特色小镇发展的内生动力。

第二，多功能融合。特色小镇是集文化旅游、产业发展、生态宜居于一体的综合性小镇。这些功能使特色小镇组成一个有机的整体，实现当地文化、旅游、经济、产业的深度融合，相互配合、相互促进、共同推进特色小镇的全面发展与进步。浙江省的大多数小镇就是将产业、文化、旅游融合起来打造的综合性的特色小镇。

第三，市场化运作。政府主导、市场化运作是特色小镇的重要特点。在特色小镇发展的过程中，政府需要做好前期的投资工作，主要体现在政府需要做好相应的基础设施配套工作，包括交通、垃圾中转站、污水处理厂等基础设施建设工作。在此基础上，特色小镇更要注重市场化运作，充分发挥企业的主体作用，通过企业，实现资源的最优配置，提高特色小镇的发展活力。

3. 生态康养特色小镇

生态康养特色小镇即以实现人体康养功能为目标、以生态旅游产业为主导产业的特色小镇。以健康养生养老产业为核心，生态环境为依托，将健康、养生、养老、休闲、旅游等多元化功能融为一体形成的宜居宜养宜旅游的特色小镇。

（二）特色小镇发展现状与趋势

1. 我国特色小镇分布现状

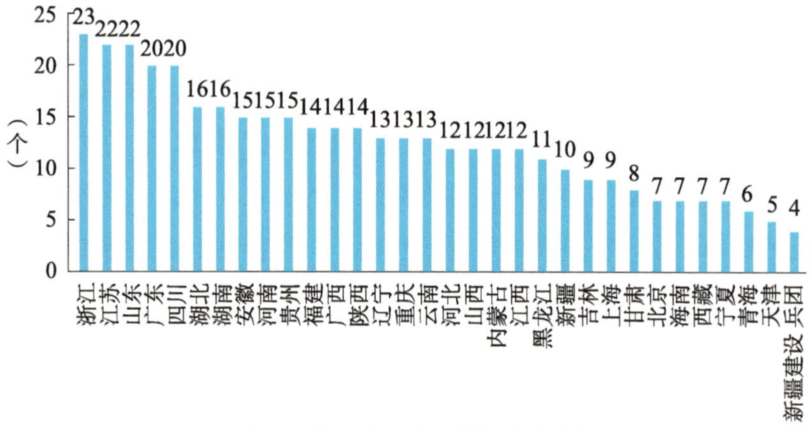

图 23　第一、第二批特色小镇各省市分布数量

数据来源：网络整理。

截至 2019 年，全国特色小镇一共 403 个，其中第一批 127 个，第二批 276 个。从人口规模看，人口数量超 100 万人的特色小镇有 32 个，人口数量超 20 万人的特色小镇有 6 个。从各省市特色小镇数量来看，浙江省数量最多，为 23 个。浙江省从 2014 年开始全面启动特色小镇培育工作，目前已经取得了瞩目的成绩。小镇数量并列第二的是江苏和山东，拥有 22 个特色小镇。总体看，特色小镇建设正成为当下我国的经济新热点，迅速崛起。热潮之下，特色小镇已经不再是一个普通的经济学概念或者行政学概念，而是一个实实在在的集产业、文化、旅游和社区功能于一体的经济发展引擎。

2. 我国特色小镇类型分布现状

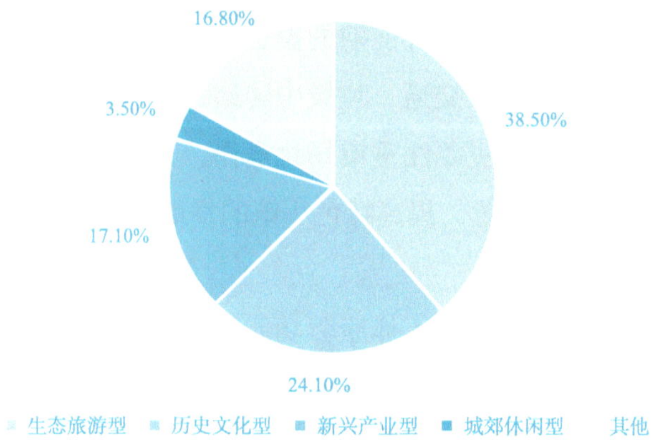

图 24　第一、第二批特色小镇类型分布

数据来源：前瞻产业研究院。

从第一、第二批特色小镇的类型来看，生态旅游型的小镇数量最多。经过整理分析，生态旅游型的特色小镇数量为 155 个，占总数的 38.5%；其次为历史文化型特色小镇，数量为 97 个，占比为 24.1%。

综合上述数据可知，国家可能更支持以旅游和历史文化为基调的特色小镇，一方面习近平总书记说过青山绿水就是金山银山，而生态旅游型能更大限度地合理开发利用当地丰富的旅游资源，提升当地的人民生活水平，保持可持续发展；另一方面，中华上下五千年，具有深厚的文化底蕴，但是很多地方并未注重保护、合理开发，而历史文化型的特色小镇建设，能够深入挖掘中国文化，有利于保护我国的传统文化使其更好地传承下去。

3. 我国特色小镇发展趋势

表 5 各省份未来几年关于特色小镇的规划情况

省（区市）	规划数量（个）	规划投资（亿元）	规划年份	省（区市）	规划数量（个）	规划投资（亿元）	规划年份
北京	42	2100	2020 年	湖北	50	1500	3-5 年
天津	20	1000	2020 年	湖南	100	3000	2020 年
河北	100	5000	3-5 年	广东	100	5000	2020 年
山西	40	1200	3-5 年	广西	330	2000	2020 年
内蒙古	48	480	2020 年	海南	100	5000	2020 年
辽宁	50	1000	2020 年	重庆	30	300	十三五
吉林	80	1600	2020 年	四川	200	2000	2020 年
黑龙江	100	2000	2020 年	贵州	100	1000	2020 年
上海	40	2000	2020 年	云南	200	2000	十三五
江苏	100	5000	3-5 年	西藏	100	1000	2020 年
浙江	100	5000	3 年	陕西	100	1000	2020 年
安徽	80	2400	2020 年	甘肃	18	180	2018 年
福建	100	5000	2020 年	青海	20	200	2020 年
江西	60	1800	2020 年	宁夏	40	400	3-5 年
山东	100	5000	2020 年	新疆	100	1000	3-5 年
河南	60	1500	3-5 年	合计	2698	67660	/

数据来源：网络整理。

随着国家和地方政府的政策落地，全国各地的特色小镇开始如火如荼地建设起来。通过对全国 31 个省市特色小镇产业规划的汇总分析，到 2020 年特色小镇总规划建设 2468 个，远远超过三部委规划的 1000 个。

特色小镇是我国城镇一体化以及新型城镇化发展下的一种特色产物，是引领新型城镇化的特色担当，是破解我国城乡二元结构的“秘钥”。而通过培育特色鲜明、产业发展、绿色生态、美丽宜居的特色小镇，探索城镇化特色发展之路，促进经济升级发展，推动新型城镇化和美丽乡村建设，正契合于生态养老。因此，在全面培育特色小镇的大背景下，发展生态养老，打造生态养老小镇将成为培育特色小镇的重要方向之一。

（三）生态康养小镇开发类型

环境是生态康养的最先条件，而生态康养地都坐落于环境优美之地、气候宜人之所。得天独厚的环境给了人们休闲的先决条件，国家给出了康养小镇建设的标准，对环境的要求几乎是苛刻的，不仅规定了 PM 2.5 的具体数值，还对负离子、清洁度等指标做了明确规定：

①康养小镇年均 PM 2.5 值小于或等于 50。

②该区域的负氧离子标准浓度大于或等于 5000 个 / 每立方厘米（根据世界卫生组织规定，清新空气的负氧离子标准浓度不低于 1000 ~ 1500 个 / 每立方厘米）。

③村镇环境优美，干净整洁。

④附近 100 千米之内有高铁、机场、高速公路，交通方便。

⑤活动范围在 3 平方千米以上。

⑥有发展医疗产业的环境基础。

1. 保健型康养

以原生态的生态环境为基础，以健康养生、休闲旅游为发展核心，重点建设养生养老、休闲旅游、生态种植等健康产业，一般分布在生态休闲旅游景区或者自然生态环境较好的区域。即依托项目地良好的气候及生态环境，构建生态体验、度假养生、温泉水疗养生、森林养生、高山避暑养生、海岛避寒养生、湖泊养生、矿物质养生、田园养生等养生业态，打造休闲农庄、养生度假区、养生谷、温泉度假区、生态酒店 / 民宿等产品，形成生态养老健康小镇产业体系。

2. 理疗型康养

理疗养生产品的构成主要是以中医、西医、营养学、心理学等理论知识为指导，结合人体生理行为特征进行的以药物康复、药物治疗为主要手段，配合一定的休闲活动进行的康复养生旅游产品，包括康体检查类产品，它是医疗旅游开发中的重要内容之一。

3. 运动型康养

依托山地、峡谷、水体等地形地貌及资源，发展山地运动、水上运动、户外拓展、户外露营、户外体育运动、定向运动、养生运动、极限运动、传统体育运动、徒步旅行、探险等户外康体养生产品，推动体育、旅游、度假、健身、赛事等业态的深度融合发展。

4. 文化型康养

深度挖掘项目地独有的宗教、民俗、历史文化，结合市场需求及现代生活方式，运用创意化的手段，打造利于养心的精神层面的旅游产品，使游客在获得文化体验的同时，能够修身养性、回归本心、陶冶情操。如依托宗教资源，打造文化度假区；依托中国传统文化，打造国学体验基地等。

5. 膳食型康养

药食同源，是东方食养的一大特色。因此美食养生可以说是健康旅游中至关重要的一项内容。健康食品的开发，可以与休闲农业相结合，通过发展绿色种植业、生态养殖业，开发适宜于特定人群、具有特定保健功能的生态健康食品，同时结合生态观光、农事体验、食品加工体验、餐饮制作体验等活动，推动健康食品产业链的综合发展。

（四）生态康养特色小镇发展模式研究

1. 生态康养特色小镇目前存在的问题

（1）政策法规相对滞后。虽然针对康养产业和特色小镇的政策法规频繁出台，但不可否认中国的康养产业，尤其是生态康养特色小镇依然在起步阶段，对康养产业和特色小镇中细分产业的具体管理办法和措施还需要进一步完善。另外，相关政策法规的推出和更新往往跟不上生态康养特色小镇的快速发展，而政策法规的相对滞后实际上意味着某种程度上政府未能很好地发挥出政策预见性和对行业指导的作用。

（2）产业内容同质化。目前国内生态康养特色小镇的发展模式相对比较粗放。很多项目对标杆特色小镇进行简单的复制，未能根据自身资源条件因地制宜地规划设计适宜的特色小镇产品；还有很多项目内容同质化严重，对不同客户的需求难以有效把握。

（3）产业模式相对单一。可以看到，正是由于许多企业在生态康养特色小镇方面的简单复制，才导致产业模式相对比较单一，只是简单地复制康复医院、老年活动中心等基础功能设施，再配合大量的适老住宅、公寓等产品，未能形成健康、完整的产业体系，以致后期运营未能实现可持续发展。

2. 生态康养特色小镇发展模式

生态康养特色小镇的建设模式及发展对于现有的生态资源有着极大的依赖并且还将继续依赖现有特色资源进行更大范围的扩张和升级。根据康养旅游产业的产业功能，生态康养特色小镇发展模式可以分为乡村田园康养模式、森林康养模式、阳光康养模式、温泉康养模式。

（1）乡村田园康养模式（旅游体验 + 康养）。

特征：以乡村为主体框架，承载农田、村落和自然三个方面，具有鲜活的乡村状态，显著的“三农”特性，同时具备农家特有的生产养生性、生活性以及时段性等特点。

产品特色：主打“乡村、田园”主题，集康养、休闲、田园为一体，以农家、农事、农活为主要生活内容，体验亲近自然、回归田园、修身养性、度假休闲以及颐养天年的生活方式。

目标客群：偏爱生态旅游和农家生活，注重精神享受，慕名健康、休闲、田园一体化的旅游方式，驻足时间长，受季节约束少。

经典案例

日本——阿苏农场，以温泉、作物种植打造的养生田园综合体，年接待游客500万人，连续十年在日本旅游景区排名第4位，这是一个十分不错的成绩。一是利用了自身区位优势（距离熊本县一小时车程），以温泉、作物种植打造了养生主题。二是注重游客的需求以及满足游客的私人定制心理，打造不同主题的住宿、食物，使农场的档次得到提高。以“人、自然、元气”为三大主打元素，农场与自然融为一体，循地势错落山谷之中，阿苏农场园中设施分为疗、泊、验、动、食、商六大系统。

1）疗：主题理疗——温泉养生

充分利用现有温泉资源，阿苏农场紧靠阿苏火山，拥有天然的温泉，设计者利用这个资源，设计不同风格的疗愈系统，包括享誉海外的日式“风吕”和种类齐全的温泉理疗，在与自然亲近的同时身心得到最大纾解，理疗养生也是阿苏农场的主题和特色。

2）泊：招牌住宿——馒头屋

农场最具特色的便是形状奇异如同馒头且连绵成群的330栋“馒头屋”。“馒头屋”根据不同的消费者需求分为“乡村区”“皇家区”和“私人区”。每个“馒头”都是一个独栋小别墅，屋内的设计是没有天花板的，墙壁与屋顶相融，给居住者新奇的感受之余，也赋予他们极大的安全感。

乡村区：活用森林中的自然地形，是直径7公尺的联排馒头建筑，不同风格的客房共有300栋以上。

皇家区：馒头屋增添了私家围栏、精致小花园和露天温泉浴池，为游客提供更舒适的住宿空间，让游客在自然中滋养身心。

私人区：强调个性走向，“馒头”的内部构造也有许多种类，可供不同人数、不同要求的顾客进行选择，有不同类型的日式、欧式房间，给顾客以新奇的住宿体验。

3）动＋体验：亲子娱乐活动的多样设计

阿苏休闲农场还设计了多种多样的活力运动设施与场馆，体验乐趣的同时，恢复生命的活力：元气森林是大人、孩子能共同体验的健康休闲空间，分布着很多别出心裁的装置，可以让人同时锻炼身体和头脑，变得更加健康；阿苏元气体育馆让旅客就算雨天也能尽情运动；在“学习森林”，透过与大自然的接触，让小朋友体会大自然的神奇以及保护大自然的重要性。

生产安心蔬菜的“阿苏健康农园”、使用最新栽培技术且杜绝农药的“野菜栽培工场”、提高免疫力的“香菇栽培工场”等，不仅生产了多种多样的高品质食材，还是阿苏农场里寓教于乐的农业设施和体验场所。各种各样农耕活动和亲子活动是农庄必不可少的因素。

4）食＋美味

每个农场必不可少的就是美食。无论国内外，大部分农场的餐饮都是自产食材，阿苏农场也不例外，阿苏温泉农场有十间餐厅，利用农场自产的高品质食材，通过料理师的创意设计，做出一份份精致的料理，从拉面到铁板烧，种类丰富。此外，这里还有适合团体旅客的大型健康自助式餐厅，充分满足了不同游客的需求。

阿苏休闲农场中开办的特色“牛奶农场”是喜欢乳制品的游客决不可错过的人气点心店，这里有用阿苏牧场直送的新鲜牛奶制成布丁及冰淇淋、起司、蛋挞、阿苏奶油夹心饼干等各种甜点，干酪店里还有200余种家庭手工制作及正宗欧洲进口的乳酪制品，就算再多一个胃也吃不够。吃得饱、吃得好、吃得健康是农庄永恒不变的吸引点。

5）商＋消费

农场都不会忘记一些特产的展览和销售，阿苏农场中有十几间特色商店，商品以各式各样的阿苏名产及熊本县特产、杂货为主，除了优质的乳制品及点心之类的东西，干酪店里有200多种家庭制造及正宗欧洲进口的乳酪品种，很多都可以先尝后买，让人满足而归。

（2）森林康养模式（生态 + 康养）

特征：以“绿色、生态化”为主题，在森林特有的生态条件下开展一系列的康体活动，有得天独厚的森林资源优势，植被覆盖率高。

产品特色：不但具备通过扩大植被面积、完善绿地类型、改造林业基地而打造的集观光游览与养心健体为一体的康养旅游胜地，同时还开发了具有特色的养生项目或产品，例如森林养生步道、森林养生馆、森林氧吧等。

目标客群：偏爱生态旅游和运动养生，注重强身健体，喜欢生态环境中融入养生设施的旅游方式，驻足时间较短且受季节性限制的客户。

经验借鉴

德国——巴登巴登小镇，位于 Baden-Württem-berg 州，黑森林国家公园内的西北角。小镇面积为 140.18 平方千米，拥有 420 公顷（相当于 4.2 平方千米）的森林土地，覆盖小镇大约 3%。巴登巴登是世界文化遗产小镇，人口约 5.5 万人。

图 25　巴登巴登在黑森林国家公园中的位置

1）依托绿色自然环境，构建以预防和保健为主、治疗为辅的康养体系。

人们在巴登巴登绿色场景中，可以享受森林浴 + 温泉浴 + 心理调节，视觉、味觉、触觉、嗅觉、听觉五感全部浸入，欣赏自然美景，品尝各色美食，感受泉水温度，呼吸遍地芬芳，聆听曼妙音乐。置身于这座历史积淀与现代创新共同孕育的小镇，陶冶于人文艺术与自然美景之中，运动与休憩动静结合，达到身心和谐。同时，还有众多的特色诊所，采用先进医疗技术，康养者能接受由内至外的全方位疗养服务。

2）依托良好旅游资源，构建“度假 + 康养”特色的文化休闲中心。

巴登巴登有完善的旅游度假服务设施，拥有国际赛马会、世界舞蹈晚会、国际会议展览，加上森林疗养的特色功能，使巴登巴登成为精英和高端人士的休闲度假中心、欧洲沙龙音乐中心、欧洲文化和会议中心。巴登巴登既是一个康养小镇，也是一个文旅小镇、度假小镇。

3）针对不同需求，构建“旅游＋康养”综合型产品体系。

针对不同年龄，为儿童提供水上乐园、为中青年提供从徒步到跳伞各个级别强度的运动及休闲，为老人提供贴心的医疗水疗服务及结合了美食和历史文化知识的慢节奏小镇游览服务。针对不同群体，为个人、双人和多人家庭提供多种选择的多日套餐，包括饮食、住宿、SPA 等项目；针对不同目的，为病人提供小镇疗养治愈服务，游客可免费申请游客卡，享受优惠待遇，为参加会展人士、商务人员设计娱乐休闲产品。

（3）阳光康养模式（宜居＋康养）

特征：除了很强的康养环境及康养资源的依赖性，对服务业质量及区域环境保护政策也有很高的要求。

产品特色：对开发地区的自然条件以及基础设施有很高的要求，具备完善的康养设施、舒适的阳光、人性化的服务。

目标客群：该模式康养旅游产业目标客群多为老年群体，对康养旅游地气候条件要求较高，向往休闲养生的生活，出行时间很长，受季节影响。

经验借鉴

中国——普达阳光国际康养度假区，位于攀枝花市，攀枝花属南亚热带干热河谷气候，年平均气温 20.3℃，夏季来得早、退得快，早晚凉风习习、干爽舒适，是成都、重庆等地清凉消夏、错峰度假的好去处。

普达阳光国际康养度假区更集成攀枝花唯一的湖区康养资源，将康养＋健康、＋休闲、＋运动、＋养老、＋旅居、＋教育、＋生活、＋智能等 8 大“康养＋”体系，生活、快乐、健康 3 大管家服务体系全部融入康养旅居生活中。

普达阳光国际康养度假区总占地 9 平方千米，约 13000 亩，形成以阳光游乐、滨湖康养、山地度假、健康运动四大板块构成的大健康产业布局载体。度假区拥有普达·芒果乐园、康和悦都普达养生度假村、十方养生会馆、普达颐养护理院、普达阳光康养体验中心等配置，为游客带来“游、乐、康、养、居”一体化的全时、全域、全龄康养新体验。

此外，规划团队立足“康养＋”主题及“旅游、农业、运动、疗养”4 大核心产业，以运营为导向，布局了度假服务中心、多肉植物展馆、攀枝花市康养产业展示馆、朴门食疗餐厅和滨水轻食餐厅等服务配套建筑。

图 26　项目总平面（勾画区域为滨湖康养板块）

普达阳光国际康养度假区将自然养生、人文养生、精神养生三个康养设计策略融会贯通、相辅相成，在景观中融入在地性文化、建立康养主体性文化互动体系，凸显设计的多样性，注重场地的生态自然，打造最美“网红打卡地”。

除了构建康养系统，规划设计团队以运营及推广需求推导，根据不同季节给予花海嘉年华、灯光节、音乐节、艺术节等活动策划与运营建议。2018 年，“普达阳光·芒果音乐节”在滨湖康养区的大草坪上展开，为景区导入多样化客群。

普达阳光国际康养度假区立足康养的景区设计，缔造集“游、乐、康、养、居”为一体的全时、全龄、全域康养的生活体系，将成为旅游行业发展的新潮流。

（4）温泉康养模式（休闲度假 + 康养）

特征：该模式依托特有的温泉资源，打造以“温泉服务”为核心的特色产业，围绕“生态、健康、自然、养生”的康养旅游理念，目的在于“健康、养生”，方式是“旅游”，形成健康、养生、休闲娱乐等温泉养生特色的旅游模式。

产品特色：打造特色温泉康养小镇、温泉康养中心、温泉康养城以及温泉康养示范基地等。主要围绕特有的地热资源，开发各具特色的汤浴池，注重自然环境与设计理念的结合，突出健康、康养的旅游体验。

目标客群：该模式康养旅游产业目标客群以高压城市生活下的中青年人、老年人为主，对康养旅游设施要求较高，出行时间很短，受季节影响不明显。

我国是世界上温泉最多的国家之一，又是温泉利用最多的国家之一，其历史悠久，如南京汤山温泉，是中国唯一获得欧洲、日本温泉水质国际双认证的温泉，有“千年圣汤，养生天堂”之美誉。

时至今日，随着时代的发展和市场的需求，人们对健康的需求明显增加，温泉旅游功效成为行业的研究重点。近几年，行业根据温泉养生功效分为三个层级：

1）第一个层级——温泉休养

即集合温泉为核心的休闲旅游相关产业，提供综合性旅游度假服务，达到放松身心、休闲娱乐的作用，目前国内90%以上的温泉项目属于第一层级。

2）第二个层级——温泉保养

即以温泉为介质，综合东西方各种养生方法的保健养生体系，取得维护健康、保持青春、美容美体的功效，例如东南亚安缦居、悦榕庄、阿南达等一些较好的项目，将SPA、植物精油、针灸、药熏、饮食等与泡汤（温泉）进行结合，对游客进行调理呵护。

3）第三个层级——温泉疗养

即温泉核心功能，充分利用温泉矿物元素的医疗功效，以现代医学和水疗技术为基础的温泉治疗康复体系，主要有预防疾病、恢复健康、治疗疾病的功效，此类产品在欧洲发展得较好，人们泡温泉会先进行体检，根据游客身体状况，建议合适的温泉疗程。此外，值得一提的是，欧洲一些国家已经将泡温泉纳入到了医保范围。

经验借鉴

国内外知名的温泉小镇数不胜数，据不完全统计，大概有上千个左右，重点分布在欧洲、日本以及中国。国内温泉小镇虽然起步晚，但是发展却很快，目前也有一些成功的温泉小镇。例如江西宜春明月山温汤镇、南京汤山温泉小镇、广东从化温泉镇等。

从全球范围来看，国外温泉小镇建立的时间早，小镇的数量较多，很多项目运营也十分成熟。

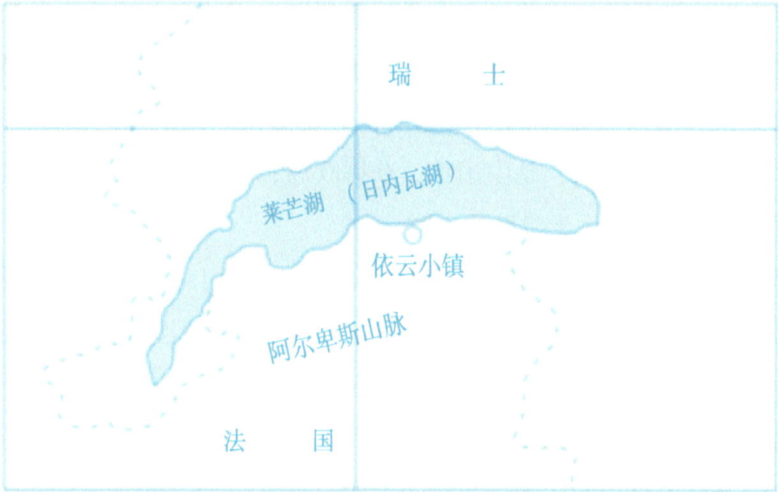

图 27 依云小镇位置

依云是法国东南部一个小镇，背靠阿尔卑斯山，面临日内瓦湖，依山傍水，风光旖旎。温泉品质好，是全球唯一的天然等渗温泉，目前已经成为世界闻名的集保健、娱乐、度假、会议于一体的旅游胜地，是最受欧洲人欢迎的温泉度假地。

1）依云小镇的业态构成。

依云小镇从初期的疗养胜地，到水主题的养生度假胜地，最后走向集聚旅游度假、运动、商务会议等多功能的综合型养生度假区。依云小镇现已经成为会议之都，处于高端发展期。

通过整体功能布局规划，我们可以清晰地了解到依云小镇主要布局为滨湖地带建设旅游休闲集中区，腹地小镇中心和度假服务区提供度假和居住的服务配套，形成四季皆宜的养生度假区。

其中，滨湖旅游休闲区主要包括：游艇码头、湖滨休闲广场、博彩中心、滨湖休闲道；小镇中心包括：火车站、体育场、教堂、学校、旅馆、工业区、居住社区；度假服务区包括：依云水平衡中心、依云水厂、影剧院、酒店、餐馆、酒吧、广场、游客服务中心、度假物业、高尔夫；旅游板块包括：乘船到附近日内瓦、洛桑、蒙特勒观光游览，或乘直升机飞至勃朗峰滑雪。通过构建多元的配套设施，逐步形成矿泉水制造、美体保健、商务会展、旅游观光以及户外运动为一体的产业体系。

2）主要的温泉项目。

水疗中心：公共温泉洗疗中心，有温泉淋浴、温泉泡浴、香薰、温泉游泳池和温泉理疗等服务内容。

依云皇宫 SPA（ Evian Royal Palace ）：五星级酒店，针对高端消费人群，建筑富丽堂皇。

依云维特尔酒店（Evian Royal Ermitage）：以推拿为主的依云希尔顿（Hilton Evian-les-Bains），主营泰式温泉沐浴。

3）依云矿泉水。

依云矿泉水年产量为 15 亿升，其中 40% 在法国销售，60% 出口到世界各国。

依云水的贵族定位奠定了其成功营销的基础，而“品牌定位是被积极传播形成的”，企业通过广告传递依云矿泉水的贵族气质、口碑传播，彰显尊贵、独特包装等策略强化贵族地位。

Evian 矿泉水（我国译为“依云矿泉水”）为当地小镇带来的经济效益也非常可观。依云矿泉水拥有高达 10.8% 的全球市场占有率，工厂平均每月生产量为 4000 万瓶，全镇 70% 的财政收入来自和埃维昂矿泉水公司相关的水厂、温泉疗养中心、赌场等，3/4 的居民成为埃维昂水厂员工。

【案例】日本——箱根温泉小镇

日本——箱根温泉小镇，是日本最著名的“温泉之乡”“国民温泉保养地”，也是东京都市圈的“后花园”，其幅员面积约 96 平方千米。在这里各色各样的汤宿和温泉酒店有两百多家，还有三百多家疗养院和五百多家的温泉设施，据统计，箱根温泉小镇一年接待的游客量超过 2000 万人次。

箱根依托其资源优势，以温泉和休闲度假作为核心产品，辅助温泉观光疗养产品，并且配套体育娱乐设施，形成了集自然文化运动等于一体的多元化产品体系。其中温泉观光活动点有火山遗迹大涌谷、温泉公园、温泉博物馆；温泉疗养可在箱根原别墅、温泉旅馆、疗养宿舍、浴场实现；自然景观如芦湖、富士山、飞龙瀑布等景点田间气息浓厚；更有箱根佛群、箱根神社、早云寺、美术馆、博物馆等独具特色的小镇体验景点；而高尔夫球场、游泳池（夏季开放）、网球场等娱乐休闲活动，更是为都市人群逃离钢筋水泥的丛林提供了心灵栖息之地。

图 28　箱根温泉小镇的旅游设施

每个地区根据不同的区位、景观风貌，承担着不同的功能。在整体上和谐统一，分区又各自具有不同的特色。各具特色的五大分区为增加客流量、拓宽市场提供了基础的资源保障。

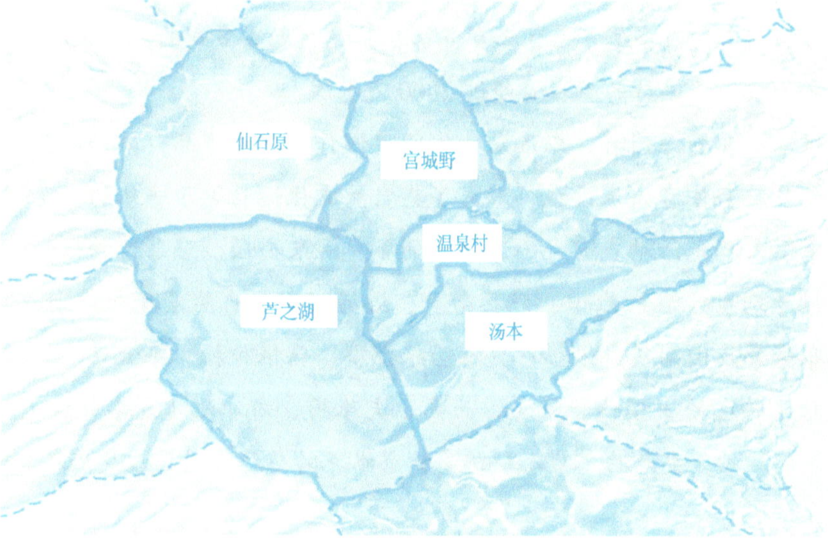

图 29　箱根小镇的五大分区

1）温泉区。

汤本地区可以看作是箱根的门户和小镇中心。是箱根地区的交通中心、商业中心、行政中心。而温泉村区域——清水绿意环绕又兼具日本近代风情的温泉度假地，温泉村区域由大平台、宫之下和小涌谷三部分组成。宫之下和风与西洋风建筑和谐融合；大平台更像是赏花泡温泉的古村落；小涌谷则是被森林环绕的疗养度假胜地。

2）宫城野区。

宫城野地区是箱根的中心地带。主要由三部分组成，宫城野城区、强罗和二ノ平。强罗是箱根旅游精华之处，强罗除了温泉与自然，还以艺术闻名，大量的美术馆、博物馆与自然相融合，极具文艺气质。

3）仙石原芦之湖区。

仙石原区域位于箱根的西北部，地势较为平坦，生活区外大片绿地，环境优美，是箱根居民数最多的区域，有箱根唯一的湿地景观——仙石原沼泽；有风景秀丽的仙石原芒草原。沉浸于箱根仙石园地区，可以享受四季自然美景的高原度假。芦之湖区域的旅游开发是围绕着芦之湖来开展的，富士山与箱根神社在芦之湖交相辉映，以此构成最代表日本的自然景观之一。拥有众多历史文化遗产，使箱根的文化气息扑面而来。

4）日式与西方相融的建筑。

芦之湖地区拥有众多的历史文化遗产，这些文化遗产是典型的日式建筑风格，比如箱根神社属于日本神道教建筑类型。

以宫之下等为代表的温泉度假区由于历史上就接待了很多西方人前来度假，因此在这里留下了许多历史悠久的建筑，形成了和风建筑与西洋风建筑相融相合的特点。

【案例】中国——江西宜春明月山温汤镇

明月山温汤镇距离宜春市约 20 千米，以“硒温泉”抗癌保健作用为主要卖点。目前已引进二十余个大型旅游开发项目，总投资额数十亿元。另外，当地政府主抓景区的大营销，通过一些营销活动，例如“万人沐足”“我为父母泡脚”等，来自全国各地的“汤迷”们同时在街头泡脚，这样的活动成功创下“规模最大的（硒）温泉泡脚”世界吉尼斯纪录。值得一提的是，前往明月山温汤镇的游客多以长江三角洲游客为主，尤其是上海的游客居多。

温泉小镇发迹并成熟于欧洲及日本，是温泉产业发展历程中形成的最具发展活力和生命力的空间载体，是近一两百年来国际温泉产业发展中最常见也是最成功的一种产业集群和空间集约发展模式。温泉小镇的核心卖点根植于温泉，具有丰富性、多元性、综合性的共性特点。具体而言，围绕温泉这一核心，温泉小镇可以无限拉长产业链，形成强大的休闲旅游度假产业集群。另外，温泉小镇它不仅仅是一个旅游的目的地，更重要的是有十分便利的城镇化生活配套设施，这个和特色小镇有异曲同工之妙。

（五）生态康养特色小镇创新发展模式

“从小镇特色产业性质的不同演化阶段来看，特色小镇经过‘小镇＋一村一品’的1.0版，‘小镇＋企业集群’的2.0版，‘小镇＋旅游休闲’的3.0版，如今进入‘小镇＋新经济体’的4.0版。它能发挥城市修补、生态修复、产业修缮的功能。”

“小镇＋新经济体”的4.0版，将特色小镇与大健康产业、智慧医疗、健康养老、休闲度假旅游等发展结合起来，通过特色小镇为大健康产业发展提供有效载体，通过大健康产业发展来夯实特色小镇的产业基础。健康产业与小镇发展的有机结合，可以通过健康产业发展为小镇集聚起健康养生养老、文化体验、休闲度假、体育运动、健康管理、健康产品等产业业态，吸引人口在此就业、创业与消费，进而壮大产业规模，完备产业体系，升级产业结构。

生态康养特色小镇建设过程中还存在盲目抄袭现象，导致小镇同质化。生态康养特色小镇不是只讲求健康产业发展集群、业态分布、功能分区和创新模式，还需要充分发挥小镇特色，与大健康产业融合发展，具不具备特色和独有竞争力，可以从深度和广度上来判断。深度就是你的特色必须是区域唯一，或者全国唯一，或者世界唯一。你如果是世界唯一，那便可独步天下。广度就是你这里到底有几个特色，比如你是养生特色，还兼具建筑风貌特色，那就是两个特色，如果你还有文化特色，那就可以融合更多的业态。深度越深，效果越好；广度越广，竞争力就越强。

4.0版本新模式应该具备从下而上的自组织、与周边环境共生互补、多样性、与主城区形成强连接、企业集群化、面向全球开放、超规模性、节能减排微循环、主动应对环境变化的自适性以及协同效应等10个方面的特征。反之则是他组织、和主城“两张皮”、雷同、弱连接、杂拼盘、局限本地、自主性不足、单枪匹马等。

要处理好政府、企业和市场的关系。重视市场、企业的作用，好的特色小镇不是靠政府规划出来的，需要因势利导，校正生态康养特色小镇发展导向。处理好政府和市场的关系，激发中小企业的活力。营造特色小镇发展的软实力，以及最大限度降低创新企业和市场主体的发展成本。

1. 产业规划

尊享涵养身心、极致恬静的度假生活，尽享全方位、沉浸式的世界级生态养老特色小镇。

依托自然生态资源 + 聚焦健康服务业 + 特色小镇 + 高端医疗服务为龙头 + 多业态组合 + 全产业链运作 + 实现三产融合。

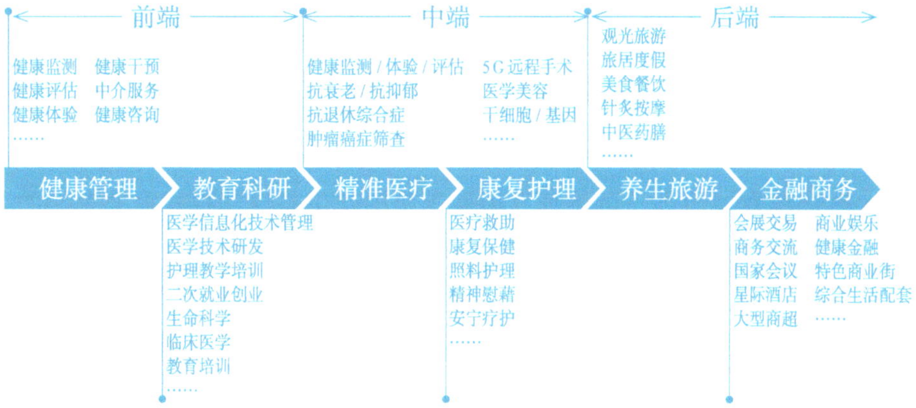

图 30 康养产业链

2. 产业功能

（1）产业类别。

第一产业——康养农业，包括现代生态农业、农业旅游、休闲农业等。

第二产业——康养制造业，包括产业研发设计、适老化设施建造 / 改造 / 装修、绿色食品产业开发、中医药初加工、运动装备营售等。

第三产业——康养服务业，包括智慧养老服务平台、医疗健康服务、养老金融 / 保险、休闲旅游度假、生态居住、商务办公、户外运动、文化娱乐、休闲商业、教育培训等。

（2）三大特色产业功能簇群。

康养科研教育产业 / 双创孵化产业：医疗技术研发、高等教育培训、展示 / 线下体验 / 会议中心、孵化器等。

医疗康复产业：医疗康复服务（以“康复护理”为主的服务产业，包括专科医院、国家康养医院、护理医院、健康管理中心、亚健康管理中心、养生养老中心、中医药调理中心等多种健康服务业态）、医疗旅游度假（包括旅游度假村、健康田园居所、健康主题乐园等多种类型度假项目，并提供定制化的特色健康服务等）、养老养生产业（机构养老、社区养老、居家养老、智慧养老、旅居养老等）。

（3）核心产业功能。

生物医药高等教育、生物医药研发、国家康复医院、国际护理医院、康养双创孵化中心、机构养老、社区养老、居家养老、老年大学文化中心、旅居养老等。

配套功能：生态农业、体育运动、旅游度假、教育教学设施、生活商业配套等。

3. 产业模式构建

（1）构建原则。

1）可持续发展原则。可持续发展原则是构建生态康养模式需要遵循的首要原则。通过长远全局规划，充分考虑环境承载力，加大监管力度，避免在开发过程中破坏环境，最终实现生态康养产业持续健康发展。

2）因地制宜原则。因地制宜原则，是指在生态康养产业开发过程中不能“一刀切”，要充分考察不同地域的生态环境特点和经济发展水平，充分挖掘各地特色，结合不同地域实际情况制定相应的生态养老产业发展模式。

3）以人为本原则。生态康养产业针对的顾客群体是老年人，因此在生态康养产业开发过程中除了考虑生态环境因素，还需保证各项配套医疗设施和护理条件，针对老年人喜好设计相应的康养和娱乐项目，注重满足老人的精神需求。

（2）构建自身的产业链、供应链、价值链生态系统。生态康养特色小镇应当积极构建自身的产业链、供应链、价值链生态系统，科学规划和系统制定应对新市场竞争的产业链、供应链、价值链创新战略，积极参与到生态康养与物联网、大数据、云计算、人工智能、智能制造、科技金融、智慧城市、智慧农业、智慧物流、智慧生活等高质量发展的市场大潮中去，积极推动我国区域经济多元主体间走向产城融合、产镇融合、产教融合、一二三产业融合和集约化协同创新。

（3）搭建“产业链—供应链—价值链”协同创新平台。

搭建“产业链—供应链—价值链”协同创新的数字化、项目化、资本化、国际化的产城产镇产教产融合作平台；为战略合作伙伴城市、特色小城镇、产业园区、文化旅游目的地等示范基地，积极搭建特色产业孵化、企业孵化和项目孵化平台，产城融合、产镇融合、产教融合和一二三产业融合一直是国家发改委倡导和支持的重点，很多地方在新城镇化和特色小城镇建设中往往重视了城镇和产业园区的基础设施等物理空间的建设，而忽略了区域经济的资源禀赋与承载力，产业规划缺少系统思考、科学决策和合理布局，导致产业空心化、生态与资源承载能力不足、特色不特、产业与经济发展趋同，形成不了区域经济核心竞争力，或者缺少产业孵化、企业孵化与项目孵化机制，企业发育不良，创业创新生态支撑不了企业发展等；因此，联合建设基于全球视野的产业链、供应链、价值链服务平台，无论是市场主体企业还是地方政府经济部门，都十分有必要、也很迫切。

（六）生态康养特色小镇发展建议

生态康养特色小镇发展的初期阶段，对其产业产品、客户需求的深入研究应该是小镇开发的重点，住宅、商业等产品的快速开发模式并不适合生态康养特色小镇。因此，在生态康养特色小镇方面的持续创新应是相当长一段时间应该坚持的工作内容。以下从政府、投资者、运营商三方面阐述生态康养特色小镇建设和运营方面的运用和实践。

1. 对政府的建议

（1）宏观层面策略——多元政策扶持。

财政政策支持。政府应对生态康养产业发展设置专项基金，鼓励地方财政部门通过贴息、补偿等加大扶持力度，并结合税收优惠和减免等政策，保障农村生态养老产业的基本资金来源充足。

健全土地政策，做好土地建设规划。鼓励农民实行土地流转，并通过联营、入股等多种形式组建农业合作社，充分利用当地生态优势，把闲置土地利用起来。同时，出台优惠政策吸引有实力和有意愿的投资者，通过多方努力盘活农村土地，发展生态康养产业。

金融信贷政策支持。目前，生态康养产业资金来源主要有政府拨款、自有资金和融资，地方政府需要创新普惠金融政策，降低融资门槛，成立新型金融扶持机构，拓宽融资渠道，健全各项保险制度，形成多元化资金保障体系。

（2）中观层面策略——康养产业融合升级。

充分利用自然资源优势，促进养老产业融合升级，打造养老产业综合体，加快生态康养特色小镇建设。这有赖于政府扶持，以农民为主体，充分吸纳企业和社会机构参与，形成三位一体的生态康养产业发展格局。首先划定专门开发区域，进行前期基础设施建设。然后开展招商引资，建立专门管理委员会，合理分配协调相关资源，开展分类管理，农民可经营一些小型农家乐，企业可投资大型观光园区。其次，政府应结合乡村振兴战略，加大优势资源整合力度，突出不同地域生态康养优势，实施差异化发展，满足不同层次老年人养老需求，避免同质化竞争；开发老年康养产品，打造康养产业链，加大医药、旅游、地产等产业融合力度，以生态康养产业发展为契机推动相关产业转型升级。

（3）微观层面策略——康养产业经营策略。

营销推广策略。只有通过宣传展示自身优势，满足老年人的养老需求，才能走出经营困境。在宣传主体上，当地政府应承担主要角色，在政府部门内部应成立产业营销宣传部门，制定总体规划，帮助生态康养产业经营者进行宣传推广，并提供必要的技术支持。通过线上和线下两种方式进行宣传推广：线下，可以结合当地农业特色举办特色体验活动，让老年人了解当地生态优势，建立良好口碑；线上，可以利用互联网优势，利用多种新媒体进行宣传推广，打造当地特色。同时，通过多地区联动，形成区域合作优势和辐射效应。可以利用网络销售平台优势，将生态康养产品进行网络销售。可以考虑建立专门提供农村生态养老产品的网络服务平台，整合平台资源，提供网上下单、VR 全景体验、无理由退货等服务，降低营销成本，提升服务品质，形成品牌效应。

人才培养策略。应形成政府、高校、民间机构三位一体的养老人才培训体系。首先，政府部门应开展养老服务职业资格鉴定，对养老产业服务实施持证上岗制度，提升养老服务专业化水平。其次，审核民间培训机构资质，开展养老服务人员培训，提升其专业技能和业务水平。最后，依托高校优势，开设老年护理、老年营养学、老年心理学等养老产业相关专业，开发专业课程，开展科学研究，为养老产业输出高素质人才。在加强岗前培训和考核的基础上，对养老服务人员进行动态管理，建立其养老服务反馈机制，建立不合格养老服务人员辞退机制，从而保证养老服务质量。

2. 对产业投资者的建议

（1）强化顶层设计。

政府的支持与重视是发展生态康养的重要保障。投资者应在充分调研的基础上，确定生态康养特色小镇的规划范畴，明确其上位规划，让规划建设“有迹可循”。要坚决搞好顶层设计，从全局考虑，将自然资源划分为不同等级，针对不同优势等级的自然资源进行专项规划，因地制宜地发展各项产品，使其个性化、差异化发展。

（2）多产业、多企业的强强联合。

生态康养特色小镇的开发建设周期较长，投入较大，且涉及的产业较为广泛，单纯依靠房地产企业难以支持整个小镇的健康运行。因此，生态康养特色小镇的开发运营应该以房地产企业或者保险机构为主，与其他各专业性企业强强联合的过程：①房地产企业——从开发商到运营商；②保险机构——构建产业闭环；③信托等其他投资机构——找到资产保值通道。3 大类型企业的合作可以丰富客户在特色小镇项目的购买、投资方式，可以直接购买产权、使用权、会员、保险，享受小镇居住和医养服务等。在 3 大类型企业合作的基础上，引入专业的医疗机构、商业品牌、养老服务机构，甚至扩展到旅游、农业等专业建设运营企业。与各专业建设运营机构、品牌的合作也是保证特色小镇丰富业态长期、健康、有效运营的基础。另外，与企业其他康养项目或者其他企业康养、旅游、酒店等项目合作联动，推出旅居式康养、候鸟式康养服务，不仅能够成为吸引客户群体的亮点，也会间接带动整个康养产业的健康发展。

（3）多产品业态的融合。

生态康养特色小镇一般规模较大，单一的产品不能满足整个小镇对功能业态的需求。生态康养特色小镇一般对资源的依赖性较强，因此首先应当依托项目的自然和人文资源，明确开发主题。我国自然资源种类众多，《中国康养产业发展报告（2017）》根据自然资源的不同将康养小镇分为森林康养、气候康养、海洋康养、温泉康养、中医药康养小镇等不同类型，而明确的主题是整个特色小镇的基础。在此基础上，特色小镇的规划建设应该融入不同产业产品，如中医养生、农业采摘、户外运动等，甚至根据自身条件，可以拓展商务会议、温泉疗养等特色业态，从而丰富整个小镇的业态。这样不仅能够满足康养客户群体的日常生活需求，还可以吸引在生态旅游、文化体验、体育运动等方面有所需求的人群来到小镇，给小镇带来持续的活力。

3. 对产业运营商的建议

（1）重视人才培养，完善服务。

生态康养、特色小镇等涉及的学科范围较广泛，包括自然科学、医学、环境学、建筑学、生理学等各个方面的学科知识，要根据康养的市场需求，提升专业人员的技术水平，建立长效的人才管理体制机制。企业应充分利用当地的教育资源，开设培训课程，并由政府给予人才补助，为培养高素质人才提供充分条件。

政府应加大资金投入，加大社会资本引入，发挥社会资本的力量，完善小镇内部各项生活基础设施和生态环境建设，加快提高生态康养特色小镇的整体服务水平。

（2）立足资源禀赋，合理安排产业布局。

生态康养特色小镇选址应尽可能选择区位良好，交通条件便利，无自然灾害区域。在选址与特色小镇评价前，应优先建立相应的评价指标体系。指标体系内容根据特色小镇的内部环境与外部服务条件来确定，可依据特色小镇的具体情况进行相应调整。

生态康养最重要的就是借助于自然资源来进行规划建设，功能区首先要保障安全性，避开自然灾害区；服务设施建设要注重适老化，在自然景区内应多设置驿站、休息亭、生态休息座椅等设施；各个功能区内部可结合功能区特点布置不同类型的康养项目和设施。其次，在建筑材料的选择上应尽可能使用环保材质。植物的选择与设计在生态建设中起着重要的作用。植物色彩、气味给予身心不同的影响。在主干树种、基调树种及其他各种树种的配置上，应合理安排其种植结构，形成丰富的景观效果。最后，应优先选用乡土植物进行种植。

（3）创新生态养老形式。

目前，常见的生态康养形式有休闲度假、农业耕作、温泉养生养老、文化创意及户外运动等形式，需要因地制宜加强创新生态康养形式。

（七）结语

生态康养特色小镇发展模式强调以健康养生养老为主题，以健康养生、休闲养老度假等健康产业为核心，进行休闲农业、医疗服务、休闲娱乐、养生度假等多元化的开发。在运营管理上，立足于小镇自身特点，整合各类型专业运营机构团队，并形成系统化的运营管理流程，推进健康产业链的高效发展，最终实现经济效益增长和健康发展，为人们的健康生活提供保障。这些研究成果可为康养产业和特色小镇创新发展模式提供理论参考。

第三章　典型生态养老案例

一、四川雅安：发展康养支柱产业，打造成渝双城康养目的地[1]

康养产业是快速崛起的朝阳产业，随着老龄化社会的到来和低碳生活驱动“生态候鸟”的出现，更具有无限广阔的市场前景和发展空间。党中央把“健康中国”上升到国家战略去谋划推动，雅安市认真贯彻落实党中央和四川省委省政府决策部署，把握新时代新机遇，力推康养产业大发展。雅安康养产业发展具有得天独厚的条件和优势，市委、市政府高位布局川西医养健康城服务体系，倾力打造川西医疗高地、川西健康净地和川西康养胜地。雅安康养产业发展初具规模效应，进入中国康养城市排行榜50强，2018年排名第七位、2019年排名第五位。

（一）五张城市名片，彰显发展特色

雅安距离成都120千米，全市幅员面积1.53万平方千米，辖六县两区和一个经济技术开发区，地域面积排四川省第6，总人口157万人，排四川省倒数第4。雅安有五张独具特色的城市名片。

①大熊猫的故乡。雅安是世界上第一只大熊猫的科学发现地、命名地和模式标本产地，是联合国确定的《世界遗产名录》中四川大熊猫栖息地重点区域，是国家林草局确定的主要野外放归地，是大熊猫国家公园园地共建先行区，是正在建设中的大熊猫国家公园连片核心区，有40.6%的国土面积划进了公园区域。以雅安为主要核心区的四川大熊猫栖息地已列入“世界自然遗产名录”，目前，境

1　本节由雅安市卫生健康委员会产业发展科科长李端庆撰写。

内生存着野生大熊猫300余只、圈养大熊猫70多只，是全世界同级市州野生大熊猫、圈养大熊猫数量最多的城市。作为“国礼”送到世界各地的大熊猫有130多只，享有“熊猫故乡”的美誉。

②世界茶源和川藏茶马古道的起点。雅安是世界茶文明的发祥地和世界茶文化的发源地。雅安自然生态环境得天独厚，是植茶最早和产茶最适宜的地区，2200年前“甘露禅师”吴理真亲手植仙茶七株于蒙顶山五峰之中，开创人工植茶的先河。蒙顶山被联合国粮农组织和世界茶叶协会评为世界茶文化圣山。雅安是黑茶的发源地和全国最大的藏茶生产基地，销往藏区的茶叶雅安占70%以上。雅安是川藏茶马古道的起点和核心区，自明代就是“川藏官道”和往来西藏的必经之道，沿途的背夫、马帮和锅庄文化正焕发着炫目的光彩。雅安是历史最久、产量最大的藏茶生产基地，素有“中国藏茶之乡”“中国茶都”之称。

③被习近平总书记赞誉的“天府之肺”。雅安是成都平原到世界屋脊青藏高原过渡带上珍贵奇特的动植物基因库，是联合国自然基金会确立的全球生物多样性重点保护区域，全市森林覆盖率达到67.38%，稳居全省第一。雅安生态环境优良，雅鱼、雅女、雅雨的“三雅”文化远近驰名。雅安是“中国优秀旅游城市”“全国森林旅游示范市”“国家生态文化旅游融合发展试验区”“国家生态（低碳）经济示范区”“国家绿色（有机）农业示范区”“全国生态文明示范工程试点”“全国生态文明建设示范市”。

④红绿相融的民族文化走廊。雅安是成都平原通往藏区和彝区的民族走廊，古称雅州，属青衣羌国范围，有2300年的建制史，曾是西康省的省会，素有“川西咽喉、藏区门户”之称。雅安一红一绿特色鲜明，全域红色革命老区，共和国十大元帅有8位在雅安指挥战斗过，红军长征在这里留下了强渡大渡河、翻越夹金山等可歌可泣的英雄壮举。

⑤国家医疗康养结合试点市。2016年雅安市被原国家卫生计生委、民政部列为50个全国首批医养结合试点市之一，四川省将雅安纳入康养产业创新发展核心区，是全省养老与健康服务业多业态布局的重点区域，在规划、项目、政策各方面正迎接着先行先试的重大机遇。重点发展“森林康养、阳光康养、医疗康养、温泉康养、运动康养、旅居养老”等特色产业，打造中国医养康养典范城市。

（二）五大投资优势，营造发展环境

作为首批入选的全国生态文明先行示范区，雅安在国内有突出的生态、资源

等比较优势，具备发展康养产业的先天条件和核心竞争力。具有五大优势：

优势一：有方便特殊的交通区位。雅安市地属成都平原经济区，东起成都，北连藏区，西接西昌，南向乐山，远向云南、西藏。目前以 4 条铁路、8 条高速公路、14 条国省干线为骨架构成了高效快捷的交通路网，成雅、成名高速 1 小时直达双流国际机场，城区动车 50 分钟到达成都中心城区。中央部署的特大工程川藏铁路起建雅安，是四川正在建设的西向门户交通枢纽，雅安至重庆隆昌的城际铁路即将建设，雅安将为成渝两地提供广阔的消费市场。

优势二：有得天独厚的康养环境。雅安地处成都平原向青藏高原的重要过渡地带，海拔从 400 多米上升到 5793 米，立体生态明显，生物多样性丰富。空气和水环境质量长期保持全国前列，2019 年空气质量全国排名第 11、四川第 1，成为“新进环境空气质量达标城市”，城市水环境质量今年一季度排名全国第 1，综合排名一直位列全国前 10 位。雅安年均气温在 14℃ ~ 18℃，北部雨露丰沛、南部光照充足，雅安市“旅游舒适期”为 240 ~ 270 天（北部到南部），“旅游最舒适期”为 150 ~ 180 天（北部到南部），雅安市北部的“旅游舒适期”和“旅游最舒适期”和举世闻名的“春城”昆明市相当。从不同纬度比，雅安市的旅游气候资源也是全国最好地区之一，适合常年养生，近几年雅安常住人口平均寿命高于全国全省平均寿命。

优势三：有游养休憩的景区园区。现有国家 5A 旅游景区 1 个，国家 4A 级旅游景区 20 个，国家森林公园 3 个，国家级自然保护区 2 个，旅游基础设施完善，是国家在成渝经济区中规划的唯一生态旅游城市。依托大熊猫、茶马古道两大世界级旅游文化品牌，优化全域旅游空间布局，培育碧峰峡、蒙顶山、周公山、喇叭河等核心景区，建设大熊猫文化国际旅游目的地和世界茶马古道文化体验中心，打响“一座最滋润的城市”旅游口号。目前正力推大熊猫国家公园南部入口社区建设，将中心城区整体打造成“国际熊猫城”核心区，布局建设了集北郊大熊猫文旅项目、金凤山禅养、中国藏茶城为一体的文旅游养大观园。华谊兄弟、岭南股份等众多知名企业纷纷选择来雅投资，正是看中了雅安良好的发展前景。

优势四：有独特优越的政策支持。雅安境内有大渡河、青衣江等大小河流 131 条，水能资源蕴藏量 1600 万千瓦，可开发装机容量 1322 万千瓦，装机容量已达 1272 万千瓦，占全省的 10%，是全国十大水电基地之一。四川省重点规划打造的水电消纳示范区和大数据产业聚集区，新增绿色载能企业平均电价 0.35 元 /

千瓦时、大数据企业平均电价 0.34 元 / 千瓦时。土地用地储备充足，价格低于周边地区，重点项目土地可按最低价打 7 折出让。税收“两免三减半”，最高 500 万元的项目奖励。

优势五：有优质高效的发展环境。雅安人“亲商、爱商、重商”，2018 年荣获“四川最具投资价值城市”称号。行政审批“最多跑一次”改革得到国务院督查组肯定，服务质量与效率在四川排在前列，企业注册可在两个工作日完成所有手续，项目投资政府专人全程代办，提供优质的保姆服务。雅安是川西大数据中心，具有全国一流的互联网大数据存储和技术服务。雅安有四川农业大学和多所大中专院校，每年向社会输送毕业生 1.3 万余人。投资雅安，会享受到充足的人才保障和优质的营商环境。

（三）夯实五大基础，助力康养产业

1. 领导重视，建立推进机制

坚持高位推动。市委、市政府抓住首批国家级医养结合试点市建设重大机遇，推进健康“医养”、生态“游养”、运动“体养”、静心“禅养”、食疗“药养”等“五养”工程，致力于康养产业强市建设。市委四届四次、五次全会提出建设川西医养中心的目标，并作为“四个中心”建设的重要内容，将医养结合工作纳入“八大行动”的东进融入行动、全域旅游行动的绩效考核内容。成立了以市、县（区）政府“一把手”任组长的国家医养结合试点市建设工作领导小组，成立了以市政协主要领导为组长的中医药及大健康产业领导小组，在市卫生健康委挂牌康养产业发展局。加强合作交流，主动融入全国、全省战略布局，全方位、多层次开展交流合作。市政府在西博会上与人民网成功签署框架协议，并分别与省卫生健康委、省中医药管理局签订《推进医养产业快速发展战略合作备忘录》《关于建设健康雅安、推进雅安中医药强市建设战略合作备忘录》。

2. 制定政策，提供有力支撑

先后出台了《雅安市国家级医养结合试点市建设实施意见》《雅安市加快推进医养结合发展若干规定（试行）》《中共雅安市委 雅安市人民政府关于印发加快建设川西医养中心的实施意见》《雅安市医疗卫生与养老服务相结合行动计划（2019—2025 年）》等一系列文件，明确了医养重点任务、责任分工，挂图作战、推进时限，同时配套出台土地支持、税费优惠减免、财政保障等政策。先后出台《促进健康服务业发展实施方案》《加快发展养老服务业的实施意见》《加快推进

养老服务业发展》《加快发展健身休闲产业的实施意见》《雅安市招商引资重点产业激励政策（试行）》《关于促进民营经济健康发展的若干政策措施》，为康养产业发展提供了政策保障。

3. 规划引领，做好空间布局

一是编制《雅安市康养产业发展规划（2020—2025 年）》。充分利用雅安人文山水、医疗医药、文化旅游、保健食用品资源等优势，结合各县区地域特色和产业基础，采用点、线、面相结合形成“一核、两翼、三区、多点”的康养产业发展空间布局。二是编制《雅安市中医药及大健康产业发展规划（2020—2025 年）》。全面提升雅安中医药及大健康产业发展的水平和质量，使中医药及大健康产业成为雅安经济社会发展重要的支柱产业，为推动雅安成为四川重要的中药材生产基地、川西特色中医区域中心、四川西部高端健康医养目的地提供依据和支撑。三是规划建设康养新城。康养新城以大兴康养产业园、川西医养中心项目建设为重点，打造康体养老、养生休闲的健康之城。以建设高端康养区、医疗康养区、医药康养区、食疗康养区“四区”为目标，计划用 3 至 5 年的时间，围绕“医药养食游”等重点领域，推动医疗、养老、养生、文化、旅游等多业态深度融合发展，将康养新城建设成为产城一体的康养产业发展示范点、试验区，建成全国医养结合试点市、中国康养城市 50 强和川西医养中心的展示窗口。

4. 医疗先行，夯实发展基础

雅安市拥有医疗卫生机构 1573 个，其中，三级医院 6 个、二级医院 18 个；公立医院 19 个、民营医院 26 个。医疗机构拥有床位 1.32 万张，每千人口医疗卫生机构床位数 8.59 张，超过全省 7.57 张的平均数，排在全省第三；卫生技术人员 1.28 万人，全市每千人口拥有卫生技术人员数 10.26 人，超过全省 9.51 人的平均水平，排在全省第三位。全市 60 岁及以上老年人口数占总人口数的 20.1%，65 岁及以上老年人口数占总人口数的 14.7%，人均预期寿命从 2010 年的 74.8 岁提高到 2018 年的 76.84 岁，城乡居民主要健康指标总体优于全省平均水平。全市 65 岁及以上老年人建档率、健康管理率均达到 100%，老年人签约服务率 80% 以上。全市养老服务设施总床位数 6765 张，其中公办养老机构 27 个，公建民营养老机构 7 所，民建民营养老机构 12 所。全市打造医养结合机构 13 家，床位 2000 余张，市人民医院、市第四人民医院等医养中心先后投入运营。

5. 壮大产业，丰富康养资源

一是打造三条“百公里、百万亩”乡村振兴产业带。“百公里、百万亩”乡村振兴茶产业带、果蔬产业带、果药产业带共串起了雅茶、雅竹、雅果、雅药、雅鱼等“五雅”490万亩特色产业基地。围绕“百公里、百万亩”乡村振兴果药产业带建设，打造全市中药材种植示范线。2019年，全市中药材种植面积已达48.2万余亩，同比增长7.1%，产值达7.91亿元。全市拥有“雅连”“川牛膝”“厚朴”“天麻”等道地药材品种20余个，道地药材种植面积占全市中药材种植面积的41.9%，“汉源花椒”被认定为中国驰名商标，“宝兴川牛膝”获得国家地理标志证明商标，“天全川牛膝”“荥经天麻”获得国家农产品地理保护标志，已建成国家基本药物所需中药材种子种苗繁育基地和多个中药材生产示范基地。雅安是国家级绿色有机农业示范区。二是工业生产加工稳中向好。2019年，雅安市新增规模以上中医药制造企业1户，规模以上中医药制造企业共达6家。2019年实现规模以上工业总产值13.37亿元，同比增长16.7%，实现税收1.14亿元。其中，以华润三九（雅安）药业有限公司为龙头的中药生产加工制造企业共拥有99个批准文号，常年生产品种14个（含国家基本药物3个），全国独家品种1个。雅安经开区积极培育医药健康产业龙头，全力打造康养产业集群，王老吉公司已实现年产值规模10亿元以上，目前已吸引太平洋制罐、西班牙产业园、日本礼爱健康养老项目洽谈落地。总投资6亿元、占地110亩的四川全统健康产业中药保健品制造项目，计划2020年建成投运，全面投产后将实现销售收入10亿元的目标。

（四）坚持五养并举，实现业态融合

业态一：健康“医养”。按照中央医疗和康养结合试点市要求和政策，初步建成了一批医疗康养设施和服务项目。目前正围绕川西医养中心建设打造川西医养健康城、华西雅安康养中心，加快布局一批高端专业养老机构建设、养老度假小镇。组建医养联盟，构建“康养＋服务”服务链。组建医养联盟，成立“医养结合专委会”，推进以社区为依托、以养老机构为补充、以市人民医院医养中心为纽带的“医养＋服务”新机制，努力为老年人提供全方位的健康服务。推进“医养＋互联网”，正在开发建设川西医养产业大数据平台、市级医联体信息平台“两大平台”，建成后将实现全市乃至川西区域医养产业大数据资源共享、分析利用，提升医疗资源配置的效率，通过信息化应用支撑产业发展。四川大学华西医院雅安医院合作模式，对深入推进“健康四川”“健康雅安”建设、加快建设川西医养中心具有积极的促进作用，将为雅安及周边藏区、彝区群众提供更加优

质、高效、安全的医疗服务。全力实施中医“治未病”健康工程，天全中医医院骨伤科专科特色优势突出，全市中医药产业已具备加快发展的基础条件。

市人民医院医养结合中心：成立于2017年5月22日，是经原省（市、区）卫生计生部门和民政部门推荐的第一批国家级医养结合试点单位，也是雅安唯一一所以老年病、慢性病为主，集医疗康复、保健、照护、科教、培训以及健康管理为一体的科室，开放床位200张。医养中心坚持质量为本，改进医疗及服务品质，打造高品质就医养老环境，满足老人不同需求。科室使用日本丰田5S管理经验及国际Lean Thinking管理模式对科室人力物力财力环境改造进行规范有效高效管理，每月坚持PDCA。重视患者需求，开展各种活动丰富老人生活。重点打造临终关怀区域，成立临终关怀小组，由医护人员、护工、家属、志愿者、社工以及佛教、基督教、天主教人士一起参与患者临终关怀，制定个性化关怀方案。为进一步扩大医养中心规模。2019年启动川西医养中心建设，总建筑面积93500平方米，估算投资近6亿元，设置医养床位970张。

市第四人民医院医养中心：坚持人才建设，每年派出业务骨干到国内甚至国外最顶尖的医院进修。近三年，引进和增加高级职称人员26名、中级职称人员80余名、博士生研究生2名、硕士研究生19名。成功获批设立雅安市院士（专家）工作站，成为了雅安市首家申报并成功获批建站的医疗卫生机构。科研项目已申报近50项，成功立项的有20项，呈高增长态势。坚持以临床医疗—康复—护理为特色，按照病人生活自理能力及认知情况分设心身疾病病房、失能病房、半失能病房及认知障碍病房，根据病情的不同，提供不同特色的服务。医院将护工纳入统一管理，医院成为了雅安市唯一一家护工培训输出地。整合医疗资源，修建近1000平方米的多功能康复大厅，厅内设施齐全，配备了多种术后康复训练器械，配备太空熏蒸仓、音乐按摩床、生物反馈治疗仪、经颅磁治疗仪等常规理疗、康复设施设备。

雨城区医养中心：位于青衣江畔，环境优美。以雨城区人民医院为龙头，实行雨城区人民医院、雨城区中医医院、雨城区妇幼保健院“三院一体化”的管理模式，以“医养＋中医专科特色医疗”为主线，开展中医药膏丹丸散养生保健服务，提供针灸、按摩、拔罐、刮痧等中医药特色治疗以及茶饮、足浴、药浴、芳香疗法、音乐疗法、心理疏导等各种自然疗法，形成“健康管理、生活照料、精神慰藉、康复理疗、智慧康养”五位一体照护模式，为雨城及周边地区老人提供专业化、系统化的养老服务。

业态二：生态“游养”。依托良好的生态和建成的1个5A、20个4A景区，重点发展以大熊猫生态及科考、茶和茶马古道、凤鸣诗歌、红军魂为代表的文化旅游，以周公山、石棉草科为代表的温泉疗养旅游，以喇叭河、夹金山、蒙顶山、海子山、桌山、王岗坪为代表的生态养生旅游，以花海果香、至美茶园绿道为代表的田园风光游。移步易景的大美雅安，还有许多藏在深闺的资源待体验和开发。全市已建成康养小院500余家，国家级森林康养基地1个、省级森林康养基地18个，省级森林康养人家132家。

雅安康养产业园：规划用地面积1869亩，开发建设用地723亩，计划总投资39.25亿元。功能以康养为主，形成“南居、西养、中游园”的三大板块。南居——田园养生活力社区，包括滨水养生院落、田园休闲社区等；西养——智慧康养服务区，包括健康监测中心、健康管理中心、护理培训中心、特色养老机构、中医养生机构、延龄抗衰中心等；中游——休闲度假游园及户外休闲活动区，包括湖滨集市、特色民宿、银发学院和综合活动中心、康养公寓、度假酒店、理疗会馆以及滨水花海、养心漫步古道、运动休闲公园等。力争将康养产业园建成雅安休闲度假新客厅，川西康养旅居目的地，成为引领四川康养度假产业的桥头堡。

二郎山喇叭河森林康养基地：二郎山喇叭河旅游景区现为国家4A级风景区、四川省生态旅游示范基地、四川省二郎山国家森林公园。位于四川省雅安市天全县境内，占地面积977平方千米。西连康定、泸定，北靠宝兴，东至成都180千米。是川藏公路干线318国道和“川西黄金旅游环线”上的重要节点，地理位置优越，是一处集绿色客房、餐饮、娱乐、休闲、观光、避暑、旅游、探奇为一体的多功能旅游康养度假区。自2016年开园以来，以生态旅游、康养旅游为主线，重点打造了鹿池观景区、杜鹃湖生态步游道、鸦鹊河沿河生态步游道、银洞海垂钓区、以蓝水晶大酒店为中心的高端湿地公园休闲区。初步完成了以春赏百花、夏避酷暑、秋观红叶、冬嬉白雪四季皆有所乐的游玩主线。

夹金山森林康养基地：2000年，经国家林业局批准建立的夹金山国家森林公园，辖区内森林资源丰富，生态环境良好，是青衣江的发源地，公园森林覆盖率61.7%，国道G351线从公园入园大门边穿过，是四川旅游大、小西环线与跨省旅游环线“大香格里拉环线”的交叉点，距宝兴县城约50千米，距成都270千米。夹金山国家森林公园森林康养基地以林海山庄、神木山庄作为核心支撑，向公园内业已建成的青衣江源、硗碛藏寨·神木垒、达瓦更扎三大景区辐射，并与之形成良性互动。2013 年以来投入 20 多亿元用于改善基地外部交通、通信等基础设施，提供消夏避暑、休闲度假、体验教育、养身养心、游憩观光、会议培训、特色藏餐、篝火晚会、民俗演艺厅等服务。2017 年基地被四川省林业厅确定为“四川首批森林康养国际合作示范基地”，2017 年和 2019 年分别被中国林业产业联合会评定为“全国森林康养基地试点建设单位”“中国森林养生基地”，被四川省评为“最具潜力森林康养目的地”“十佳国家级森林氧吧”等。

世外乡村·海子山国际森林康养旅游度假区：项目总占地 73 平方千米，平均海拔高度约 1320 米，空气相对湿度 58%，夏季平均温度 23.8℃，森林覆盖率达 98%。整体规划结合海子山丰茂的自然生态、丰富的青羌文化，充分依托项目高山湿地湖泊资源，借鉴国际山地度假发展模式和标准，以山地为核心，康养为突破，将项目打造成“旅游、文化、体育、健康、养老”为一体的高山森林康养度假标杆项目。业态功能涵盖体育运动、亲子度假、旅游度假、娱乐休闲、高端商务、酒店服务、文化创意、民俗风情、康养度假等。景区规划分为：两大片区、两大中心、四大公园、五个小镇、两个特色景区，按 10～15 年周期开发，项目从 2019 年启动建设，预计投入资金 300 亿，预计居住人口将达 16 万人以上，带动地方就业超 3000 人，旨在打破周公山、瓦屋山、峨眉山“三山旅游环线”以观光为主的传统旅游格局，全面带动雨城南线形成全域旅游发展态势，唱响雅安康养文化品牌。2020 年，该基地列入国家林业和草原局等四部委发布的国家森林康养基地（第一批），并积极参与编制《生态康养基地评定标准》，目前该标准已经正式发布实施。

荥经县龙苍沟森林康养旅游项目：中国桌山森林康养国际旅游度假区规划面积约为 100 平方千米，基地有 2 个国家级 5A 级景区（中国桌山景区和大相岭景区），从尊重自然、开发自然、森林度假、文化保护角度出发，项目规划了 7 个组团，有 2 个度假小镇（桌山清风雅雨小镇和龙苍沟大熊猫温泉小镇）、2 个度假区（银船温泉度假区和余家坝生态文化养生度假区）、1 个特色新村（熊猫国际村），最终建设形成旅游、度假、疗养、康养四种业态良性发展的世界最佳目的地。项目从 2019 年启动建设，预计到 2027 年建设完成，拟投资 36 亿元，计划用地面积 470 亩，建筑面积约 62 万平方米，建设森林主题住宿区、生态客栈、旅游商品展示区、游客接待中心、自驾车营地、演出中心、停车场、科教、文化等设施。

业态三：运动“体养”。强化体育＋康养，与四川体育产业集团、金强集团合作打造四川首个体育产业创新试验园区。积极发展竞技体育，推动赛事经济发展。依托汉源湖、百丈湖、王岗坪、龙苍沟、大川河等，打造水上运动、高山滑雪、骑游、马拉松等项目。

四川国际赛事中心：项目规划用地360亩，建筑总面积约80000平方米，总投资10亿元，项目定位为建设专业化体育场馆与训练场所，承接多种类型的竞技体育集训、比赛、交流峰会活动，打造集体育场馆为一体的体育运动综合体；同时针对体育产业发展的人才需求，建设四川篮球学院，提供丰富的教育培训设施，培养运动员、裁判员、经纪人等行业人才。项目建成后将具备国际、国内体育赛事（含电子竞技）承办、体育项目集训、体育人才培养、体育教育交流合作、体育成就展示等功能，能满足全民日常健身需求，带动"体育+生态"一体化的城市运动产业提档升级。项目预计每年带动流动人员约60万人次，带动社会综合收益约20亿元。目前已启动示范段景观展示工程建设。

四川金熊猫文体康养（运动）小镇：项目占地面积2017亩，总投资40亿元。项目结合生态景观资源，建立现代化健康运动服务体系，提供康复护理院、健康服务中心、医疗中心、酒店，打造国际化健康社区。引入智慧生态农场、精品园艺观赏、田园亲子乐园、绿色农业生产、农业文旅等多种业态，打造绿色生态农业中心，形成：一环（生态活力环）、五区（城市会客厅、田园生态休闲区、滨水休闲区、生态健康区、轻奢宜居区）的总体布局。项目已经市政府确定概念、规划方向，金强集团已聘请设计团队抓紧项目设计。

业态四：静心"禅养"。雅安有世界禅茶发源地蒙顶山、中国道教发源地桌山、西蜀禅宗道场云峰寺和川西佛教圣地金凤寺等。目前正将禅茶文化、佛教文化与高端康养相结合，开发禅茶庄、道医馆等项目，发展道、佛经典学习等为核心的静养静休业态，打造养身养眼养心目的地。禅修清思、养心养性，雅安一定是绝佳的去处。

中国藏茶城：规划面积约3平方千米，计划总投资30亿元，建设起至年限2018—2022年。建设集茶马古道上藏茶文化、川西民俗文化、川西农耕文化等文化元素相融的多功能文化旅游综合体，产城一体、文经相融的新城区。形成"两主轴一副轴、一绿廊五组团"空间布局结构。将藏茶城打造成为融合文化旅游、休闲康养、商贸集散、生产加工、生态居住、科技研发于一体中国茶马古道·藏茶文化博览园。

蒙顶山康养产业园：位于蒙顶山风景名胜区与名山主城区过渡地带，规划面积 31.91 平方千米，计划总投资 218.29 亿元。产业园依托茶文化、禅佛文化，科学布局四个功能分区。一是文化休闲康养区：十里梅香·茶源小镇、川西茶叶仓储物流中心等项目，重点打造茶文化特色鲜明的功能之城，集蒙顶山茶品牌展示、茶精品交易、茶文化体验、茶旅游休闲于一体的综合服务区。二是茶谷禅修康养区：蒙顶山禅茶文化艺术中心项目，重点打造包括会议推广、短班研修、文化体验等项目，形成居住、养老、养生、休闲于一体的旅居度假综合区域。三是生态旅游康养区：核心为蒙顶山 4A 级旅游景区，重点打造以静为主的生态旅游康养项目。四是酒乡田园康养区：已建成蒙顶酒庄项目，引进蒙顶酒业田园综合体项目，该区域重点打造以田园休闲为特色、酒文化和茶文化为内涵，集旅游度假、健康养身、运动健身、生态观光、农业体验于一体的康养度假休闲田园特色小镇，新建酒韵茶乡田园综合体。

业态五：食疗“药养”。雅安有上千种药用植物，天全川牛膝、荥经天麻取得国家农产品地理保护标志产品认定；是全国首个绿色有机农业示范区，有 400 多种特色农产品。目前正依托华润三九、御鼎堂等龙头药企，打造集食用新型饮片、药膳、中药化妆品于一体的川藏药材城。三条“百公里、百万亩”产业带形成强大的带动辐射效应，名山茶文化康养旅游、汉源花果康养旅游等逐渐成熟；宝兴大园包首批省级中医药健康旅游示范基地和天全县中医康养综合体等项目相继建成。

川藏药材城：依托雅安市良好的区位优势、中药材资源禀赋，拟在雨城区选址投资建设“川藏中医药生命健康产业园”，构建“药、医、养、学、研、游”六大功能板块，计划总投资 30 亿元，建设中药材交易市场、交易博览中心、仓储、名医馆、药膳美食街、康养酒店、科研基地、康养住宅社区。打造多维度、多业态的成渝经济圈中医药医养、康养目的地，逐步形成以中药材、藏药材为基础，以医养、康养为核心，以学、研、游为补充的西南地区有影响力的生命健康产业集聚区，并努力争创四川省国家级中医药创新发展示范项目、川西中医药大健康产业发展示范引领平台。项目的建成将推动雅安中医药产业发展和中药材贸易转型升级，促进雅安产业结构调整，并与中农批、藏茶城等项目联动发展，共同打造“西南区域综合性枢纽中心市场”。

朗湖颐园·中医康养国际社区：项目总投资约 7 亿元，项目位于天全康养新城核心区慈朗湖畔，碧水环绕、四季皆景，项目占地面积约 61 亩，总规划建筑面积约 3.13 万平方米。项目围绕中医康养本源，首创“颐养、长乐、康益、亲子”四大主题园区，配套国医馆、针灸推拿堂、“治未病”中心、康复健身馆、中医膳食坊、恒温游泳池、国际双语幼儿园等功能设施，构建“全方位·全龄化”健康养生新生活，提倡“一家三代两居”中医康养新理念，推出远程诊疗系统、家庭医生、绿色救护通道等服务，利用智慧康养云平台、康养大数据、实现全智能的康养服务管理。

宝兴县兴国农庄康养基地项目：位于宝兴县大圆包中药材种植基地，种植中药材面积达1万余亩，主要种植厚朴、川牛膝、云木香、赤芍等中药材。基地空气清新、环境优美、景色宜人。2018年成功创建为“四川省首批中医药健康旅游示范基地”。兴国农庄是宝兴大圆包中医药健康旅游示范基地的游客接待中心，农庄以宝兴良好的生态环境和中药材资源为依托，以中医药科普宣传、红色文化为特色，以“公司+合作社+基地+农户”模式运作，以“康养+文化模式”为主线，将宝兴的红色文化、本土文化、中医药文化贯穿其中，通过“康养+旅游、康养+体育、康养+农业、康养+中医药”带动其他产业发展。

（五）突出五大保障，护航产业发展

2020年，是“十三五”的收官之年，也是雅安市康养产业发展的重大机遇之年，雅安市全力推动“四个中心”建设和“四个新城”建设，狠抓医疗产业、医药产业等康养项目和产业工作，促进公共卫生事业与康养产业融合发展，推动经济结构调整和产业转型发展，努力将自身打造成为服务成渝、辐射康藏的川西医疗中心和康养产业中心。计划到2025年，川西医养中心、康养新城项目全面建成并充分发挥区域虹吸效应，三条“百公里、百万亩”产业带成为雅安绿色发展的靓丽名片，力争规划建成一批以医药产品、医疗器械、医药物流、保健食品、健康养老为代表的千亿级康养产业园区，市医药产业、医疗产业、康养产业等康养产业体系逐步完善并展示强劲竞争力。

1. 狠抓政策落地，拓展开辟市场

加大政策措施的贯彻落实力度，市卫生健康、市场监管、经信、医保、国土、文旅、农业农村等部门结合实际制定形成相关政策措施并细化实施，比如，为大力推动中药材规模化种植发展，相关部门研究政策补助、土地流转、品种选育、技术服务等政策措施。通过健全和完善一系列政策措施重点支持药品生产加工企业增强市场开拓能力，提高生产药品进入《国家基本药物目录》《国家医疗保险目录》的比例，以及在全省、全市医疗机构用药占比。加快制定《雅安康养

产业发展支持政策》，全方位支持康养一二三产业发展，对带动能力强的项目在设施用地、精深加工、品牌打造、税收优惠、融资信贷等方面予以支持，支持康养产业涉及的仓储物流、健康旅游、运动康养等产业发展。

2. 完善产业基础，增强发展动力

加快川西医疗高地建设，加快推进川西医养中心项目建设，充分发挥龙头引领作用，带动区域内医疗机构组团融入发展，充分发挥川西区域医疗作用；以此次新冠肺炎防控为契机，全力推进公共卫生临床医疗中心建设，切实提升区域疾病防控能力，打造建设川西健康净地。加快发展康养产业，加快川西康养胜地建设，高起点规划、高标准建设康养新城，推动雅安成为四川西部高端健康医养目的地，充分发挥示范带动效应。

3. 紧盯项目投资，促进经济增长

积极推进“五十百千万”（建设 5 个医养产业园区、打造 10 个医养结合示范单位、建设 100 个以上医养结合重点项目、打造 1000 家以上医养小院、实现 10000 人以上就业）医养工程，加快推动雅安康养产业园区、蒙顶山茶文化康养园区、天全县康养综合体项目、汉源九襄阳光花海康养产业园区、石棉温泉阳光康养城等五大园区建设。加快推动计划投资 30 亿元以上的“川藏药材城”项目，打造集中药材市场交易、种植、生产加工、中医药大健康旅游、中医养生等一二三产业的多维度、多业态示范项目。抓好雨城区世外乡村·海子山国际森林康养旅游度假区、荥经县龙苍沟森林康养旅游等项目。加快四川全统健康产业有限公司恒升元保健食品生产项目、四川御鼎堂中药饮片有限公司扩产扩能技术改造项目、雅安迅康药业有限公司综合提取二车间及仓库项目、四川森绿生物科技有限公司金龟莲提取物及黄柏提取项目建设，提升制药工业化发展水平。

4. 坚持创新发展，激发发展活力

围绕产业链，部署创新链。围绕医疗产业，做大四川大学华西医院雅安医院医疗联合体，加快补齐传染病科、儿科、精神科等薄弱专科短板，利用大数据优势，打造“互联网 + 医疗”新模式。因地制宜推广县域医共体“石棉模式”，带动区域发展，降低市外转诊率，吸引市外患者来雅就诊。充分发挥中医“治未病”、中医食药同源等作用发展中医康养项目。围绕医药产业，加大与四川农业大学、成都中医药大学、四川省中医科学院等大专院校和科研院所的合作，结合创新平台建设、人才团队培引、关键技术研究、新产品开发、技术改造、成果转化和产业化、新技术推广应用等实施一批产业创新重大项目；重点支持中药生产加工企业做大做强，大力支持华润三九、迅康药业、御鼎堂、同善堂等本地药业做大做强，利用雅安职业技术学院专业优势，推动校企合作，大力推进产学研结合，引导企业强化科技研发，抓好保健食品产品研发和转化，谋划建立优势产品培育库，努力延伸医药产品上下游产业链，实现雅安中医药制药加工产业雁阵发展。

5. 坚持联动发力，推动工作落实

一是加强部门互动。产业发展需要各相关部门密切配合，横向互动、共同推进。塑造雅安的康养品牌，喊响“在成都工作、在雅安康养”“天府之肺、康养雅安”口号。二是加强项目招商。加大康养项目的包装力度，加强项目宣传和推介，依托“西博会、中外知名企业四川行、全省服务业发展大会”等国家级、省级重大招商平台，开展集中招商、以商招商活动。三是出台扶持配套政策。构建多元营销体系，充分协调国家、省级主流媒体，加大康养城市品牌包装宣传力度，吸引更多人群来雅安康养度假。

二、湖北宜昌：打造国家级康养试验区[1]

2016年以来，宜昌市委、市政府高度重视康养产业发展，围绕打造国家级三峡康养试验区的总体目标，健全组织体系，编制发展规划，营造良好环境，大力招商引资，推进项目建设，以康养旅游、养老服务业、森林康养业为重点领域，加快推进康养小镇、医养结合等重点业态发展，不断提升宜昌康养城市影响力和知名度，推动宜昌康养产业发展取得阶段性成效，连续两年位居中国康养城市50强，2019年位居第21位，为湖北省健康养生产业发展提供了试点示范。

宜昌，位于长江中上游结合部、湖北省西南部，素有“三峡门户”“川鄂咽喉”之称。宜昌古称“夷陵”，因“水至此而夷、山至此而陵”得名。清朝时改称“宜昌”，取“宜于昌盛”之意。宜昌现辖5区3市5县和1个国家级高新区，国土面积2.1万平方千米，常住人口413.59万人，户籍人口391.87万人。宜昌历史悠久，巴楚文化源远流长，是世界历史文化名人屈原、“古代民族团结使者”王昭君的故里。宜昌自然禀赋优越，生态基础条件良好，生物与环境种类丰富，拥有22个国有林场、52个各类自然保护区（小区）、8个湿地公园、8个国家级

1　本节由宜昌市商务局服务业发展科科长余三阳撰写。

森林公园，森林覆盖率 65.16%，位居湖北省市州第一位。宜昌河流水系丰富，长江、清江、沮漳河等流域面积大于 50 平方千米，是三峡工程、葛洲坝水利枢纽工程所在地，被誉为“世界水电之都”。宜昌全年气候温和湿润、四季分明，年平均气温在 13℃ ~ 18℃，空气质量洁净，空气质量优良天数 274 天以上。宜昌旅游资源丰富，是全国 11 个重点旅游城市之一，共有国家 5A 级景区 4 处，4A 级景区 17 处，A 级景区 44 处，形成多层次的风景名胜区、自然保护区、森林公园、文化保护单位等为主体的旅游资源体系。宜昌市荣获“全国文明城市”“国家卫生城市”“中国重点旅游城市”“国家森林城市”“国家环保模范城市”“国家园林城市”“中国十大养生城市”等称号，2018 年起跻身“中国康养城市 50 强”。2019 年 12 月，荣获“中国气候宜居城市”称号。

近年来，宜昌市重点推进“医养融合”和“旅游康养”发展，取得了阶段性发展成效。

医疗服务与养老服务业快速发展。全市医疗卫生计生机构总数 2909 个，床位 29231 张，卫生人员总数 38973 人。全市共有养老机构 156 家，床位 20556 张。其中城市养老机构 62 家，床位 11245 张，农村福利院 94 家，床位 9311 张。建成城市社区居家养老服务中心 314 个，农村互助照料活动中心 902 个。宜昌市养老机构服务质量逐年提升，达标率为 95.65%。在医养融合方面，积极开展“医养结合”试点工作，成为全国第三批居家和社区养老服务改革试点城市，争取实施了 2 个亚行养老贷款项目，引进了东阳光长江山城水都健康城等重大项目。

康养旅游产业项目加快建设。2019 年，宜昌市接待游客 8900 万人次，实现旅游收入 985 亿元，分别增长 15.02 %、13.31%，三峡旅游度假区成为省级旅游度假区，夷陵区获评“国家全域旅游示范区”。宜都市青林古镇康养旅游度假项目、长阳卓尔木桥溪生态旅游度假区、仙剑山康养旅游度假区、清江画廊倒影峡开发等康养旅游项目正在加快建设。

森林康养形成示范特色。开展宜昌森林康养基地建设、评定工作，宜都天龙湾国家湿地公园获得“中国森林养生基地”称号，五峰获批“全国森林康养基地建设试点县”。夷陵区樟村坪镇荣获“2019 年全国森林康养基地试点建设乡镇”称号，三峡南津关大峡谷荣获“2019 年全国森林康养基地试点建设单位”“中国森林氧吧”称号，夷陵区 272 庄园等 12 家单位荣获“2019 年中国森林康养人家”称号。

（一）建立一套好机制

一是建立工作推进机制。2016 年 7 月，市政府召开专题办公会研究加快发展康养产业，提出打造成全国知名康养示范城市目标。2016 年 9 月，市政府成立全市康养产业发展工作领导小组，由市政府副市长周正英担任组长，市商务局、市发改委、市民政局、市财政局、市教育局、市人社局、市国土资源局、市住建委、市环保局、市卫生计生委、市旅游局、市招商局等市直相关部门及 13 个县市区政府领导为成员单位，领导小组办公室设在市商务局。同时，宜都、长阳、枝江、当阳分别成立了县（市）领导任组长的康养产业发展领导小组，宜都、长阳、远安、夷陵、西陵专门组建了康养产业发展办公室。同时，市领导小组每年制定全市康养产业发展工作计划，明确了工作目标及重点任务及重点项目。各相关单位分别制订了“康养 + 医疗”“康养 + 制造业”“康养 + 旅游”“康养 + 休闲农业”“康养 + 运动休闲”推进方案，明确部门职责分工，确定产业发展目标，建立统筹推进全市康养产业发展的工作体系，形成了推进康养产业发展长效工作机制，确保全市康养产业发展有序推进。

二是建立生态保护机制。狠抓宜昌长江生态保护与绿色发展战略，全力打好大气、水、土壤三大污染防治攻坚战，推动生态环境保护工作取得积极进展，全市环境质量得到持续改善，为宜昌康养产业发展营造了“天蓝、地绿、水清”的良好生态环境。宜昌市全面建立了“市、县、乡、村”四级河长制，实施了宜昌市化工产业转型升级三年行动计划，“关、停、并、转、搬”20 余家化工企业，逐步形成长效管控机制。2018 年 4 月 24 日，习近平总书记视察湖北、考察长江，首站来到宜昌，考察调研长江生态环境修复工作，对宜昌长江生态大保护工作给予充分肯定。

三是建立政策激励机制。市委、市政府高度重视康养产业发展。省委常委、市委书记、市人大常委会主任周霁多次强调，要着力建设集养生、养心、养老于一体的生态文明健康之城。市政府将大力发展康养产业，打造国家级三峡康养试验区连续三年纳入政府工作报告。先后出台了《关于加快发展服务业的实施意见》《关于印发〈宜昌市健康城市建设规划（2018—2020 年）〉的通知》（宜府办发〔2018〕61 号）、《关于推进医疗卫生与养老服务相结合的实施方案的通知》（宜府办发〔2018〕66 号）、《关于印发〈宜昌市居家和社区养老服务改革试点实施方案〉的通知》（宜府办发〔2018〕81 号）、《关于全面放开养老服务市场提升养老服务质量的实施意见》(宜府办发〔2018〕94号)等政策文件，为产业发展提供政策支撑。同时，设立了宜昌国投养老产业投资基金，总规模5亿元，以基金投入方式引导社会资本参与养老产业建设，已投资4个康养产业项目。

(二)营造一个好氛围

2017年，宜昌市将举办健康中国与促进三峡康养产业发展座谈会作为打造国家级三峡康养试验区的重要举措，并纳入市委市政府年度重点工作之一。2017年9月，邀请民革中央和湖北省政协在宜昌市举办了健康中国与促进三峡康养产业发展座谈会，时任全国政协副主席、民革中央常务副主席齐续春出席会议并做主题演讲。原国家卫生计生委、原国家旅游局、国家民政部、原国家林业局、中国气象局、省政协、民革湖北省委会等相关负责同志参加会议。大会以“生态长江，壮美三峡，康养宜昌”为主题，全面展示了宜昌生态、人文、自然资源等发展康养产业的优势，重点推介了宜昌康养招商引资项目，集中签约了一批重点康养产业项目。本次大会规格高、签约项目标准高、宣传推广频次高，有力宣传传播了“四季宜昌、三峡康养”的良好形象和品牌，为康养产业发展营造了良好氛围，提升了宜昌康养的知名度和影响力。

(三)规划一个好蓝图

一是编制清江流域康养试验区规划。2016年，宜昌市以清江(宜昌)康养试验区为核心区域，编制完成了《清江(宜昌)康养试验区发展规划》，确定了以清江良好的生态和便捷的交通为依托，清江流域水资源为特色，“健康”“养老”双核驱动的发展战略，形成宜昌市重要复合型康养产业聚集区。同时，积极争取将清江康养产业试验区纳入省级战略。2017年3月，省发改委复函要求宜昌市先行先试，为其他地区康养产业发展提供示范。宜都市、长阳土家族自治县加快推进清江流域康养产业试验区相关编制工作。宜都市与中国老龄科学研究中心合作开展《宜都市康养产业发展规划》编制工作。长阳县与市规划局地理信息与规划编制中心开展康养产业概念性规划编制工作，基本完成《中国长阳康养产业概念规划》。

二是编制三峡宜昌康养试验区规划。2017年，宜昌市启动了三峡(宜昌)康养产业试验区规划编制工作，聘请商务部国际贸易经济合作研究院为规划编制单位，组织中国健康养老产业联盟、国家卫计委卫生发展研究中心、中科院地理所、秘书长、和君咨询健康养老研究中心等行业内专家，开展了《三峡（宜昌）康养产业试验区发展规划（2019—2023）》编制工作。经过前期调研论证、征求意见、专家评审，2019年7月，市政府审核批准了《三峡（宜昌）康养产业试验区发展规划（2019—2023）》，进一步明确康养产业体系。重点康养产业为康养旅游、医疗卫生服务和养老服务业，基础康养产业包括食品和生物医药工业、森林康养业、健康农业及其他康养服务业。重点康养项目形态为康养小镇、康养医院、中高端社会化养老院和康养社区。进一步明确康养产业空间布局。构建形成以宜昌主城区为核心，以清江康养产业带、长江三峡康养产业带为串联，以农产品、林产品、中药材种植区和初加工区、康养制造业集聚区、文化旅游区等发展集聚区及康养特色小镇等为多点分布，形成“一核、两带、多点”的空间布局。进一步优化康养产业政策体系。积极争取国家康养产业试验区相关试点政策在试验区先行先试，加大康养产业土地用房支持力度，支持在森林、湿地、风景名胜区、地质公园等外围的村镇建设用地上开发康养度假项目，做到“近林不进林”。

三是编制重点康养项目建设规划。组织编制了《百里荒生态康养旅游示范基地打造总体规划》，推进夷陵区康养重点项目——百里荒生态康养旅游示范基地打造工作。宜都市完成了《青林古镇规划》《国家柑橘公园规划》，并启动编制《东阳光长江山城水都健康城项目规划》。长阳县指导龙池山休闲旅游康养项目、香花岭乡村文化康养旅游综合开发项目、仙剑山文化旅游康养项目、全伏山旅游康养项目等一批康养重点项目编制了控制性详规。兴山组织编制《榛子黄粮乡村振兴试验区总体规划》。

（四）塑造一个好品牌

一是制作宜昌康养城市宣传片。2017年9月，为宣传推介宜昌康养资源环境，制作了《印象宜昌》专题宣传片，全面介绍宜昌自然生态、文化旅游、健康养老等康养发展优势，为宜昌打造国家级康养试验区宣传造势，打响“三峡宜昌·四季康养”品牌，努力将宜昌打造成全国康养产业发展的成功典范，提升了宜昌康养产业的知名度和影响力。

二是组织参加康养专业展会。2017年10月，受邀赴威海市参加健康中国与助推山东康养产业发展洽谈会，学习借鉴威海打造“四季威海·康养福地”经验，见证了《康养产业发展威海共识》发布。2017年12月，赴攀枝花市参加第三届中国康养产业发展论坛，并与攀枝花、秦皇岛等19个主要与会城市倡议成立康养产业城市联盟。2018 年 10 月，参加了 2018 中国国际生态康养与老年旅游博览会，并作为康养城市代表在开幕式上作了宜昌康养城市推介，宣传推介宜昌康养产业形象和康养招商政策。在博览会上，宜昌市被评为“中国康养城市排行榜 50 强”，综合排名位列第 26 位，位居中国网民最受欢迎的康养城市首位，在全国叫响了康养城市品牌，提升了宜昌康养城市的知名度和影响力。同时，在北京举办了宜昌康养产业招商座谈会活动，搭建了宜昌康养城市形象宣传展位，并与中国健康养老产业联盟、中国林业与环境促进会、中国健康养老集团有限公司、中国建筑技术集团有限公司、北京京福安科技股份有限公司、荣华控股企业集团等 10 家康养产业知名机构、企业进行了洽谈，建立了合作关系。2019 年 4 月，组织参加了武汉首届世界大健康博览会，宣传推介“三峡宜昌·四季康养”城市品牌，并宣传推介 14 个康养重点项目。

三是积极参加康养品牌评选活动。2018 年 1 月，在首届“中国十大养生城市”新闻发布会上，宜昌市荣获首届“中国十大养生城市”，成为湖北省唯一获选的城市。2018 年 3 月，五峰土家族自治县入围“2018 百佳深呼吸小城”名单。

推动宜昌康养产业发展取得阶段性成效，连续两年位居中国康养城市 50 强，2019 年位居第 21 位。宜都天龙湾国家湿地公园获得“中国森林养生基地”称号，五峰获批“全国森林康养基地建设试点县”。夷陵区樟村坪镇荣获“2019 年全国森林康养基地试点建设乡镇”称号，三峡南津关大峡谷荣获“2019 年全国森林康养基地试点建设单位”“中国森林氧吧”称号，夷陵区 272 庄园等 12 家单位荣获“2019 年中国森林康养人家”称号。2019 年，参加“中国气候宜居城市”评选活动，经中国气象学会权威认定，宜昌在气候禀赋、气候生态环境、气候舒适性、气候景观、气候风险五大类 41 项气候宜居指标中，有 35 项达到优良，优良率为 85.5%，获评“中国气候宜居城市”，成为全国第三个、湖北首个获此殊荣的城市。

四是大力宣传宜昌康养城市形象。加大宜昌康养城市宣传推介力度，在“健康中国”“全球推介”等媒体宣传推介，增强宜昌康养城市知名度。通过宜昌本地媒体及“康养宜昌”公众号、中国健康养老产业联盟等新媒体平台，宣传推介宜昌市康养招商、项目建设情况，营造浓厚的发展氛围。同时，各县市区积极宣传推介本地康养品牌，其中兴山县重视发展高山避暑康养，积极宣传打造“国际避暑康养度假区”。各相关康养产业重点项目也通过宣传显示屏、广告展板等宣传“康养”元素，提升宜昌康养城市的关注度和影响力。

（五）建设一批好项目

一是谋划一批康养产业重点项目。2017 年 4 月，宜昌市经统计康养产业已建项目 180 个，康养产业招商项目 71 个。2017 年 9 月，编制了全市康养产业招商项目推介手册，收集整理亿元以上康养项目 63 个，并在健康中国与促进三峡康养产业发展座谈会等重大招商活动中集中对外招商推介。2017 年 10 月，开展了全市康养小镇项目调查摸底工作，共筛选 28 个康养小镇在建项目，投资总额 294 亿元，建立了全市康养小镇项目库。2018 年 2 月，制定了《2018 年宜昌市康养产业发展工作计划》，建立了在建康养产业重点项目库，将开工建设康养项目 45 个，协议总投资 581.3 亿元。2019 年 8 月，《三峡（宜昌）康养产业试验区发展规划（2019—2023）》正式印发实施，建立康养产业重点项目库，谋划康养旅游、运动休闲、康养小镇、养老服务、康养社区、医疗卫生、森林康养、健康农业、食品生物医药 9 大类 127 个项目，总投资额 1780.2 亿元。夷陵区百里荒康养旅游基地项目、亚行贷款养老综合服务项目等项目被纳入湖北省十大重点产业项目库。

二是招引一批康养产业投资项目。2018 年，专门成立康养产业专业招商工作专班，完善康养产业招商工作机制，大力开展康养项目招商引资工作。2018 年，当阳万景湖旅游度假区、湖北清江颐和生态养生园养老项目、长阳青岗坪康养小镇一期（清乐谷）、夷陵达诚君尚航空旅游开发、宜昌体旅文城市综合体——颐泽乐谷项目、中国橙谷·离地运动小镇（水田坝）项目以及高岚户外运动休闲特色小镇房车露营基地开发项目、五峰海山集团毕兹卡康养特色小镇、长阳盐池温泉康养小镇等康养项目签约。2019 年，市政府办公室印发了《2019 年宜昌市康养产业招商工作计划》，大力开展康养产业专业招商和集中签约活动。宜都市新签约康旅招商项目 20 个，协议总投资金额达 54.94 亿元。当阳市新签约旅游康养项目 9 个，拟投资总额达 20.91 亿元。兴山县新签约 7 个康养项目，协议投资额 12.86 亿元，协议固定资产投资额 10.2 亿元。夷陵区新签约康养项目 7 个，其中已开工项目 3 个，实际完成投资 2.79 亿元。伍家岗区新签约亿元以上项目 1 个。猇亭区签约了总投资 3.2 亿元的国投航空大酒店项目。

三是建设一批康养产业重大项目。以康养旅游、养老服务业、森林康养业为重点领域，加快推进康养小镇、医养结合等重点业态发展，加快推进一批康养示范项目建设，整体提升康养项目建设运营质量，推动宜昌康养产业高质量发展。

加快推进康养小镇建设。宜都青林古镇累计完成投资额 8.12 亿元，游客服务中心（酒店）、特产城、安置区、颐园、青林康养小院样板区已投入使用，民俗文化中心、英伦风情小镇正在施工。榛子乡清风岭酒店及康养示范区累计完成投资 0.73 亿元，清风岭酒店具备营业条件，房车露营基地投入使用，紫龙山林旅康养项目开工建设。远安太平顶康养小镇累计投资 0.9 亿元，20 栋悬崖木屋酒店、老庙酒店已竣工。昭君镇文旅特色小镇累计投资 10.2 亿元，完成工程进度 72.9%，滩坪生态旅游廊道、昭君别院三期、兴山县昭君镇响滩村精准帮扶项目、金乐村精准帮扶项目、小礼溪生态湿地均已完工。

大力推进医养结合项目建设。组织召开了健康宜昌暨全市医养结合现场推进会，启动了全市医养结合试点遴选工作，遴选 29 家市级医养结合试点单位，研究制定了全省首个医养结合评价标准。长江山城水都健康城项目累计完成资金投入 2.34 亿元，完成一期项目 1006 亩土地征收，启动安置小区场地平整工作，BNCT 肿瘤医院完成初步方案设计，临床医院获省卫健委批复；东阳光第二研究院完成生态功能控制线调整论证、天然林地征用工作；投资 2.15 亿元的枝江恒晟医院有限公司医养结合项目一期项目投入使用。

大力推进高品质康养养老院建设。亚行贷款宜昌市养老综合服务示范项目完成初步设计审批，劳动宾馆和园林宾馆社区养老服务中心土建部分招标文件报送亚行审核，秭归县康养园项目正在进行施工图设计，场地平整工程已开工建设。亚行贷款宜昌养老综合服务 PPP 示范项目完成土石方工程招标，已开工建设。宜昌中铁金色三峡康养中心建设项目、君孝养老康养项目已开工建设。点军万寿颐养中心已正式运营。兴山生态智慧康养产业园完成项目整体规划，兴山县智慧康养服务中心与兴山县弘仁精神病院区项目已正式投入运营，弘仁智慧康养服务平台已基本建成，老人文化宫正在建设。

加快推进康养社区建设。伍家岗龙盘湖 CCRC 医养社区一期主体工程基本建成。点军曹家畈康养文旅小镇累计投资 3000 万元，安置房立项、环评备案、选址、批次用地审批已完成。

大力促进“康养 + 旅游”项目建设。宜都荆门山文化旅游城已建成运营。武陵峡口生态旅游区开业运营，完成打造国家 4A 级景区验收评审工作。夷陵区大家庭生态康养旅游区一期大家庭生态观光园已建成运营。中国长阳卓尔国际旅游度假区项目（木桥溪片区）主体工程已基本完工。清江画廊倒影峡升级改造项目（一期）旅游码头平台和游步道正在施工。长阳仙剑山旅游康养区完成 3 栋民宿建设，签订了高山度假小镇建设协议。清江颐和养生园已开工建设。三峡玉龙湾大健康旅游区、夷陵百里荒生态康养旅游示范基地项目分别完成投资1亿元、3亿元，项目建设初具规模。宜都鲟龙湾文化旅游产业园启动建设，一期光伏厂房、鲟鱼池投入使用。

大力促进“康养＋休闲农业”项目建设。三峡富裕山农耕风情园已试营业。夷陵三峡茶谷累计完成投资3600万元。问安镇同心花海、安福寺镇东方年华田园综合体、当阳林桥蓝莓休闲观光园、当阳关雎河畔旅游区、当阳玉泉花海等项目被评为“全省休闲农业示范点”。

大力促进“康养＋运动休闲”项目建设。秭归中国橙谷•离地运动小镇（水田坝）项目滨湖康养小区、青蒿峪滑翔伞基地已开工，马营高山度假区红色教育基地、全地形车赛道、丛林穿越等项目建成营业。兴山高岚户外运动休闲特色小镇房车露营基地开发项目、朝天吼浪漫花溪观光步游道项目投入使用，电动卡丁车、电动小巴士、溪谷飞索、3×3篮球比赛场地、观光小火车隧道基本建成，玻璃水滑道项目、景观桥主体工程工程已完工，被国家体育总局体育文化发展中心评为“2019中国体育旅游精品景区”和“2019中国体育旅游十佳精品赛事”。

大力促进森林康养项目建设。研究制定《宜昌森林康养基地建设规范》《宜昌森林康养基地质量评定办法（试行）》和《宜昌市森林康养基地评定导则（试行）》。当阳林桥蓝莓特色森林康养产业园征地2100亩，目前已建成养老康养床位60张，建筑面积2500平方米。远安太清洞仙风谷森林康养庄园中小学“研学游”营地区域基本建成，温泉康养区启动征地搬迁工作。北风垭森林康养基地（生态旅游区）二期已开始建设，独岭云顶酒店建成试运营。

（六）储备一批好人才

一是建设康养人才培训基地。支持三峡职业技术学院建立康养人才培养基地，建成了医教大楼，占地面积15000平方米，内设专业实训室60个，实训设备4000余件，实训工位数3000个。

二是加大康养专业人才培养力度。宜昌市中职院校开设了护理、康复、药剂、医学检验、旅游服务与管理、舞蹈表演、烹饪、高星级饭店运营与管理、茶叶生产加工、现代农艺技术等与康养产业发展有关的专业，在校学生近10000人。

其中，三峡职业技术学院共设有护理、临床医学等7个康养相关专业，在校生 5700 余人，相关专业本地就业 800 余人。

三是开展康养护理专业试点示范。2016 年，湖北三峡职业技术学院的护理（老年护理）专业被认定为首批全国职业院校养老服务类示范专业点，于 2017 年挂牌成立“中德老年护理研究院”，并当选为中国职业技术教育学会健康与养老服务专业委员会第一届常务理事单位。三峡职院被教育部认定为首批“1+X”证书制度试点项目“老年照护职业技能等级证书”试点院校、全国养老护理人才“双师型”教师培养培训基地，105 名学员取得“1+X”老年照护初级资格证书。在德国伯福公司集团总部挂牌设立“湖北三峡职业技术学院中医研究与推广基地、医护类师资培养培训基地、养老护理专业海外实习就业基地”。启动临床医学（健康服务）专业群建设，新增 2 个老年护理班，加大老年护理的人才培养力度。与宜昌市西陵区七彩阳光度假养老公寓共建实践教学基地，与葛洲坝颐福乐园等企业拟订校企合作协议。

三、世外乡村：打造“中国生态康养新名片”[1]

2013 年是全面贯彻十八大精神的开局之年，当年，国务院发布的《关于加快发展养老服务业的若干意见》中明确表示要将养老业与其他产业融合发展。关于这个“+”的动作，被很多业内专家视为培育经济增长新动能、寻找新的消费增长点、提升养老服务品质的重要途径，有丰富的前景值得开拓，尤其是康养的结合。

随着政策的落地，需求的增加，相应而来的康养项目开始如雨后春笋般出现，这其中，依托资源优势而建的康养项目成为康养产业发展的新趋势，更是未来产业布局的新内容。

世外乡村是一家专注康养小镇开发及全方位康养生活服务运营的集团公司，集团前身为贵州赤水恒信置业有限公司，是中国林业产业联合会森林医学和健康促进会理事单位、四川省养老产业商会副会长单位、贵州赤水工商联副会长单位、贵州赤水文旅协会副会长单位，专注于打造中国“旅游 + 康养”产业链，致力于为众多中国家庭提供休闲度假健康养生服务，做中国式旅居康养产业践行者。

1　本节由华夏时报高级记者王晓慧与世外乡村集团董事长陈彬撰写。

世外乡村坚信，具有先天的优势和一定康养价值的自然或者文化资源，比如说有高山、森林、大海、温泉等，优质的自然资源可以吸引稳定的客流并且形成不被取代的竞争力。

（一）一只天鹅，开启世外乡村康养之门

众所周知，贵州是两江和珠江上游重要的生态安全屏障，在康养巨大的蓝海产业面前，实现“绿水青山与金山银山”的协同发展，“大生态”已成为贵州最突出的优势。

2013 年，通过招商引资，贵州省赤水市葫市镇引进世外乡村集团前身重庆恒信置业有限公司投资 20 亿元，精心打造天鹅堡高山康养小镇。经过努力，天鹅堡建成了一个以健康产业为核心，集健康、养生、养老、休闲、旅游等多元化功能为一体的特色康养小镇。拥有“休闲、度假、避暑、养生”四大功能区，成为赤水高山康养旅游的新坐标。目前天鹅堡常住有约 5000 人。该项目 2018 年 10 月成为贵州省第一批十大养老服务示范园区。

与众多康养基地不同的是，它位于贵州省赤水市二郎坝，项目总占地约 4500 亩，总建筑面积约 70 万平方米，拥有得天独厚的生态资源：

（1）森林资源：项目森林覆盖率高达 98%，拥有中国最纯净的富氧空气，空气中负氧离子高达 32000 个 / 立方厘米，为主城的 200 多倍。而负氧离子对改善肺部呼吸功能、心肌功能以及调节血压、促进新陈代谢、增强肌体抗病能力有明显作用。

（2）气候资源：天鹅堡平均海拔 1380 米，夏季平均温度 21 度——最舒适的体感温度，轻松消夏避暑，远离川渝地区的高温酷暑。

（3）竹根水资源：项目拥有多个高山天然纯竹根水取水点，其味甘甜可口，PH 值为 7.58，富含矿物元素和各种微量元素，是可以媲美农夫山泉的弱碱性健康饮用水。

（4）绿色蔬菜：独有的高山生态海拔，充足的日照时长，让小镇居民一年四季都可以享受到绿色无污染的生态蔬菜。

这里四季特征明显：春天万紫千红、夏季山青水碧、秋天漫山彩蝶、冬天银装素裹。它邻近世界级景观集群，海拔 1200 ~ 1450 米，它崖、湖双拥，独具特色的天然资源国内罕见。

有了得天独厚的生态环境，配套设施也很关键。目前，度假区内拥有精品生

活超市、社区健康中心、威尼斯水街、临湖有氧跑道、登山步道、康体步道、养生垂钓平台、露营基地等完善的配套设施。

坐拥青山碧水，又有完善的配套设施，天鹅堡康养小镇备受川渝黔游客青睐。每到高温酷暑期，日游客接待量达万人以上。此外，由于这个项目地理位置的特殊，在三省交汇处，所以这个项目有着得天独厚的优势，直接辐射渝、贵、川三省，可以说辐射了整个西南地区。

数据显示，截至 2020 年 3 月，天鹅堡项目约投入 30 亿元，度假区常驻居民为 13100 户，预计消费带动产值每年接近 3 亿元。

此外，2019 年全年旅游度假人次约 15 万人次，直接旅游度假消费达 7000 万元。项目运营以来累计旅游度假消费约 2.7 亿元。

截至目前，天鹅堡森林康养文旅度假区已被列为“全国森林康养基地试点建设单位”“国家级标准度假社区”“中国长寿之乡康养示范基地”“中国十佳康养小镇”“贵州首批 12 个森林康养试点”“贵州省十大养老服务示范园区”。

在天鹅堡高山康养小镇项目的辐射带动下，凸显了征地增收、务工增收、创业增收、配套带动和自主造血五大效应，把绿水青山变成了“金山银山”，走出一条速度快、质量高、百姓富、生态美的发展新路，解决了葫市镇和周边乡镇近 2000 人的就业问题，3000 多名群众围绕旅游、餐饮、从业、创业、种养等行业走上了致富路。

（二）两大基地，加速全国战略布局步伐

如果说，天鹅堡森林康养文旅度假区为贵州打造了一个康养产业的城市名片的话，那么，海子山国际森林康养旅游度假区和高黎贡山国际康养度假区则是世外乡村整合全球的优质康养资源，从病有所医、养有所得、居有所养的全维度出发，与当地的自然条件相结合，打造出了具备创举意义的全国性的康养样板。

1. 四川雅安海子山 · 国际康养度假区

海子山项目平均海拔 1300 米，森林覆盖率达 98%，负氧离子含量达到国家一级标准，作为中国至今唯一的高山森林湖泊群康养度假基地，坐拥峨眉山、贡嘎山、瓦屋山以及雅女湖等世界级奇异景观，拥有天赋的高密度山林、湿地、瀑布河、高山湖泊群等原始自然风貌。

康养小镇与山间原始风景自成一体，深度融于海子山这片天然形成的“动植物基因库”，结合原山、森林、高山湖泊等生态要素，打造“住养、疗养、动养、

食养、观养、文养”及“康养”的“6+1”大健康产业体系，呈现出“天外星球，千亩湖山”的奇异自然和人文景观，康养的自然属性浑然天成。

在康养空间的布局上，世外乡村依托于海子山的原始地貌特点，分别打造由“一镇两景区”组成的旅游空间，和由“两心”+“四园”+“四镇”组成的康养空间。科学合理的空间功能布局，全面涵盖了每一位居民或游客生活所需的方方面面，让人们康养在动静皆宜的5A级景区里，真正满足高品质康养生活的需求。

其中，具体项目计划建设为：

两个中心：国际康养中心＋国际体育中心。

四大公园：滨湖慢养公园＋森林文创公园＋极限运动公园＋森林儿童公园。

五个小镇：湖韵小镇＋艺术小镇＋运动小镇＋温泉小镇＋欢乐小镇。

整个项目，将涵盖康养基地、医疗、科技、酒店、旅游、农业产品、金融、商贸、康服等九大产业内容。

此外，海子山国际森林康养旅游度假区还拥有着得天独厚的区域价值。项目位于京昆高速、雅康高速、乐雅高速以及遂洪高速所形成交通矩阵的中心地带，距离成都、青城山等川内商业枢纽或旅游点均不超过200千米，是真正意义上的两小时旅游经济生活圈。

值得一提的是，对于和旅游结合的康养项目，远离城市，紧急救援一直是一个难题，除了基础的健康管理和医疗服务以外，遇到突发的事件，需要紧急救援的时候，现场有医疗救援直升机，可以快速提供服务，抢得救援的宝贵时间。

随着荥经至峨眉高速、洪雅至瓦屋快速路的建成通车，度假区将作为大川西旅游环线上的璀璨代言，与大峨眉旅游西环线形成交叉，同大香格里拉旅游环线共同呈三足鼎立之势，傲视全球。

2020年6月2日，国家林草局、民政部、国家卫生健康委、国家中医药局联合发布国家森林康养基地（第一批）名单，雅安市海子山森林康养基地成为国家级森林康养基地。

2. 云南保山高黎贡山·国际康养度假区

高黎贡山国际康养度假区是世外乡村在多年专注康养旅游产业耕耘的基础上，带着对中国康养最深刻的理解和最丰富的实践经验，在云南保山推出的集“大健康、大旅游、大文化”为一体的世界级田园生态人文康养度假目的地，致力于为人们打造“康养无冬天”的四季美好生活场景。

（1）拥有良好的地理优势。

高黎贡山国际康养度假区坐落于高黎贡山东麓，怒江西岸，独特的亚热带干热河谷气候在与高山、河流的相互融合中，形成了得天独厚的地形地貌：地势平缓开阔（平均海拔 660 米）、四季气候宜人（年均日照 2517 小时，年均温 21.3℃）、人居环境优越（负氧离子 8000 个 / 立方厘米、森林覆盖率 >70%、PM2.5 值 <10 微克 / 立方厘米）。项目规划用地 5700 亩，分两期开发，其中一期规划用地 4200 亩，以自然、乡村为载体，在度假区内打造国际乡村生态温泉水上乐园、国内高端傣王土司四坊街、国际田园探索体验基地、中国顶级湖畔汽车露营基地、世界咖啡体验基地等多个国际高端康养文旅体验项目。

（2）区域价值优势明显。

高黎贡山国际康养度假区地处拥有“入滇第一胜”美誉的中国滇西咽喉之地——云南保山，是云南建设“大通道”战略的重要组成部分。随着国家“一带一路”倡议的推进，其区位优势愈加显现：这里不仅是我国通往南亚、东南亚的重要门户和枢纽，也是地处昆明至瑞丽辐射缅甸、昆明至腾冲辐射缅甸连接南亚两大国际通道的交汇点。

高黎贡山国际康养度假区位于保山市西南部，依托于保山得天独厚的国际区域价值，将成为滇西国际跨境旅游的咽喉之地。项目距保山机场 50 千米（40 分钟车程），距腾冲市 70 千米（50 分钟车程），距德宏芒市 90 千米（1 小时车程），距瑞丽口岸及缅甸 190 千米（2 小时车程），距城市快铁蒲缥站 20 千米（20 分钟车程），随着大保高速公路的开通，与保山机场、腾冲机场、芒市机场、怒江机场（在建中）四大机场组建成“沿边快速交通网络”，将极大地增强度假区与昆明、大理、丽江等重点旅游城市之间的关系。

未来，高黎贡山国际康养度假区将作为滇西沿边跨境旅游的桥头堡，为大云南沿边跨境旅游经济带的蓬勃发展增添一笔浓厚的色彩。

（3）整体规划融入云南旅游发展大方向。

大滇西旅游环线从高原峡谷到雪山草甸，从江河湖泊到古城韵味，从海拔 700 米至 6700 米，汇聚了七彩云南核心旅游资源，多彩自然风光、灿烂历史文化、多元民族风情都在这里绽放魅力。高黎贡山国际康养度假区恰恰是站在滇西旅游大环线的高度上进行定位项目，与滇西旅游大环线融为一体的同时形成差异化发展思路，将被打造成为滇西旅游环线“养生谷”的核心。

2020年，世外乡村有意借高黎贡山勐赫小镇面市之势，正式开启全国智慧康养布局之路。

（三）三大体系，打造“中国生态康养新名片”

多年来，世外乡村旗下开发的康养基地从土地规划与整治、项目策划、产品设计、产业植入，到后期运营，均尊崇着“用智慧康养创领中国人的健康生活”的愿景，在尊重生态自然、敬重人文关怀基础上，构建了以智慧康养为中心、以小镇为落点、以智慧为手段、以服务为基础，全心全力打造全域健康生态圈的企业使命，先后开发建设了天鹅堡森林康养度假区、天鹅堡·缇香湖、海子山国际森林康养旅游度假区、高黎贡山勐赫小镇等智慧康养小镇。

随着康养小镇版图的扩张，世外乡村正式推行国内首创的“康养小镇闭环管理＋会员制”全新康养模式运营体系，并在此体系引领下，于2019年9月，创建了“世外乡村·世外会”生活服务平台，致力于为会员提供多元化、智慧化、定制化的生活服务。

自此，世外乡村正式迎来了智慧康养2.0全新模式。区别于传统的康养服务，2.0全新模式下的康养服务将更全面、更先进、更科学。

世外会充分联动世外乡村九大产业及康养小镇内外优质合作资源，通过“世外家庭”“世外畅享”“世外关注”“世外康服”四大服务理念，建立康养小镇全域“智慧生活”“文旅度假”“健康康养”三大会员服务体系，为小镇居民会员及旅居会员制定多元化、智慧化、定制化的康养生活服务。目前，在世外会的统一运营下，世外乡村全新康养模式已在天鹅堡及海子山两大康养基地全面实行。

此外，世外会通过精准的泛会员管理与资源整合平台，联动世外乡村（控股）集团旗下的包括康养小镇、康服、酒店、商贸、文旅、物业等所有产业，及众多合作商家、机构、团体等优质合作资源，帮助商家、机构与小镇居民、旅客建立泛用户贴身服务体系，共同打造全年龄段多元化康养、旅居生活场景服务，提供包括“智慧生活”“文旅度假”“健康康养”三大服务体系的24项服务板块，超过300项服务内容，为会员打造360°舒适便捷的康养生活。

（四）世外乡村生态康养 2.0 新模式

表 1 传统康养服务与世外生态康养服务对比

居家养老	社会或机构养老	文旅地产	世外乡村生态康养
自有住宅	活动场地根据缴纳费用而定	多人造景观，少量自然资源	原生态自然风貌、森林、湖泊、田园、江河、温泉
根据居住城市气候而定	根据所在城市气候而定	根据所在城市气候而定	选址 1300 米左右，最宜人类居住的海拔，或暖冬气候
空调调节温度	依赖空调调节温度	很大部分依赖空调，少部分温度适宜	夏季温度平均温度 21 度，冬季平均温度 26 度
城市空气质量非常差	部分机构有空气净化器	空气处于优良水平	负氧离子 >32000 个 / 立方厘米，是城市内的 210 倍
菜市场采购	集体食堂、菜市场采购	部分有养殖基地，大部分市场采购	世外农产养殖基地直供有机生态农副产品
依赖住宅小区配套	重复、单一	满足部分家庭成员娱乐需求	满足家庭所有成员，每代人都有玩有乐
简单智能化	简单智能化	较少投入使用，更多研究中心	自主研发智能化科技设备全覆盖
依赖周边医院	依赖周边医院	社群配套门诊	全科室三甲联合、直升机救助、10 分钟响应
小区传统物业	护工照护	传统型物业服务	传统物业服务升级到全时生活服务
无产业支撑	无产业支撑	以地产为主的产业	9 大产业提供独家康养系统解决方案

目前，在世外会的运营下，世外乡村全新康养运营模式主要分为以下三大体系。

1. 智慧生活服务体系

（1）执行超脱于城市项目的全时生活服务。世外乡村集团不断优化，提供更为全面的管家服务，无论小镇居民在家与否，世外乡村管家均能照顾到小镇居民居住和生活的方方面面，如为家中有需要照顾的老人的家庭提供亲情看护服务，确保子女在外安心放心；为小镇居民提供资产托管服务，维护小镇居民物业的保值增值；等等。同时，世外乡村集团不断倡导和引导建立共处互助、邻里互通的和谐社区，为康养家庭提供和气舒心的社区文化氛围。

（2）世外乡村集团高度重视智慧科技和互联的力量，创新地将“互联网 +”模式应用于项目运营和社区服务，致力于为康养旅游项目、康养服务提供“智慧康养”“智慧社区”的整体解决方案。产品通过“手机应用 + 智能设备 + 智慧中心”的形式，线上线下融合，覆盖居住在康养旅游小镇家庭的“生活购物、医疗康复、旅游娱乐、物业管家”等需求，综合大数据分析、判断，创造一个“主动服务”的智慧社区。

2. 文旅度假服务体系

（1）旅游度假空间布局：在每一个项目依托于当地独有的人文气质和地理特征的基础上，世外乡村集团将其规划打造成一个具有运营价值的旅游度假景区，并力争在 4～5 年时间之内成为著名的旅游度假目的地。

（2）康养空间布局：为项目提供全天候的商业、教育配套和旅居度假体验，小镇集合酒店、大型超市、原生态农副产品销售、旅游特色商品销售、餐饮、娱乐、亲子教育、游乐等时尚项目，让小镇居民居住于大自然自在安宁的环境中，也能获得城市生活的丰富多彩。

3. 健康康养服务体系

在每一个康养小镇，世外乡村集团都与国家知名医科院校或顶尖医院合作，并联合国内通航直升机救援，共同建立完善的医疗保障服务体系，如园区救护车 10 分钟应急救援，2 小时黄金救援，开通医疗急救绿色通道，1 小时直升机紧急救援等。同时，充分利用当地森林、湖泊、空气、净水等自然资源，设立康养中心和养老疗养中心，积极探索养老关怀和特殊病种康复的方法，并根据不同年龄阶段人群的健康特点及需求，建立全龄段的健康指导。

据统计，截至 2019 年年底，世外乡村累计服务的康养人群超过百万人次，预计发展康养旅游度假小镇总面积超 500 万平方米，集团储备小镇建设用地超过 1 万亩。

未来，世外乡村将围绕“康养小镇开发＋康养生活服务运营”的发展路线，以“新康养、新模式、新价值”为康养开发运营理念，不断探索创新康养模式，逐渐形成世外乡村“医疗疗养、旅游度假、有机农业、科技智慧、物业康服、康养住宅、商教管理、酒店运营、投资托管”九大康养生态产业链，并在九大产业的实力支撑下，迎来 2.0 版本智慧康养模式的全新升级。

（五）世外乡村生态康养发展经验

1. 世外乡村的项目选址原则

世外乡村（控股）集团要求每一个选址地都是带有自身特质的，旨在打造一座“世外桃源”般的康养空间，给予康养客户一种春日、夏水、秋霞、冬雪四季轮换的家园感，遵循生态与自然的契合，在选址上按照海拔、气温、气候、空气质量、水源、自然植被、生态资源、人文资源、交通区域等标准要素精挑细选。保证每一个康养基地都是在阳光充足、森林覆盖率高、空气和水资源纯净、气候怡人及远离城市的大自然里，最大限度保障基地业主对健康康养的追求。同时原则上距离省会城市有不超过300千米或距离地级城市不超过100千米的高速公路，距离主要交通干线不超过1小时车程，方便基地业主往返城市与项目之间。

2. 世外乡村的模式和运营管理

（1）强调服务体系打造。

天鹅堡森林康养度假区经过8年的不断建设与摸索。积累了宝贵的开发、运营及服务经验，世外乡村所推出的全新度假式居家康养生活模式带给客户的是一种返璞归真、身心皆可安顿的体验。

未来，世外乡村每一座康养基地都有独属自己的元素与风格，但核心理念不会改变。

每一座康养基地都将拥有优越的自然环境、舒适的游憩条件、良好的养生设施。产品设计将依据地形特色进行打造，依山而建、高低错落，以不同的风格让建筑与周边的自然环境和谐统一。强化医疗疗养、旅游度假、生态农业、商教管理等服务体系的完善。同时进一步以现有综合医疗、健康管理组织为依托，重点针对亚健康群体、康复人群和患病群体，建立健全康养医疗健康服务体系，提供高水平、个性化、方便快键、体贴周到的服务。

后续的项目建设中，实施闭环式会员制管理，实现新基地产业生态圈的闭环建设，把对传统的业主服务转变为康养会员服务，把基地产业链和当地的产业、就业结合起来，以更好地带动当地的乡村振兴与发展。

（2）全新的康养开发运营理念。

世外乡村“新康养、新模式、新价值”是顺应康养大环境、市场和地方发展需求而产生的全新康养开发运营理念，它最终体现的是一种以生态科学的康养、高品质的生活、有温度的服务、亲切的邻里关系、丰富的社区活动融合而成的健康生活方式。

新康养的“新”，是不能把康养停留在住的阶段，而是将小镇开发与运营结合起来，不仅建设一座高质量的自然生态小镇，更要通过康养产业，为小镇居民带来丰富的、可持续性的健康康养、文旅度假、智慧生活服务体系，创造度假式居家康养新体验。

新模式的“新”，是世外乡村首创世外360° 智慧康养闭环式会员制管理模式，不再将小镇居民看作是毫无联系的个体或者传统的房地产业主，将小镇居民转变为世外乡村康养体系的会员，通过“世外会”线上线下结合的模式，提供300多项的增值服务，为小镇居民的度假居家康养提供成体系的保障。

新价值的“新”，对于市场来讲，是不再局限于养生养老和候鸟式居住这个范畴，而是给客户带来全年龄段的康养生活价值，全家人都能在生态康养小镇找到自己的乐趣，找到新的生活方式；对于地方来说，有一座持续运营的小镇，能够带来持续的人口消费红利，带来地方经济的持续发展，大量吸纳当地就业，带动当地经济持续发展和乡村振兴。

3. 升级打造世外乡村2.0版康养模式

世外乡村生态智慧康养模式区别于传统的康养服务，所谓1.0版本，是市场自发或企业根据客户需求去迎合市场提出的一些康养配套措施，没有成体系的产业发展，也没有对客户成体系的服务。

2.0全新模式下的康养服务将更全面、更产业化，是企业主动去创造的康养体系和康养标准，世外乡村推行国内首创的“康养小镇闭环管理+会员制运营体系”，以康养小镇和文旅度假景区为核心产品，按星级标准打造并服务于中国千万家庭的康养小镇，形成一套创新、独特的旅居康养标准并不断复制。

世外乡村2.0版本

智慧生活服务体系全新升级。

针对康养基地内的小镇居民，进一步建立并完善了“管家式物业服务”“世外乡村食养系统”“旅居度假式酒店服务”“特色消费服务”等四大服务板块，制定了包括“亲情看护、优享停车、资产管理、智慧交通、配送服务”等一系列多达180项专享服务细项。

文旅度假服务体系全新升级。

世外乡村进一步结合基地原始自然风貌及人文特色，通过“运动度假体验”“文化度假体验”“美食度假体验”“欢乐度假体验”等特色旅居体验，“社区活动中心”“老年大学”“乐享学院”等特色文创体验，让基地小镇居民们居住在丰富多彩的原生态自然环境里的同时，也获得丰富多彩的度假体验。

健康康养服务体系全新升级。

从健康康养1.0版本升级到对于家庭全龄段成员的健康呵护。建立“青少年成长关注”“中年亚健康调理指导”“老年颐养健康关怀”，升级“生命健康救护”等服务板块，通过康养医疗保障系统的不断创新升级、合作医疗资源的不断拓展，更多地去关注全龄段人群的康养需求。

由“园区应急救护 + 周边医院医疗救护绿色通道”扩展到“直升机救援 + 全国医院医疗救护绿色通道”，建立救援范围覆盖全国 28 省市，连接先进的医疗资源及生命救护绿色通道，1 小时内送达最近的三甲医院，为会员提供救援服务保障。

4. 世外乡村三大会员服务体系

（1）健康康养服务体系。

表 2　健康康养服务体系——会员权益服务内容

会员权益内容				业主卡权益				备注
服务板块	服务内容	服务细项	参考价	会员免费次数	业主卡	铂金业主卡	钻石业主卡（开发中）	
青少年成长关注	青少年成长基础服务	体检套餐	640 元 / 次	1 次 / 人 / 年	9 折	8 折	7 折	健康体检套餐的项目内容及价格以医院最新提供的为准
		健康风险评估	以医院公示价格为准	1 次 / 月	9 折	8 折	7 折	
		健康指导		1 次 / 月	9 折	8 折	7 折	
		预约诊疗		/	/	/	/	
		健康巡检		不定期推送	9 折	8 折	7 折	
		健康风险评估		不定期推送	9 折	8 折	7 折	该数据仅供客户了解自身健康状况，不作为医疗依据
		健康管理及咨询		免费建档及健康数据跟踪	/	/	/	
		绿色通道		免费	免费	免费	免费	
		青少年成长学院		不定期推送	9 折	8 折	7 折	
	青少年成长专项指导	成长微量元素 7 项检查	以医院公示价格为准	不定期推送	9 折	8 折	7 折	
		内外科检查		不定期推送	9 折	8 折	7 折	
		血常规		不定期推送	9 折	8 折	7 折	
		骨骼发展		不定期推送	9 折	8 折	7 折	
中年亚健康调理指导	中年亚健康调理基础服务	体检套餐	640 元 / 次	1 次 / 人 / 年	9 折	8 折	7 折	健康体检套餐的项目内容及价格以医院最新提供的为准
		健康风险评估	以医院公示价格为准	1 次 / 月	9 折	8 折	7 折	
		健康指导		1 次 / 月	9 折	8 折	7 折	
		预约诊疗		/	/	/	/	
		健康巡检		不定期推送	9 折	8 折	7 折	
		健康风险评估		不定期推送	9 折	8 折	7 折	该数据仅供客户了解自身健康状况，不作为医疗依据
		健康管理及咨询		免费建档及健康数据跟踪	/	/	/	
		绿色通道		免费	免费	免费	免费	
	中年亚健康调理专项指导	亚健康疾病调理 / 预防	以医院公示价格为准	不定期推送	9 折	8 折	7 折	
		亚健康状态改善指导		不定期推送	9 折	8 折	7 折	
		重疾病预防		不定期推送	9 折	8 折	7 折	
老年颐养健康关怀	老年颐养健康关怀基础服务	体检套餐	640 元 / 次	1 次 / 人 / 年	9 折	8 折	7 折	健康体检套餐的项目内容及价格以医院最新提供的为准
		健康风险评估	以医院公示价格为准	1 次 / 月	9 折	8 折	7 折	
		健康指导		1 次 / 月	9 折	8 折	7 折	

续表

会员权益内容				业主卡权益				备注
服务板块	服务内容	服务细项	参考价	会员免费次数	业主卡	铂金业主卡	钻石业主卡（开发中）	
老年颐养健康关怀	老年颐养健康关怀基础服务	预约诊疗	以医院公示价格为准	/	/	/	/	
		健康巡检		不定期推送	9 折	8 折	7 折	
		健康风险评估		不定期推送	9 折	8 折	7 折	健康体检套餐的项目内容及价格以医院最新提供的为准
		健康管理及咨询		免费建档及健康数据跟踪	/	/	/	
		绿色通道		免费	免费	免费	免费	
		颐养学院		不定期推送	9 折	8 折	7 折	
	老年颐养健康关怀专项指导	常见疾病预防 / 调理	以医院公示价格为准	不定期推送	9 折	8 折	7 折	
		重疾病预防 / 调理		不定期推送	9 折	8 折	7 折	
		健康调理讲座		不定期推送	9 折	8 折	7 折	
康体疗养中心	以医院提供的内容为准	康护（详情见医院服务细则）	以医院公示价格为准	不定期推送	9 折	8.5 折	开发中	
		理疗（详情见医院服务细则）	以医院公示价格为准	不定期推送	9 折	8.5 折	开发中	
		保健（详情见医院服务细则）	以医院公示价格为准	不定期推送	9 折	8.5 折	开发中	
		疗养（详情见医院服务细则）	以医院公示价格为准	不定期推送	9 折	8.5 折	开发中	
预约上门诊疗	护士上门医疗服务	详情见医院服务细则	以医院公示价格为准	不定期推送	9 折	8.5 折	开发中	折扣率只针对人工服务费用，材料费另计
	医师上门医疗服务	详情见医院服务细则	以医院公示价格为准	不定期推送	9 折	8.5 折	开发中	
	家庭医生服务	详情见医院服务细则	以医院公示价格为准	不定期推送	9 折	8.5 折	开发中	
	其他专业人员上门服务	详情见医院服务细则	以医院公示价格为准	不定期推送	9 折	8.5 折	开发中	
生命健康救护	直升机紧急救援	详见救护手册	365 元 / 年	不定期推送	/	/	开发中	实施细则及最终解释权归金汇通航所有
	救护车应急送诊		40 元 / 次	不定期推送	/	/	开发中	仅限康养基地内
健康管理咨询	电话咨询服务	电话预约咨询	/	免费	免费	免费	开发中	
	面对面咨询服务	健康中心咨询	以医院公示价格为准	不定期推送	/	/	开发中	
	健康计划	定制化健康管理计划	以医院公示价格为准	不定期推送	/	/	开发中	
	健康促进	促进健康发展及改善	以医院公示价格为准	不定期推送	/	/	开发中	
康复理疗中心	运动治疗	详情以康复理疗中心专业医生根据患者具体情况制定的理疗方案为准	以医院公示价格为准	不定期推送	9 折	8.5 折	开发中	
	作业治疗		以医院公示价格为准	不定期推送	9 折	8.5 折	开发中	
	言语治疗		以医院公示价格为准	不定期推送	9 折	8.5 折	开发中	
	物理治疗		以医院公示价格为准	不定期推送	9 折	8.5 折	开发中	
	针灸		以医院公示价格为准	不定期推送	9 折	8.5 折	开发中	
	拔罐		以医院公示价格为准	不定期推送	9 折	8.5 折	开发中	

续表

会员权益内容				业主卡权益				备注
服务板块	服务内容	服务细项	参考价	会员免费次数	业主卡	铂金业主卡	钻石业主卡（开发中）	
康复理疗中心	按摩	详情以康复理疗中心专业医生根据患者具体情况制定的理疗方案为准	以医院公示价格为准	不定期推送	9折	8.5折	开发中	
	疏通经络		以医院公示价格为准	不定期推送	9折	8.5折	开发中	
	中医传统理疗		以医院公示价格为准	不定期推送	9折	8.5折	开发中	
	养生餐点定制		以医院公示价格为准	不定期推送	9折	8.5折	开发中	
	食疗方案		以医院公示价格为准	不定期推送	/	/	开发中	
	营养指导		以医院公示价格为准	不定期推送	/	/	开发中	
	中风康复治疗		以医院公示价格为准	不定期推送	9折	8.5折	开发中	
	心脏病护理指导		以医院公示价格为准	不定期推送	/	/	开发中	
	西医、中医、牙医、社工、护士、执业治疗师、物理治疗师、听力治疗师、语言治疗师、美体治疗师、营养师及按摩师，为各年龄段社区人士提供一站式治疗服务。同时亦为团体及组织提供专业及量身定制的身心健康推广计划		以医院公示价格为准	不定期推送	/	/	开发中	
远程医疗服务中心	会诊	远程会诊	以医院公示价格为准	不定期推送	9折	8.5折	开发中	
		同步远程病理会诊	以医院公示价格为准	不定期推送	9折	8.5折	开发中	
		非同步远程病理会诊	以医院公示价格为准	不定期推送	9折	8.5折	开发中	
		远程中医辩证论治会诊	以医院公示价格为准	不定期推送	9折	8.5折	开发中	
		心电监测远程传输	以医院公示价格为准	不定期推送	9折	8.5折	开发中	
	国内外知名医学专家在线咨询诊断	病理咨询诊断	以医院公示价格为准	不定期推送	9折	8.5折	开发中	
		影像咨询诊断	以医院公示价格为准	不定期推送	9折	8.5折	开发中	
		病例资料咨询诊断	以医院公示价格为准	不定期推送	9折	8.5折	开发中	
		综合咨询诊断	以医院公示价格为准	不定期推送	9折	8.5折	开发中	
	远程门诊	详情见项目服务内容	以医院公示价格为准	不定期推送	9折	8.5折	开发中	
抗衰老研究中心	换颜重塑美白	详情见项目服务内容	以医院公示价格为准	不定期推送	9折	8.5折	开发中	
	活细胞再生抗衰		以医院公示价格为准	不定期推送	9折	8.5折	开发中	
	HGH人类生长素健康体检		以医院公示价格为准	不定期推送	9折	8.5折	开发中	
	羊胚胎素		以医院公示价格为准	不定期推送	9折	8.5折	开发中	
	抗衰老SPA		以医院公示价格为准	不定期推送	9折	8.5折	开发中	
	抗衰老方案定制		以医院公示价格为准	不定期推送	9折	8.5折	开发中	

续表

会员权益内容				业主卡权益				
服务板块	服务内容	服务细项	参考价	会员免费次数	业主卡	铂金业主卡	钻石业主卡（开发中）	备注
美龄研究院	国际医美体验馆	详情见项目服务内容	以医院公示价格为准	不定期推送	9折	8.5折	开发中	
	丽颜健身馆		以医院公示价格为准	不定期推送	9折	8.5折	开发中	
	SPA馆		以医院公示价格为准	不定期推送	9折	8.5折	开发中	
	美颜馆		以医院公示价格为准	不定期推送	9折	8.5折	开发中	
	瑜伽馆		以医院公示价格为准	不定期推送	9折	8.5折	开发中	
长寿研究院	疾病预防	详情见项目服务内容	以医院公示价格为准	不定期推送	9折	8.5折	开发中	
	绿色食养		以医院公示价格为准	不定期推送	9折	8.5折	开发中	
	养生保健指导		以医院公示价格为准	不定期推送	9折	8.5折	开发中	
	健康生活方式指导		以医院公示价格为准	不定期推送	9折	8.5折	开发中	
生命银行	脐带血造血干细胞库	详情见项目服务内容	以医院公示价格为准	不定期推送	9折	8.5折	开发中	
	重疾筛查		以医院公示价格为准	不定期推送	9折	8.5折	开发中	
	基因检测		以医院公示价格为准	不定期推送	9折	8.5折	开发中	

注：1. 会员权益服务内容根据不同运营阶段将会有适当调整，具体内容以现场公示为准。

2. 以上价格为建议参考价，实际价格因区域物价标准及运营需要有所调整，以现场公示为准，恕不另行通知。

3. 最终解释权归“世外乡村·世外会”所有。

（2）智慧生活服务体系。

表3　智慧生活服务体系——会员权益服务内容

会员权益内容				业主卡权益				
服务板块	服务内容	服务细项	参考价	会员免费次数	业主卡	铂金业主卡	钻石业主卡（开发中）	备注
世外乡村食养系统	世外乡村生态农副产品	精选良种基地定制有机产品	按商品定价执行	不定期推送	8折	7.5折	7折	具体服务细项及标准详见物业公司服务公示
	有机营养餐厅	营养膳食定制	按商品定价执行	不定期推送	8折	7.5折	7折	
	鲜食宅配	优选小镇新鲜食材产地直供	按商品定价执行	不定期推送	8折	7.5折	7折	
管家式物业服务	亲情看护	每日两次探望	10元/次	免费	免费	免费	免费	具体服务细项及标准详见物业公司服务公示
		代购日常生活用品	5元/次	1次/月	9.5折	9折	开发中	
		整理房间	50元/次	不定期推送	9.5折	9折	开发中	
		衣物洗涤服务	30元/次	不定期推送	9.5折	9折	开发中	
		床上用品洗涤服务	50元/次	不定期推送	9.5折	9折	开发中	
		理发服务	12元/次	1次/月	9.5折	9折	开发中	
		陪聊服务	20元/次	1次/人/年	9.5折	9折	开发中	
		就医陪护服务	30元/小时	1次/人/年	9.5折	9折	开发中	
		衣物熨烫	10元/次	不定期推送	9.5折	9折	开发中	
		修补服务	价格以修补内容来定	不定期推送	9.5折	9折	开发中	
		磨刀服务	10元/次	1次/月	9.5折	9折	开发中	
		健康morning call	/	免费	免费	免费	免费	
		特殊节日问候服务	/	免费	免费	免费	免费	

续表

会员权益内容				业主卡权益				备注
服务板块	服务内容	服务细项	参考价	会员免费次数	业主卡	铂金业主卡	钻石业主卡（开发中）	
管家式物业服务	生活适应关怀	生活环境适应评估及辅导	价格以现场公示为准	/	/	/	/	具体服务细项及标准详见物业公司服务公示
		活动引导		/	/	/	/	
		环境引导		/	/	/	/	
		协助人际关系建立		/	/	/	/	
	房屋托管	开窗、通风服务	10 元 / 次	1 次 / 月	9.5 折	9 折	开发中	
		除湿服务	价格以现场公示为准	1 次 / 户 / 年	9.5 折	9 折	开发中	
		翻晒床上用品服务	30 元 / 次	不定期推送	9.5 折	9 折	开发中	
		委托租赁及代收租金服务	按照约定提成	/	9.5 折	9 折	开发中	
		果蔬代购服务（商品代购服务）	采购 10 元 / 次 配送 5 元 / 次	1 次 / 月	9.5 折	9 折	开发中	
		水电气开、关服务	10 元 / 次	免费	免费	免费	免费	
		家电定时开关服务	10 元 / 次	1 次 / 户 / 年	9.5 折	9 折	开发中	
		室内观赏鱼饲养服务	10 元 / 次	不定期推送	9.5 折	9 折	开发中	
	接送服务	代驾服务	按照时段收费	不定期推送	9.5 折	9 折	开发中	
		专车接送服务	按照实际公里数计算费用 /2 元 / 千米	不定期推送	9.5 折	9 折	开发中	
		送诊服务	按次收费，20 元 / 次	1 次 / 月	9.5 折	9 折	开发中	
		园区定制接送服务	10 元 / 次	不定期推送	9.5 折	9 折	开发中	
	智慧交通	公共交通（公交车、接驳班车）	价格以现场公示为准	不定期推送	9.5 折	9 折	开发中	
		公共交通（园区内公交车）	1 元 / 人	不定期推送	9.5 折	9 折	开发中	
		智能引导，优享停车	价格以现场公示为准	不定期推送	开发中	9 折	开发中	
	车辆应急救援	拖车服务	收费根据千米数计算	不定期推送	9.5 折	9 折	开发中	
		车辆接火服务	20 元 / 次	1 次 / 车 / 年	9.5 折	9 折	开发中	
		更换轮胎服务	20 元 / 次	1 次 / 车 / 年	9.5 折	9 折	开发中	
		车胎加压服务	10 元 / 次	1 次 / 车 / 年	9.5 折	9 折	开发中	
	车辆托管	定期 4S 保养服务	200 元 / 次	不定期推送	9.5 折	9 折	开发中	
		车辆清洗服务	30 元 / 次	1 次 / 年	9.5 折	9 折	开发中	
		车辆预热形势服务	30 元 / 次	1 次 / 年	9.5 折	9 折	开发中	
	园区配送服务	快递代收代送服务	5 元 / 次	1 次 / 月	9.5 折	9 折	开发中	
		搬家服务	服务费 100 元起，具体视家具量协商为准	1 次	9.5 折	9 折	开发中	
		订餐配送服务	5 元 / 次	1 次 / 月	9.5 折	9 折	开发中	
		居家物品配送服务	5 元 / 次	1 次 / 月	9.5 折	9 折	开发中	
		山泉水配送服务	5 元 / 次	1 次 / 月	9.5 折	9 折	开发中	
		指定药品代购代送服务	代购 10 元 / 次 配送 5 元 / 次	1 次 / 月	9.5 折	9 折	开发中	
		土特产代购配送服务	代购 10 元 / 次 配送 5 元 / 次	1 次 / 月	9.5 折	9 折	开发中	
		雨具借送服务	押金 50 元，归还即退	免费	免费	免费	免费	
		工具借送服务	押金 200 元，归还即退	免费	免费	免费	免费	
	开荒保洁	装修后首次开荒清洁卫生	8 元 /m^2	不定期推送	9.5 折	9 折	开发中	
	日常保洁	房屋日常清洁	5 元 /m^2	不定期推送	9.5 折	9 折	开发中	
	室外花园	冲洗地面、栏杆服务	50 元 / 次	1 次 / 年	9.5 折	9 折	开发中	
		拖把池清洗服务	20 元 / 次	1 次 / 年	9.5 折	9 折	开发中	
		花盆擦洗服务	20 元 / 次	不定期推送	9.5 折	9 折	开发中	
		清洗桌椅服务	20 元 / 次	不定期推送	9.5 折	9 折	开发中	
		除草	30 元 / 次	不定期推送	9.5 折	9 折	开发中	
		施肥	30 元 / 次	不定期推送	9.5 折	9 折	开发中	
		修剪	30 元 / 次	不定期推送	9.5 折	9 折	开发中	
		消杀	20 元 / 次	不定期推送	9.5 折	9 折	开发中	
		浇水	20 元 / 次	不定期推送	9.5 折	9 折	开发中	
		松土	200 元 / 天	不定期推送	9.5 折	9 折	开发中	
	家政服务	24 小时陪护服务	200 元 / 天	不定期推送	9.5 折	9 折	开发中	
		助浴服务	100 元 / 次	不定期推送	9.5 折	9 折	开发中	
		煮饭服务	30 元 / 顿	不定期推送	9.5 折	9 折	开发中	
		户外陪护服务	30 元 / 次	不定期推送	9.5 折	9 折	开发中	
		保姆服务	100 元 / 天	不定期推送	9.5 折	9 折	开发中	
	维修服务（阳光棚维修）	更换玻璃	680 ~ 1280 元 /m^2（含指定材料）	不定期推送	9.5 折	9 折	开发中	
		更换人工草皮	40 元 /m^2（含指定材料）	不定期推送	9.5 折	9 折	开发中	
		补漏、打胶	20 元 /m^2（含指定材料）	不定期推送	9.5 折	9 折	开发中	
		加固	30 元 / 根	不定期推送	9.5 折	9 折	开发中	

续表

会员权益内容				业主卡权益				备注
服务板块	服务内容	服务细项	参考价	会员免费次数	业主卡	铂金业主卡	钻石业主卡（开发中）	
管家式物业服务	维修服务（室内）	室内墙面修补刷漆	人工费 30 元 / 小时	不定期推送	9.5 折	9 折	开发中	
		卫生间、阳台防水处理	人工费 50 元 /m²	不定期推送	9.5 折	9 折	开发中	
		吊顶更换、维修	人工费 40 元 /m²	不定期推送	9.5 折	9 折	开发中	
		水管更换、维修	人工费 28 元 / 小时	不定期推送	9.5 折	9 折	开发中	
		防腐木更换、保养	人工费 260 元 /1 人 1 天	不定期推送	9.5 折	9 折	开发中	
		家具安装服务	人工费 150 元 /1 人 1 天	不定期推送	9.5 折	9 折	开发中	
	维修服务（家电）	更换灯泡、日光灯管	人工费 20 元 / 次	1 次 / 年	9.5 折	9 折	开发中	
		安装吊灯	人工费 150 ~ 300 元 / 套	不定期推送	9.5 折	9 折	开发中	
		更换灯头、镇流器	人工费 20 元 / 次	不定期推送	9.5 折	9 折	开发中	
		更换、维修吸顶灯具	人工费 30 元 / 个	不定期推送	9.5 折	9 折	开发中	
		插座、照明线路更换	人工费 40 元 / 个	不定期推送	9.5 折	9 折	开发中	
		室内电路检查	人工费 30 元	不定期推送	9.5 折	9 折	开发中	
		更换电话、网络水晶头	人工费 20 元 / 个	不定期推送	9.5 折	9 折	开发中	
		更换普通插座、照明开关	人工费 10 元 / 个	不定期推送	9.5 折	9 折	开发中	
		更换防水插座	人工费 30 元 / 个	不定期推送	9.5 折	9 折	开发中	
		更换室内电源箱空气开关	人工费 30 元 / 个	不定期推送	9.5 折	9 折	开发中	
		修换门铃	人工费 20 元 / 次	不定期推送	9.5 折	9 折	开发中	
		安装排风扇	人工费 30 元 / 个	不定期推送	9.5 折	9 折	开发中	
		安装电风扇、洗衣机	人工费 40 元 / 台	不定期推送	9.5 折	9 折	开发中	
		室内空调滤网清洗	人工费 30 元 / 次	不定期推送	9.5 折	9 折	开发中	
	维修服务（给排水）	更换给水软管	人工费 20 元 / 次	不定期推送	9.5 折	9 折	开发中	
		更换普通龙头	人工费 20 元 / 次	不定期推送	9.5 折	9 折	开发中	
		更换冷热龙头	人工费 30 元 / 次	不定期推送	9.5 折	9 折	开发中	
		更换水表或总阀	人工费 40 元 / 次	不定期推送	9.5 折	9 折	开发中	
		更换冲厕阀	人工费 30 元 / 次	不定期推送	9.5 折	9 折	开发中	
		更换洗脸盆下水管	人工费 20 元 / 次	不定期推送	9.5 折	9 折	开发中	
		更换马桶配件	人工费 30 元 / 次	不定期推送	9.5 折	9 折	开发中	
		更换给水角阀	人工费 20 元 / 次	不定期推送	9.5 折	9 折	开发中	
		疏通马桶（皮碗）	人工费 30 元 / 次	不定期推送	9.5 折	9 折	开发中	
		疏通下水（疏通机）	人工费 40 ~ 100 元 / 次	不定期推送	9.5 折	9 折	开发中	
		疏通下水（皮碗）	人工费 30 元 / 次	不定期推送	9.5 折	9 折	开发中	
		更换室内给排水管道	人工费 40 元 / 次	不定期推送	9.5 折	9 折	开发中	
		水龙头（松动、漏水）维修	人工费 30 元 / 次	1 次 / 年	9.5 折	9 折	开发中	
		安装洗手盆	人工费 150 元 / 套 / 次	不定期推送	9.5 折	9 折	开发中	
	维修服务（其他类）	安装晾衣架	人工费 50 ~ 100 元 / 次	不定期推送	9.5 折	9 折	开发中	
		更换门窗玻璃	人工费 50 元 / 次	不定期推送	9.5 折	9 折	开发中	
		更换同型号防盗锁	人工费 50 元 / 次	不定期推送	9.5 折	9 折	开发中	
		更换木门铰链	人工费 10 元 / 次	不定期推送	9.5 折	9 折	开发中	
		维修窗锁、把手、滑轮	人工费 30 元 / 次	不定期推送	9.5 折	9 折	开发中	
		家具组装	人工费 30 元 / 次	不定期推送	9.5 折	9 折	开发中	
		安装衣柜、床、桌椅	人工费 50 ~ 100 元 / 次	不定期推送	9.5 折	9 折	开发中	
		打孔挂画	人工费 10 元 / 次	不定期推送	9.5 折	9 折	开发中	
		天然气软管更换	人工费 20 元 / 次	不定期推送	9.5 折	9 折	开发中	
		烟道止回阀更换	人工费 50 元 / 次	不定期推送	9.5 折	9 折	开发中	
		安装厨卫五金件	人工费 20 元 / 次	不定期推送	9.5 折	9 折	开发中	
旅居度假式酒店服务	客房入住专权	休闲房	前台执行价格	不定期推送	8.5 折	8 折	7.5 折	前台执行价格的折扣
		豪华房	前台执行价格	不定期推送	8.5 折	8 折	7.5 折	
		民宿	前台执行价格	不定期推送	8 折	7.5 折	7 折	
		别院	前台执行价格	不定期推送	8 折	7.5 折	7 折	
		汤屋	前台执行价格	不定期推送	8 折	7.5 折	7 折	
		CHECK IN 享受会员快速通道	前台执行价格	获专属通道权益	专属通道	专属通道	专属通道	
		CHECK OUT 免查房	前台执行价格	获免查房权益	免查房	免查房	免查房	
		入住期间洗衣	前台执行价格	不定期推送	E 级	D 级	C 级	
		入住当天 VIP 水果	前台执行价格	免费获赠生日礼品	免费获赠生日礼品	免费获赠生日礼品	生日礼品	
		生日当天入住	前台执行价格	免费	免费	免费	免费	
		送餐服务费	前台执行价格	1 月 / 次	9.5 折	9 折	8.8 折	

续表

会员权益内容				业主卡权益				备注
服务板块	服务内容	服务细项	参考价	会员免费次数	业主卡	铂金业主卡	钻石业主卡（开发中）	
旅居度假式酒店服务	国际餐饮休闲体验	自助餐	前台执行价格	不定期推送	9 折	8.8 折	8.5 折	酒水、香烟、海鲜除外
		中餐厅（零点餐厅 + 包房）	前台执行价格	不定期推送	9 折	8.8 折	8.5 折	
		素食餐厅	前台执行价格	不定期推送	9.5 折	9 折	8.8 折	
		日式料理	前台执行价格	不定期推送	9.5 折	9 折	8.8 折	
		泰式料理	前台执行价格	不定期推送	9.5 折	9 折	8.8 折	
		韩国料理	前台执行价格	不定期推送	9.5 折	9 折	8.8 折	
		雪茄吧 / 酒窖	前台执行价格	不定期推送	9.5 折	9 折	8.8 折	
		书吧	前台执行价格	不定期推送	9.5 折	9 折	8.8 折	
		茶坊	前台执行价格	不定期推送	9 折	8.5 折	8 折	
		会议室场租	前台执行价格	不定期推送	9 折	8.5 折	8 折	
		影院教室场租	前台执行价格	不定期推送	9 折	8.5 折	8 折	
	乐游空间	酒吧	前台执行价格	不定期推送	9 折	8.5 折	8 折	香烟除外
		棋牌室包房费	前台执行价格	不定期推送	9 折	8 折	7 折	香烟、酒类除外
		电玩室	前台执行价格	不定期推送	9 折	8.5 折	8 折	
		光影厅门票	前台执行价格	不定期推送	9 折	8.5 折	8 折	
		KTV	前台执行价格	不定期推送	8 折	免费 3 小时	免费 5 小时	香烟除外
		网吧	前台执行价格	不定期推送	9 折	8.5 折	8 折	酒水、香烟除外
		演艺厅	前台执行价格	不定期推送	9 折	8.5 折	免（2 人）/ 次	香烟除外
	康体中心	游泳池门票	前台执行价格	赠送相应会员等级人数免费权益	免（1 人）/ 次	免（2 人）/ 次	免（2 人）/ 次	香烟、酒水类除外
		儿童戏水池门票	前台执行价格	赠送相应会员等级人数免费权益	免（1 人）/ 次	免（2 人）/ 次	免（2 人）/ 次	
		亲子乐园门票	前台执行价格	赠送相应会员等级人数免费权益	免（1 人）/ 次	免（2 人）/ 次	免（2 人）/ 次	
		健身房门票	前台执行价格	赠送相应会员等级人数免费权益	免（1 人）/ 次	免（2 人）/ 次	8.5 折	
		瑜伽 / 普拉提课程费（Yoga and Pilates）	前台执行价格	不定期推送	8 折	免费	免费	
		桌球馆（台球 / 乒乓球）	前台执行价格	赠送相应会员等级人数免费权益	免（1 人）/ 次	免（2 人）/ 次	免（2 人）/ 次	
	养疗体验馆	冲浪浴（干 / 湿蒸）门票	前台执行价格	赠送相应会员等级人数免费权益	免（1 人）/ 次	免（2 人）/ 次	免（2 人）/ 次	
		土耳其浴	前台执行价格	不定期推送	9.5 折	9 折	8.5 折	
		泰式按摩	前台执行价格	不定期推送	9.5 折	9 折	8.5 折	
		日式按摩	前台执行价格	不定期推送	9.5 折	9 折	8.5 折	
		身体护理	前台执行价格	不定期推送	9.5 折	9 折	8.5 折	
		面部保养	前台执行价格	不定期推送	9.5 折	9 折	8.5 折	
		中华理疗	前台执行价格	不定期推送	9.5 折	9 折	8.5 折	
特色消费服务	康养基地商家 VIP 特权	基地商家消费优享特惠	按商品定价执行	不定期推送	8 折	7.5 折	7 折	
	社区邻里中心特权	业主专属	/	免费（业主专属）	/	/	/	
	世外乡村智慧康养科技	小镇定制化智能生活标准	按商品定价执行	不定期推送	8 折	7.5 折	7 折	

注：1. 会员权益服务内容根据不同运营阶段将会有适当调整，具体内容以现场公示为准。

2. 以上价格为建议参考价，实际价格因区域物价标准及运营需要有所调整，以现场公示为准，恕不另行通知。

3. 最终解释权归“世外乡村 · 世外会”所有。

（3）文旅度假服务体系。

表 4　文旅度假服务体系——会员权益服务内容

会员权益内容				业主卡权益				备注
服务板块	服务内容	服务细项	参考价	会员免费次数	业主卡	铂金业主卡	钻石业主卡（开发中）	
运动度假体验	国际体育中心	网球、棒球、迷高、乒乓球、门球、桌球、台球	参见项目公示挂牌价	不定期推送	9 折	8.5 折	开发中	
		高山足球、高山马术、高山马球、高山皮划艇、保龄球、游泳池、健身房		不定期推送	9 折	8.5 折	开发中	
		摔跤、跆拳道、空手道		不定期推送	9 折	8.5 折	开发中	
		运动养生		不定期推送	9 折	8.5 折	开发中	
	极限运动公园	崖壁栈道、云端玻璃墙、悬崖垂直电梯、漫流、速漂、溪降、天空悬廊、玻璃吊桥、挂壁栈道、悬崖软梯、玻璃天梯、挂壁索道、跳崖机、高空蹦极、悬崖飞翔、悬崖秋千、极限飞跃、高空速滑、自然山地攀岩、人工攀岩、高空索道、高空自行车、高空滑翔伞、热气球、急速滑草道、太空球滑道、山地滑雪场、滑雪赛道、戏雪乐园、刺激水滑道、山地越野车、真人 CS、荒野求生营、丛林滑道、临空吊桥、空中探险	参见项目公示挂牌价	不定期推送	9 折	8.5 折	开发中	
文化度假体验	演艺观影中心	大地艺术中心、水幕电影、文艺广场、情景剧场、森林美术馆	参见项目公示挂牌价	不定期推送	9 折	8.5 折	开发中	
	文创公园	艺术集市、繁华商街	参见项目公示挂牌价	不定期推送	9 折	8.5 折	开发中	
		画廊、画展、戏曲、音乐会	参见项目公示挂牌价	不定期推送	9 折	8.5 折	开发中	
		博物馆、民俗文化展、业主名人馆	参见项目公示挂牌价	不定期推送	9 折	8.5 折	开发中	
	禅修中心	枯山禅林	参见项目公示挂牌价	不定期推送	9 折	8.5 折	开发中	
		茶艺手工坊	参见项目公示挂牌价	不定期推送	9 折	8.5 折	开发中	
欢乐度假体验	欢乐小镇	动感 ATV、VR 寻宝、水上酒吧、临崖休闲中心、浮动栈道、风车乐园、秋千岛、帆船区、球塔区、戏沙池、滑索、海盗船、攀爬网、蜘蛛网球塔、无边泳池、垂钓区、宝田寨民宿文化村、果园区、野趣农园区、活动大草坪、儿童游戏场及运动区	参见项目公示挂牌价	不定期推送	9 折	8.5 折	开发中	
	景养漫游体验区	湿地公园、羊角花海、青羌之颠、公主塔、愿心崖、语情峰、幻光林、婚纱摄影基地、四季花海、浪漫花堡、红枫园、戏沙池、星海光湖	参见项目公示挂牌价	不定期推送	9 折	8.5 折	开发中	
美食度假体验	特色餐饮体验区	悬壁餐厅	参见项目公示挂牌价	不定期推送	9 折	8.5 折	开发中	
		瀑布餐厅		不定期推送	9 折	8.5 折	开发中	
		林间餐厅		不定期推送	9 折	8.5 折	开发中	
		亲子 DIY 餐厅		不定期推送	9 折	8.5 折	开发中	
		自助烧烤		不定期推送	9 折	8.5 折	开发中	
		素食斋		不定期推送	9 折	8.5 折	开发中	
		水底餐厅		不定期推送	9 折	8.5 折	开发中	
旅行定制服务	签约景区 VIP 服务	详见景区服务公示	参见项目公示挂牌价	不定期推送	开发中	开发中	开发中	
	机场贵宾厅	详见服务公示		不定期推送	开发中	开发中	开发中	
	火车站 VIP 室			不定期推送	开发中	开发中	开发中	
	世外乡村康养基地周边景点旅行定制	详见现场服务公示		不定期推送	开发中	开发中	开发中	

续表

会员权益内容				业主卡权益				备注
服务板块	服务内容	服务细项	参考价	会员免费次数	业主卡	铂金业主卡	钻石业主卡（开发中）	
乐享学院	运动培训学院	详见现场服务公示	业主专享	业主专享	/	/	/	
	老年大学		业主专享	业主专享	/	/	/	
	森林幼儿园		业主专享	业主专享	/	/	/	
	青少年兴趣夏令营		业主专享	业主专享	/	/	/	
	图书馆		业主专享	业主专享	/	/	/	
	社区活动中心		业主专享	免费（业主专享）	/	/	/	
会员俱乐部	休闲垂钓俱乐部	详见俱乐部入会须知	会员专享	会员专享	/	/	/	
	游艇俱乐部			会员专享	/	/	/	
	红酒俱乐部			会员专享	/	/	/	
	骑马俱乐部			会员专享	/	/	/	
	马拉松俱乐部			会员专享	/	/	/	
	企业会所			会员专享	/	/	/	
	乡村俱乐部			会员专享	/	/	/	

注：1. 会员权益服务内容，根据不同运营阶段将会有适当调整，具体内容以现场公示为准。

2. 以上价格为建议参考价，实际价格因区域物价标准及运营需要有所调整，以现场公示为准，恕不另行通知。

3. 最终解释权归“世外乡村 · 世外会”所有。

四、攀枝花的城市康养转型发展案例[1]

攀枝花作为一座成熟型资源城市，在国务院《全国资源型城市可持续发展规划（2013—2020）》对成熟型资源城市积极推进产业结构调整升级的号召下，凭借自身特殊的阳光、空气、温差、海拔、山川等自然资源优势，以康养旅游项目为载体，积极推广和打造攀枝花阳光康养品牌，通过发展康养旅游、康养体育、康养文化等，努力打造“老年养老、壮年养身、青年养体”的康养特色朝阳产业，并成功打造了普达阳光国际康养度假区这一大香格里拉全球阳光康养胜地，成功将自身转型成特色阳光康养城市。

（一）基本情况

1. 英雄工业城市，凝聚“钢铁精神”

攀枝花位于四川最南端，总人口 123.6 万人，地处泛亚铁路与公路的重要节点，为成渝经济区、昆明—东盟经济圈两大经济增长极核心区域，承接和辐射周边 4000 万人口。拥有“全国双拥模范城”“中国优秀旅游城市”“全国社会治

1　本节由中健联盟产业研究中心研究员杨囯囯、秦婧撰写。

安综合治理优秀城市”“中国康养城市排行榜 50 强”“国家卫生城市”“钒钛之都”“中国块菌之乡”和“中国苴却砚之乡”等美称。经过 40 余年的开发建设，攀枝花已发展成为中国西部重要的钢铁、钒钛能源基地和新兴工业城市。

2. 稀缺阳光资源，康养自然资源优势突出

在自然资源方面，攀枝花除了矿产资源之外，其光热资源丰富、立体气候显著，如温度上常年平均气温 20.3℃，夏无酷暑，冬无严寒，最冷月份的平均气温也在 10℃以上，尤其适合冬季避寒旅游；湿度上拥有人体最适宜的 45% ~ 65%RH（相对湿度）之间的健康湿度；高度上属于最适合人类生存的 1000 ~ 1500 米的海拔高度。另外，攀枝花是一座阳光城市，全年日照时间高达 2700 小时，有“四季如春、鲜花之城”的美誉，特有的日照、温度、湿度、高度等自然气候条件，使攀枝花具有发展生物产业的优越条件。另外，攀枝花 2015 年空气优良率达到 98%，森林覆盖率高达 60.3%，且属于四川第二大蔬菜基地和唯一的亚热带水果产业带区域，形成了以特色水果、早春蔬菜、畜牧水产、优质烤烟、林业生物为代表的优特农工业，打造了攀枝花杧果、攀西阳光葡萄酒、何首乌茶、国胜有机茶、块菌酒、半坡咖啡等一批有较强市场竞争力的农业品牌和产品，为城市的康养产业转型奠定了坚实的产业基础。

3. 交通设施建设打底，为康养产业发展奠定基础

在交通通达性层面，依据现有的西攀、攀田高速及规划在建的沿江高速、成昆高铁、丽—攀—邵高速，攀枝花与大香格里拉无缝串联，将形成市区—成都—昆明 3 小时经济圈，初步构建区域性综合交通枢纽骨架，未来城市的区域通达性将进一步提升，区域交通设施的不断完善，为康养旅游、养生度假等康养产业发展，疏通了“交通”难题。

（二）主要做法

1. 规划先行，为城市康养产业发展描绘全景蓝图

早在 2012 年，攀枝花就编制了《中国阳光康养旅游城市发展规划（2012—2020 年）》，指出，发展康养产业，是实现城市可持续发展、加快产业结构调整的突破口，同时也是实现城市转型的重要举措。到 2020 年，要基本建成中国阳光康养旅游目的地，成为中国养生养老、康体运动、休闲度假的标杆示范地，大三线城市转型与产业优化的示范地，世界知名、中国一流的旅游胜地。

2. 项目示范，打造普达阳光国际康养度假区标杆项目

普达阳光国际康养度假区位于攀枝花市仁和区，占地总面积约 13000 亩，其中建设用地 3000 余亩，以阳光游乐、滨湖康养、山地度假、健康运动四大板块作为大健康产业布局载体。

（1）阳光游乐板块：落地普达颐养护理院、康和悦都普达养生度假村、十方养生会馆、杧果乐园、普达民族文化村等项目，每年接待游客数百万人次。

（2）滨湖康养板块：围绕 300 亩普达湖构建亲子乐园、养生垂钓、滨湖健身道、攀枝花市康养产业展示馆、多肉植物展馆等项目，构建自然五行康养、4D 健身康养、全龄化康养三大康养系统。

（3）山地度假板块：超五星级酒店、中医专科医院、千亩中草药博览公园，其中中医专科医院已经与成都中医药大学、四川省人民医院、攀枝花中心医院、五医院等对接合作。

（4）健康运动板块：包括户外运动大本营、户外探险、体育训练中心等项目。

2011 年开始，本项目陆续被评为中国阳光花城标志性项目、四川省重点项目、四川省重点旅游项目，2014 年被指定为首届中国康养产业发展论坛指定参观点，2015 年攀枝花政府常务会正式批准设立“攀枝花阳光康养产业普达示范基地”，2015 年第六届中国国际自驾游交易博览会暨 2015 年攀枝花欢乐阳光节举办地。2016 年作为攀枝花城市转型代表项目登上《新闻联播》，项目负责人接受采访，入选《2016 年全国优选旅游项目名录》，2017 年荣获“四川最佳康养目的地”荣誉称号。2018 年 2 月 4 日，项目阳光康养旅居服务基金开售，当天销售额 3.4 亿元，住宅类产品销售先后获得约 18 个亿的收入。

3. 政企共建，政府牵头，品牌借力

普达阳光国际康养度假区，正是在城市康养转型的时间节点推出的，全力承接攀枝花市康养产业推进政策，积极创建中国阳光康养产业试验基地，市政府采取“一事一议”的办法为投资企业提供招商引资优惠政策，包括政策性产业扶持资金、项目基础设施专项扶持资金等一系列优惠政策。通过政府支持以及政企合作，先后两次通过债券融资，共融得 30 亿元资金，成功解决项目前期开发投资的资金压力。

另外，在投资开发公司结构层面，本项目联合攀枝花钢城集团、攀枝花城投两大本地国企央企，以及成都金海置业地方品牌房地产集团，共同成立攀枝花阳城金海房地产开发有限公司，并下设攀枝花康和敏盛服务有限公司、都喜酒店管理公司等专业领域子公司。

4. 招商合作，汇聚全球品牌产业运营方

普达阳光国际康养度假区为综合型业态的项目开发，其产业的复合性和业态的多元性，对项目投资开发方的落地运营能力提出了很高要求，也是本项目可以持续运营的关键。阳城金海作为本项目的开发企业，主要通过“搭平台、引资源、建合作”的方式，高效避开自身运营能力短板，有效补齐本项目在康养、度假、旅游等产业层面的品牌、运营与团队能力。

在养老方面，与台湾敏盛养老机构合作成立康和敏盛公司，建立居家养老、社区养老和机构养老的养老服务体系，在专业照护、健康管理、教育培训、银发产品研发和社区医院等领域合作，打造康和敏盛专属的“阳光康养产业系列品牌”，并实现品牌输出。

在康养医疗方面，与成都中医药大学附属医院签订医疗健康体系规划建设委托协议，嫁接后者在医疗、教学、科研、预防、保健、养生康复等领域的合作；与攀枝花市中心医院达成战略合作，定点支持养老中心等的医疗服务。

在旅游度假方面，与泰国都喜酒店达成战略协议，并运营本项目的养生酒店项目。

5. 品牌推广，在全国范围强化城市康养形象

2014 年 12 月，首届中国康养产业发展论坛在攀枝花举行，攀枝花与秦皇岛正式升级为“一南一北”的两个国家级康养产业试验区。攀枝花将以“阳光康养”为复合领域和动力引擎，把握“健康”和“养老”，以养老、养生、医疗、体育和旅游 5 大核心领域为切入点，有机融合生态农业、文化创意、金融保险、旅游地产、科技信息等，大力推进千亿级康养项目建设，构建复合型阳光康养产业体系，形成阳光康养多产业统合发展的大格局，力争经过 5～10 年的努力，打造成为经济结构多元、生态环境优美、康养服务突出的国家级康养胜地，具有国际水准的阳光康养和休闲度假胜地，成为资源城市转型、老工业基地调整改造以及健康、养老等相关产业创新融合发展的试点和样板。形成一核一轴五板块的产业布局，与 5 大产业链条 10 个产业集群，共同构筑阳光康养试验区“点、线、面”相结合的生产力格局。

（三）成效经验

1. 政企合作，实现城市康养产业发展借力

攀枝花的康养产业发展，是在其城市整体转型发展的大背景下推进的，其成功发展的关键，是政府的全面推进和引领，不只在城市规划、产业规划、扶持政策等方面全面助推康养产业发展，更是通过政企合作，引进区域优质社会资本、建设开发商和全球产业运营方，通过“专业的人干专业的事”，最大化发挥了政府和企业双方的核心优势，建设开发城市典型示范项目，共同发力城市康养产业。

2. 全国发声，实现全国康养产业发展借时

攀枝花的城市转型，是在全国产业结构调整和大健康产业推进的时势背景下进行的，因此攀枝花在自身康养产业落地推进的同时，全面对接全国康养产业发展的政策利好，并正式升级为“一南一北”的两个国家级康养产业试验区之一，并通过全国性、区域性康养产业相关论坛、展会、赛事等的承接与举办，在全国范围内奠定和强化了自身康养产业的全国性品牌效应，进而吸引了省市之外优质品牌、资源、资本的进入。

3. 康养引领，实现区域多重产业发展借势

攀枝花康养产业的发展，不仅带动了康养旅游、养生养老等核心产业的发展，还带动了攀枝花农业、服务业等一系列原有产业的发展，全面助推区域一二三产业的结构调整与升级创新。另外，康养产业的发展带动，也同时倒推了城市基础环境与景观资源的打造，攀枝花正式从重工业城市，向绿色生态型的康养旅居城市转型。

五、九如城：“深氧乐居，居乐颐养”，升华生态旅居[1]

随着我国旅游业的快速发展，旅游服务也日益受到老年群体的喜爱，老年人旅游所占比例不断升高，随之旅游、养老、养生、健康、生态资源等领域融合发展模式日益受到市场主体和消费群体的青睐，加之在国家提倡重视生态绿色发展的政策支持下，以旅游休闲度假方式为主的生态旅居、生态养老模式逐渐提出并得到了一定的发展。

九如城集团作为与国家发改委签约的首批“城企联动”普惠养老试点企业，

1　本节由九如大学九如研究院冯晓丽、龚纯撰写。

在看重生态旅游、生态养老的强烈需求所形成的市场同时，又力避养老业态中形成的“旅居养老”仅为短期“旅居”、仅为少数有消费能力的老人服务的弊端，在宜兴当地政府规划建设江苏湖汊镇茶旅风情小镇的最好时机，利用湖汊镇独特的自然生态资源和人文景观，引入“持续照顾”理念，潜心打造新颐养系列产品项目，同期联动集团已有广州、青岛、西安、徐州、常州等生态旅居、生态颐养项目，不断丰富“旅居养老”内涵，用“普惠养老”升华“生态旅居”，从而使基于生态文明原则的宜居环境策略构成的生态养老模式得到完善与发展。

（一）基本情况

1. 区域概述

九如城湖汊颐养中心位于江苏省宜兴市湖汊镇。湖汊镇地处苏浙皖三省交界，沪宁杭大三角的中心，湖汊镇处丘陵山区，属天目山余脉，境内山峦环抱、连绵起伏，并因“太湖第一源”“太湖之父”而得名。本区域内自然资源优越，生态环境优美，生态旅游资源丰富，以“竹的海洋”“茶的绿洲”“洞天世界”“紫砂源地”而闻名。该区域森林覆盖率达 82%，全域水质常年保持国家一级标准，空气中富含负氧离子，是天然大氧吧，且负氧离子达到长寿之乡水平，PM2.5 长年在 10 微克以下。湖汊镇文脉久远厚重，经济富裕繁荣，是国家级太湖风景名胜区的重要组成部分，境内交通方便，丁张、汤省、张灵、张湖公路贯穿北部和西部，湖东公路贯穿南部，经悬脚岭直通浙江，汤省公路东端与宁杭高速公路衔接。

在宜兴市《宜兴市湖汊镇总体规划（2017—2035 年）》《湖汊雅达小镇总体规划方案》中，政府规划并着力建设湖汊镇，依托区域内优越的自然生态环境、良好的农业资源、丰富的旅游业态，通过整合茶文化、茶历史、茶产业、茶品牌等资源，着力打造深氧度假综合体、唐贡茶文化村等项目，以培育特色鲜明、独具魅力的旅游风情小镇。

2. 项目概况

本项目位于湖汊镇东、汤省公路的东侧，处于江苏省宜兴市国家级旅游度假区——阳羡生态旅游度假区，交通位置便利，距镇中心 1 千米左右，南距市区 18 千米，东距太湖 5 千米，面积 96 平方千米。颐养中心作为九如城集团的产品线之一，是以环境优美的旅游城市景点区域为主要布点，以酒店式公寓精装标准建设。本项目总投资 1 亿元，总用地面积约 28.4 亩，总建筑面积约 1.6 万平方米。

中心共有 148 套房间。

3. 规划设计方案

（1）规划设计理念。

一是规划“深氧乐居”度假式生态养老模式。

项目所属区域空气质量好，自然环境优越，旅游资源丰富，依托这些得天独厚的自然资源条件，本项目提出了一个由田园风为主导的“深氧界、生养家”的主题设计理念。充分将丰富的生态自然资源与当地特色田园文化、园林式建筑风格以及养老要素进行相互融合，同时凭借“长三角最佳慢生活旅游古镇”的资源，从老年人对健康、旅游、养生、休闲的消费需求出发，积极吸引活力健康老年人到社区内度假，打造集“养老照护、医疗健康、休闲娱乐、旅游度假、生态养生”于一体的“深氧乐居”度假式生态养老模式。

二是规划“居乐颐养”持久照顾生态养老模式。

项目作为湖汉独具风情的国际茶旅小镇总体规划的强力补充，在普适性的社会度假式酒店之外，规划设计为适老化度假生态养老酒店，同时加入“持久照顾”理念进行规划，可以满足对热爱江南、热爱江南茶文化的全国老龄人群的短期候鸟式居住和中长期养老居住的需求。此项目在规划中，既体现一流生态康养目的，又体现九如城“普惠养老”的情怀，为普通老龄群体难以在他处实现的“生态旅居”“生态颐养”的理想晚年生活留足了空间。

（2）规划总体布局。

本项目整体规划分为两个区块，即社会养老区块和政府养老区块，功能分区明确，社区管理上可以实现分合有序。

社会养老区块，用地面积 12255 平方米，建筑面积 11847 平方米，房间 148 套。主要为社会活力健康老人提供适老化休闲度假酒店式公寓，打造“深氧乐居”度假式生态养老。

政府养老区块，用地面积 6717 平方米，建筑面积 7065 平方米，总床位 178 张。主要在于解决湖汉镇养老机构稀缺的问题，并改善镇区内养老环境。

从规划布局上看，整个建筑群由 7 幢公寓楼、1 幢配套综合楼和 1 个临终关怀用房组成，总建筑面积 18912.4 平方米，容积率 1.0。公寓以 4 层为主，局部 3 层，综合楼 2 层，临终关怀 1 层。居住空间采用小庭院式规划布局，强化度假的私密性感受，入口空间采用大半围合的广场，为集中活动留有空间。

（3）居住建筑形态。

结合宜兴市湖㳇镇养老问题以及老年人照护服务需求现实，本项目在居住建筑设计上，根据不同老年人的照护需求特点和护理等级，明确了照护区域划分，社会型活力健康老人采用了酒店式公寓设计，自理型入住养老机构老人采用了自理公寓设计，失能、半失能老人采用了护理公寓设计，农村“三无”老人采用了三无老人公寓设计。（见图 1）

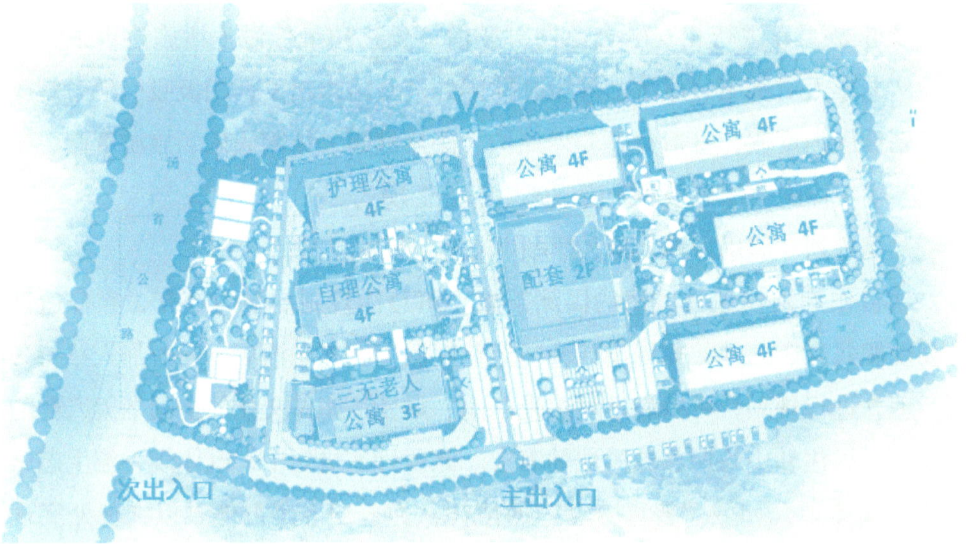

图 1　九如城湖㳇颐养中心居住建筑形态分布图

（4）景观设计规划。

为了契合“深氧乐居”度假式生态养老发展定位，在项目景观设计上，规划设计了特色廊架、四季花带、中式景墙、精神堡垒、五福抱寿铺地、健身场地、休闲活动场所、风雨连廊、门球场地等景观点，满足老年人对“老有所养、老有所乐”的追求。

同时，本项目注重强调追求自然的设计风格，将中式风格与田园风格相结合，表达了“贴近自然，向往自然”的寓意，充分展现“悠闲、舒畅、自然”的中式田园生活情趣。田园风以传统中式件组为基调，强调坡屋顶、山墙和暖色窗格，整体度假感受强烈，打造出了院落式的建筑氛围。

4. 生态养老服务特色

（1）注重硬件设施设备投入建设。

本项目注重硬件设施设备建设，住区配有多层电梯房，房型选择多样，以社会养老区公寓为例，房间类型分为温馨养生套型、精致养生套型、舒适养生套型、豪华养生套型，房间内配有液晶电视、沙发、可调节晾衣杆、无线网络、小厨房、空调等设施设备，独立卫生间全天候热水供应，一键呼叫系统提供24小时管家服务。本项目为所有入住老年人提供了生活、健康、娱乐及物业四大类服务，有助于帮助老年人全面提升生活品质。

（2）打造5H颐养生活方式。

“5H”颐养生活方式，即健康（Health）、心灵（Heart）、家园（Home）、活力（Hilarity）、快乐（Happiness）。充分依靠和利用丰富的自然资源优势，如万顷竹海、广袤太湖、优质水质及富含负氧离子的新鲜空气，打造健康老年生活方式；在社区内为入住老人提供生活管家服务、健康管理服务、休闲娱乐服务、高档物业服务，全方位照护老年人心灵需求；注重适老化环境设计，完善社区内运营管理服务，重视专业化养老服务提供，以精细化服务打造老年人生态养老家园；在项目服务设计中，重视带动老年人“老有所乐、老有所学”的积极性，通过举办社区老年大学、开展丰富的休闲娱乐活动和兴趣活动班，充分激发健康老年人的生命活力。同时，结合项目所在地的良好生态自然资源和丰厚的历史文化与人文风光，提供度假式生态养老服务，打造老年生态旅游产品，让老年人体验“快乐旅行”。

（3）配置修心养性的休闲娱乐设施与服务。

随着经济社会的发展，老年人的消费观念和养老观念日益与时俱进，从重视物质层面不断转向重视精神和心理需求的满足，更加注重老年学习、休闲娱乐、健康生活。为积极应对老年人养老需求的变化，满足老年人多样化养老需求，中心内设有阅览室、棋牌室、多功能室、KTV、台球室、书画室等各类文娱活动室，并设置了各类颐乐课堂，书法课、手工课、观影课、朗诵课。本项目强调激发老年人积极的心理潜力，带动其发挥主观能动性，鼓励老年人积极主动参与休闲娱乐活动，以达到修心养性、健康养老的目的。

（4）注重医养结合与健康管理。

本项目重视医养结合与健康管理服务提供，在中心内配备生活管家、健康管家、营养师等专业人员。在医养结合与健康管理服务方面，紧密结合九如城集团“医养融合、六位一体”养老模式，注重“医、康、养、教、研、旅”相融合，积极联动医疗服务资源，借助宜兴九如城康复医院及九如城健康管理中心的医疗资源，为社区内老年人提供入住健康评估、健康体检服务、量血压和测血糖等健康数据监测服务，以及健康知识宣讲、膳食营养指导、心理疏导服务、康复指导服务，并建立个人健康档案与动态更新。

（5）营造生态绿色的社区环境氛围。

宜兴地处长三角区域发展腹地，作为非一线城市，其自然生态资源丰富，交通便利，经济发展水平较高，承接了长三角区域内发达城市老年人群的异地养老转移功能。以上海市的健康活力老人为例，他们更偏向于选择周边自然风景优美的城市旅游度假，强调远离城市回归自然生态环境。湖㳇镇整体森林覆盖率达82%，更以“竹海”著称，项目所属区位临近多个风景区，森林植被资源丰富，生态环境优化，为生态绿色的社区环境氛围营造创造了得天独厚的天然优势，更加满足了周边城市活力健康老年人群对自然、生态、绿色的老年生活追求。

5. 小结

本案例作为生态养老模式的一次具体实践，充分体现了政府支持与社会资本投入相结合的特点，体现了重视养老服务设施规划与建设的特点，同时更体现了注重将养老照护、医疗健康、休闲娱乐、旅游度假、生态养生相融合的特点。本项目在充分利用了湖㳇镇良好的森林资源的基础上，发展健康生态养老模式，但又与森林康养小镇、田园生态养老等生态养老模式有所差异，主要体现在整体规划分为政府养老区块和社会养老区块，既承担了普惠型和兜底性养老功能，也承接着中高端度假式生态养老服务，是将区域生态自然环境资源与养老服务提供融合发展的独特实践，是生态旅居对茶旅小镇功能的补充和发展。

（二）成效经验

1. 践行绿色生态健康养老理念，是区域生态资源与养老服务融合发展的一次突破与创新

现阶段我国生态养老模式的发展仍处于初步实践阶段，在康养产业成为国家战略的背景下，政府不断加强对健康养老产业发展的倡导与政策支持，九如城集团主体积极投入到康养产业中，以具体项目实践推动了生态养老模式的探索与发展。九如城湖㳇“深氧乐居，居乐颐养”生态养老模式是对我国现有养老模式的突破和创新，有助于解决我国养老问题和创新发展理念的现实需求。同时，积极践行绿色生态健康养老时代新理念，充分发挥区域生态资源优势，将绿色生态与养老服务相融合，通过打造“5H”颐养生活方式、提供生态旅游产品、配置修心养性的休闲娱乐设施和服务，满足了当代老年人对健康、自然、休闲娱乐的老年生活的追求。

2. 履行养老企业社会责任，是普惠型养老和中高端度假式生态养老的一次具体实践

九如城湖汊“深氧乐居，居乐颐养”生态养老模式，作为生态养老模式的一次具体实践，是政府支持与社会资本投入相结合的一次政企合作。九如城始终秉持履行一个养老企业的社会责任，作为首批“城企联动”普惠养老试点企业，九如城湖汊颐养中心项目积极承接政府养老功能转移，规划政府养老专区，为农村“三无”老人以及湖汊镇刚需老人提供养老机构持续照顾服务，体现了普惠养老和兜底性养老功能提供。同时，九如城湖汊颐养中心在模式实践中强调重视养老服务设施规划建设与养老服务质量提升，积极发展中高端旅居度假式生态养老，在社区内为老年人提供养老照护、医疗健康、休闲娱乐、旅游度假、生态养生等多样化服务。

3. 注重生态旅居项目多地联动，是养老产业与生态旅游产业两种属性的一次有效融合

生态养老项目规划最主要的是，充分考虑当地实际，充分挖掘当地生态与文化资源优势，形成特色生态养老品牌。养老产业有着极强的社会属性，具有利润薄、资金回笼周期长、重养老照护服务的特点，而生态旅游产业具有强流动性、强商业性、重休闲游玩的特点。本项目在发展生态养老模式中将生态旅游和养老服务实现有效衔接和融合，重视依托九如城集团业务版图，加强集团生态养老、生态旅居养老项目多地联动，拓展活力健康老年人群生态旅居养老活动范围，依托生态自然资源，开发生态养老社区项目，重视以精细化标准提供专业化养老照护服务，打造“深氧乐居”度假式生态养老模式和“居乐颐养”持续照顾生态养老模式，满足全国老龄人群的短期候鸟式居住和中长期养老居住的需求，将养老产业属性与生态旅游属性进行有效衔接与融合，形成了一种稳定的、有效的、可持续发展、多区域联动的新型养老模式。

附　录

一、生态康养基地评定标准

（一）生态康养基地评定标准制定

2015 年 3 月 26 日《国务院关于印发深化标准化工作改革方案的通知》（国发〔2015〕13 号）印发，该通知指出：国际上通行的团体标准在我国没有法律地位，市场自主制定、快速反映需求的标准不能有效供给，要求培育发展团体标准，建立完善与新型标准体系配套的标准化管理体制。在标准制定主体上，鼓励具备相应能力的学会、协会、商会、联合会等社会组织和产业技术联盟协调相关市场主体共同制定满足市场和创新需要的标准，供市场自愿选用，增加标准的有效供给。国务院标准化主管部门会同国务院有关部门制定团体标准发展指导意见和标准化良好行为规范，对团体标准进行必要的规范、引导和监督。在工作推进上，选择市场化程度高、技术创新活跃、产品类标准较多的领域，先行开展团体标准试点工作。2018 年 2 月，中国国家标准化管理委员会发布《关于第二批团体标准试点单位名单公示的通知》，中国林业与环境促进会成为国家标准化管理委员会指定的团体标准试点单位。

为了推动我国生态康养产业健康发展，规范生态康养基地建设、运营和服务标准，由中健联盟（北京）养老服务有限公司提出，经中国林业与环境促进会批准，组织专家制定《生态康养基地评定标准》，标准的起草工作由中国林业与环境促进会生态养老分会牵头，中国建筑科学研究院中国建筑技术集团有限公司为标准编写提供技术支持，攀枝花学院、世外乡村集团等机构以及行业内的专家为标准的制定出人出力，做出努力。《生态康养基地评定标准》经专家评审通过，由中国林业与环境促进会标准公告（第 5 号）正式发布，于 2020 年 6 月 1 日起开始实施。《生态康养基地评定标准》在国家市场监督管理总局国家标准化管理委员会主管、国家市场监督管理总局国家标准技术审评中心主办的全国标准信息公共服务平台上发布备案。

（二）全国生态康养基地评定工作

《生态康养基地评定标准》由中国林业与环境促进会提出，由中国林业与环境促进会生态养老分会组织管理。

根据中国林业与环境促进会发布的《关于开展全国生态康养基地评定工作的通知》（中林环促〔2020〕函字第 012 号）（以下简称《通知》），明确《生态康养基地评定标准》（标准号：T/CCP EF056-2019）已经在全国标准信息公共服务平台上公布，于 2020 年 6 月 1 日起实施，该标准适用于全国范围内正在营业的或正在建设、部分核心功能已经运营的生态康养基地评定，以及综合体项目内生态康养基地部分的评定。《生态康养基地评定标准》由中国林业与环境促进会发布，由中国林业与环境促进会生态养老分会组织管理，北京中林兴业文化发展中心负责组织协助生态康养基地申报工作，中健联盟产业研究中心为生态康养基地申报提供学术支持，中卫安（北京）认证中心等国家认证认可监督管理委员会批准，具有认证认可能力的第三方认证机构出具康养基地评定报告。全国各地生态康养基地自主申报，基地评定需要提供的材料包括：

▲生态康养基地评定申报书；

▲生态康养基地基础数据表；

▲康养基地创建材料汇编（包括基地基本情况介绍、营业执照、法人身份证材料以及基地发展规划等）；

▲生态康养基地介绍视频；

▲生态康养基地创建 PPT 材料。

以上五项材料一式两份，需同时提交书面和电子版材料。

北京中林兴业文化发展中心负责接收上述申报基地评定材料，并从中国林业与环境促进会健康养老专家委员会专家库中抽取专家进行材料初评，通过初评后，将组织专家对基地进行实地考察、评审工作，通过评审后授予星级生态康养基地。

生态康养基地评定信息发布网站：

中国林业与环境促进会生态养老分会网站

网址：http://www.ccpee.org/

《通知》践行“两山”理论，推进生态康养基地建设，在保护的前提下，实现生态资源的服务价值。生态康养基地评定工作中出现的问题，由生态养老分会负责解释，基地评定工作须严格遵守国家政策法规。

附件：全国生态康养基地评定申报书（略）

（三）生态康养基地评定标准全文

ICS 01.020
N 782

T

团 体 标 准

T/CCPEF 056-2019

生态康养基地评定标准

Quality Assessment of Eco Health & Wellness Base

2019-12-26 发布 2020-06-01 实施

中国林业与环境促进会 发布

前　言

本标准是依据 GB/T 1.1—2009 的编写规则起草。

本标准由中国林业与环境促进会提出，由中国林业与环境促进会生态养老分会组织管理。

本标准主要起草单位：中国建筑科学研究院中国建筑技术集团公司、中国林业与环境促进会生态养老分会、中健联盟（北京）养老服务有限公司、四川世外乡村集团有限公司等。

本标准参与编写单位：攀枝花学院、中国中医药信息学会医养居融合分会、中国文化信息协会康养文化工作委员会、雅安市卫生健康委员会、雅安市中医药管理局、雅安市康养产业发展局、前海艾美健康投资（深圳）有限公司、医养结合（北京）中医研究院、湖南都好科技集团有限公司。

本标准主要起草人员：蒋洪卫、雷应朝、李奎、刘文、崔诗梦、伍小兰、李玉峰、陈彬、曾胜学、史建忠、殷宗明、谢良兵、李京鹤、杨围围、李佳楠、李春雷、秦婧、赵勇、王雪辉、王飞照、沈映雪、师彦辉、崔颖、李端庆、余三阳、印建平、王保亮、陈士勲、张文和、谭必文。

本标准主要审查人员：张鑫、程谦、阎青春、李志强、王海涛、乌恩、曹卓君。

引 言

1. 本标准制定目的

为加强生态康养基地的质量管理，统一生态康养基地的检验和评定标准，促进生态康养产业优质高效发展，特制定本标准。

2. 本标准与相关规范的关系

生态康养基地评定应以本标准为准。与其他规范不一致时，宜以颁布年份最新者为准。

生态康养基地设计、建设、运营管理和检验评定中，除应符合本标准外，应符合国家现行颁布的相关规范的规定。

生态康养基地评定标准

1. 范围

本标准规定了生态康养基地评定标准的指导原则、生态康养的主要途径与产品形态、生态康养基地的质量指标、评定方法与计分说明等。

本标准适用于全国范围内生态康养基地的建设及服务标准。

2. 规范性引用文件

下列文件对于本文件的应用是必不可少的。凡是注日期的引用文件，仅所注日期的版本适用于本文件。凡是不注日期的引用文件，其最新版本（包括所有的修改单）适用于本文件。

GB 3095 环境空气质量标准

GB 3096 声环境质量标准

GB 15618 土壤环境质量标准

GB 3838 地表水环境质量标准

GB 8978 污水综合排放标准

GB 5749 生活饮用水卫生标准

GB 50869 生活垃圾卫生填埋处理技术规范

GB 16153 饭馆（餐厅）卫生标准

GB 50763 无障碍设计规范

GB/T 18005 中国森林公园风景资源质量等级评定

GB/T 14848 地下水质量标准

GB/T 27963 人居环境气候舒适度评价

GB/T 16767 游乐园（场）服务质量标准

GB/T 10001.1 标志用公共信息图形符号第 1 部分：通用符号

GB/T 10001.2 标志用公共信息图形符号第 2 部分：旅游休闲符号

CJ/T 368 生活垃圾产生源分类及其排放

LB/T 035 绿道旅游设施与服务规范

LB/T 034 景区最大承载量核定导则

GB/T 26362-2010 国家生态旅游示范区建设与运营规范

GB/T 26363-2010 民族民俗文化旅游示范区认定

GB/T 28928-2012 社区休闲服务质量导则

GB/T 28929-2012 休闲农庄服务质量规范

GB/T 26353 旅游娱乐场所基础设施管理及服务规范

GB/T 29353 养老机构基本规范

3. 术语

3.1 康养（Health & Wellness）

康养，包括健康养老、健康养生，是一种以追求身心健康为目标的养老养生生活方式的总称。

3.2 生态康养（Ecological Health & Wellness）

以优良的自然生态、自然景观和与之共生的人文生态为依托，以促进人与自然和谐为准则，采取生态友好、绿色低碳、文明健康方式，将生态理念、生态体验和生态行为融于日常生活并基于生态资源获得身心愉悦的一种健康养老、健康养生的生活方式。

3.3 生态康养资源（Ecological Health & Wellness Resources）

良好的生态环境中有利于人类健康，可以为生态康养开发利用，并可产生生态效益、社会效益和经济效益的各种要素的总和。

3.4 生态康养文化（Ecological Health & Wellness Culture）

以生态资源为载体，并与康养相关的物质文化和精神文化，包括有益于身心的传统文化、历史文化以及健康养生、健康养老的观念、理论和实用方法等。

3.5 生态康养基地（Ecological Health & Wellness Base）

以良好的生态养生养老资源为基础，人工建造并具有一定规模，主要供老年人及其家庭养生养老、休闲度假，以调节身心、增进健康的特定区域。

4. 基本规定

4.1 基本要求

4.1.1 生态康养基地评定对象

本标准适用于全国范围内正在营业的或正在建设，部分核心功能已经运营的生态康养基地评定，以及综合体项目内生态康养基地部分的评定。

4.1.2 保健型康养基地

保健型康养是指人们置身于优美的生态景观中而产生的接近自然、放松愉悦的身心状态，达到调节身心健康的目的。如森林浴、温泉浴、阳光浴等。

4.1.3 理疗型康养基地

理疗型康养，充分利用生态环境对各种亚健康状态和疾病的疗效，如利用生态环境中具有药理效果的空气负离子和植物精气等开展康养理疗养生活动，以达到调整亚健康状态、防病、治病和疗养的目的。如负离子疗养、植物精气养生、生态养老养生、健康体检、心理咨询等。

4.1.4 运动型康养基地

在生态环境中，利用各种运动来增强体质、减少疾病、促进健康，以达到健康养生目的。如散步、慢跑、登山、太极、瑜伽、八段锦、养生操等。

4.1.5 文化型康养基地

利用生态文化资源，通过生态文化体验等活动提供健康养生服务，在生态环境中修身养性、开阔视野，提升生命质量。如禅修、冥想、音乐、艺术等。

4.1.6 膳食型康养基地

合理利用优质的生态食材资源，根据生态食材特有的高品质以及保健、药用价值，合理配制各种营养健康膳食，以改善健康，达到健康养生养老的目标。如药用食材、绿色有机农林产品等。

4.2 主要内容

4.2.1 生态康养景观

通过体验独特的生态资源、适合康养的生态景观，以达到愉悦心情、修身养性、陶冶情操的目标。

4.2.2 生态康养环境

利用生态环境中与人类身心健康关联的环境因子，营造适合康养的生活环境，促进防病治病、康复疗养。

4.2.3 生态康养空间

利用生态康养区域的空间及地形等条件，开发和应用各类有利于健康养生的运动，通过生态空间与运动结合，以利于人们身心健康。同时，尽量降低人类活动对生态环境资源的负面影响。

4.2.4 生态康养设施

生态康养基地的设施应做到基本功能明确、交通流线清晰、服务设施完善，满足人们在基地健康养生、养老的舒适体验需求。

4.2.5 生态康养文化

通过生态文化内涵的挖掘，和生态文化有关载体的适度建设，让人们体验人与自然的和谐关系，开展与生态康养有关的各种文化体验活动。

4.2.6 生态康养食材

利用生态、安全、健康、营养的生态产品及其初加工食品，满足人们对健康饮食的需求，通过与生态食材结合的健康膳食产品和服务的开发，实现更加丰富的康养服务。

4.3 受评主体要求

4.3.1 生态康养基地需要建设完成且正式投入运营，至少应已经投入运营，具备接待能力。

4.3.2 生态康养基地应承诺向生态康养基地评定机构提供不涉及其商业机密的经营管理数据的义务。

4.3.3 既有生态康养基地，应向相应评定权限的机构递交申请材料。申请材料包括：申请报告、自查自评情况说明及其他必要的文字和图片资料。

4.4 评定等级确定

评定机构应按本标准的有关要求，对受评主体提交的报告、文件进行审查；对申请评价的生态康养基地，应进行现场考察，出具评价报告，确定等级。

4.5 指导性原则

4.5.1 可持续发展原则

生态康养基地以实现自然和谐与人类社会的可持续发展为宗旨，以生态资源的有效保护、永续利用、宣传和繁荣生态康养文化为目标。

4.5.2 综合效益原则

充分发挥生态康养基地的社会效益和经济效益，指导和优化生态康养基地的质量建设。

4.5.3 科学性原则

基地建设应以保护生态为基础，遵循自然规律及区域特色，并符合相关法律法规及其他管理条例的要求，兼顾科学性、可行性、前瞻性。

4.6 评定与等级划分

4.6.1 生态康养基地评定指标体系由生态康养资源、生态康养环境、生态康养设施及生态康养服务四大类指标组成，每类指标均包括控制项和评分项。为了鼓励生态康养基地提升建设标准和技术、管理的创新，标准还设置了加分项。

4.6.2 控制项的评定结果为满足或不满足；评分项和加分项的评定结果为某分值。

4.6.3 生态康养基地应按总得分确定等级。

4.6.4 评定指标体系四大类指标的总分为 1000 分。四大类指标各自的评分项得分 Q1、Q2、Q3、Q4 应按每一分项得分加总获得。加分项的附加得分 Q5 按本标准第 8 章的有关规定确定。

4.6.5 既有生态康养基地的总得分按下式进行计算，其中评价指标体系四类指标评分项的权重 w1~w4 按本标准表 4.6.5 取值。

表 4.6.5　既有生态康养基地评定标准分项指标权重

评价指标 生态康养基地类型	生态康养资源	生态康养环境	生态康养设施	生态康养服务
	w1	w2	w3	w4
保健型康养基地	0.3	0.2	0.3	0.2
理疗型康养基地	0.3	0.2	0.3	0.2
运动型康养基地	0.3	0.2	0.3	0.2
文化型康养基地	0.3	0.2	0.3	0.2
膳食型康养基地	0.3	0.2	0.3	0.2

4.6.6 既有生态康养基地评定的结果分为三星级、四星级、五星级 3 个等级。3 个等级的生态康养基地均应满足本标准所有控制项的要求，当总得分分别达到 500 分、700 分、900 分时，生态康养基地等级分别为三星级、四星级、五星级。

5. 生态康养资源

5.1 控制项

5.1.1 拥有相对优良的生态资源，自然与人文资源相对集中，品质较高。

5.1.2 既有生态康养基地的面积有 100 亩以上，康养服务区域 10 亩以上。

5.1.3 既有生态康养基地远离矿区、交通主干道、机场、工业区等，至少与其相距 2 千米以上。

5.1.4 既有生态康养基地与外部的连接非常便捷，公路等级达到与 JTG B01 规定的三级及以上的公路相贯通。

5.1.5 既有生态康养基地一小时车程内，拥有不少于三处历史、人文、文旅综合体、风景名胜区等文化与旅游资源。

5.2 评分项（300 分）

5.2.1 既有生态康养基地应达到一定的占地面积。具体评分如下：

A. ≥ 1000 亩，分值 50 ~ 60 分

B. 100 ~ 1000 亩，分值 40 ~ 49 分

C. 10 ~ 100 亩，分值 40 分以下

5.2.2 既有生态康养基地应达到一定的绿化覆盖率。具体评分如下：

A. ≥ 60%，分值 50 ~ 60 分

B. 50% ~ 60%，分值 40 ~ 49 分

C. 30% ~ 50%，分值 40 分以下

5.2.3 既有生态康养基地的生态资源指数达到一定的要求。具体评分如下：

A. ≥ 80，分值 50 ~ 60 分

B. 60 ~ 80，分值 40 ~ 49 分

C. 60 以下，分值 40 分以下

5.2.4 既有生态康养基地周边应具有一定数量的文旅资源（车程一小时以内景区 3A 以上）。具体评分如下：

A. 8 个以上，分值 50 ~ 60 分

B. 5 个以上，分值 40 ~ 49 分

C. 3 个以上，分值 40 分以下

5.2.5 既有生态康养基地应具有交通便利资源，距机场、火车站、高速公路出口等主要交通设施及城区的车程。具体评分如下：

A. 主要交通设施 20 分钟以内，距离城区车程 30 分钟以内，分值 50 ~ 60 分

B. 主要交通设施 50 分钟以内，距离城区车程 60 分钟以内，分值 40 ~ 49 分

C. 主要交通设施 50 分钟以上，距离城区车程 60 分钟以上，分值 40 分以下

6. 生态康养环境

6.1 控制项

6.1.1 既有生态康养基地的原生状态保持完整，地形地貌完好，无开矿采石、挖沙取土等改变和破坏地形地貌的活动。

6.1.2 既有生态康养基地的土壤无化学污染，达到了 GB 15618 规定的一级指标。

6.1.3 既有生态康养基地的环境空气质量达到了 GB 3095 规定的水平。空气污染物浓度限值达到一级浓度限值。

6.1.4 既有生态康养基地的地表水环境质量达到了 GB 3838 规定的 I 类水平。合理利用地下水、矿泉水以及温泉水，达到了集约化利用程度。

6.1.5 既有生态康养基地的污水排放达到了 GB 8978 规定的要求。

6.1.6 既有生态康养基地远离天然辐射高本底地区，无通过工业技术发展变更的天然辐射，无有害人体健康的人工辐射，参照标准 GB 18871 总体辐射应低于公众年平均有效剂量限值毫希弗 / 年。

6.1.7 既有生态康养基地无潜在的有害人体健康的因素。

6.1.8 既有生态康养基地进行了持续的环境监测，各项环境质量指标有 85% 以上样品符合本标准要求。

6.1.9 既有生态康养基地无对生态环境影响的生产活动，无与基地管理无关的耕作行为。

6.1.10 既有生态康养基地践行了生态格局构建，有系统的生态安全保障措施。

6.1.11 既有生态康养基地无使用化肥与杀虫剂。遇有大范围病虫灾害时，应在生态专家指导下采取人工干预。

6.1.12 既有生态康养基地针对珍稀濒危等物种制定了专项保护计划。

6.1.13 既有生态康养基地进行了持续的生态监测，监测记录完整、准确。

6.2 评分项（200 分）

6.2.1 既有生态康养基地必须达到人居环境舒适度 3 级（根据 GB/T 27963 的分级），其天数至少应达到 90 天。具体评分如下：

A. ≥ 150 天，分值 30 ~ 40 分

B. 120 ~ 150 天，分值 20 ~ 29 分

C. 90 ~ 120 天，分值 20 分以下

6.2.2 既有生态康养基地须拥有丰富的空气负离子含量。具体评分如下：

A. ≥ 5000 个 / 立方厘米，分值 30 ~ 40 分

B. 2000 ~ 5000 个 / 立方厘米，分值 20 ~ 29 分

C. 500 ~ 2000 个 / 立方厘米，分值 20 分以下

6.2.3 既有生态康养基地的地表水和地下水质量要控制在国家标准之内，水质不得低于Ⅲ类。具体评分如下：

A. Ⅰ类，分值 30 ~ 40 分

B. Ⅱ类，分值 20 ~ 29 分

C. Ⅲ类，分值 20 分以下

6.2.4 既有生态康养基地的 PM 2.5 必须要控制在国家标准之内，最多不能大于 100 微克 / 立方米。具体评分如下：

A. ≤ 50 微克 / 立方米，分值 30 ~ 40 分

B. 51 ~ 100 微克 / 立方米，分值 20 ~ 29 分

C. ≥ 101 微克 / 立方米，分值 20 分以下

6.2.5 既有生态康养基地须有良好的声环境，声环境必须要达到国家标准。具体评分如下：

A. 昼间 ≤ 40 分贝；夜间≤ 30 分贝，分值 30 ~ 40 分

B. 昼间 40 ~ 50 分贝；夜间 30 ~ 40 分贝，分值 20 ~ 29 分

C. 昼间 ≥ 50 分贝；夜间≥ 40 分贝，分值 20 分以下

7. 生态康养设施

7.1 控制项

7.1.1 既有生态康养基地面积不小于 100 亩，其中康养服务区域面积不小于 10 亩。

7.1.2 既有生态康养基地明确划分了接待区、居住区、活动区、养生区等功能区，合理配置了各功能区的面积。

7.1.3 既有生态康养基地的服务与接待设施选址合理，规模适宜。

7.1.4 既有生态康养基地具有卫生、舒适、安全的住宿条件。

7.1.5 既有生态康养基地有卫生、便捷的用餐条件，具有一定数量的接待餐位，能够提供餐饮食材生态、安全，有专门的康养食谱，符合 GB 16153 饭馆（餐厅）卫生标准。

7.1.6 既有生态康养基地的停车场规模与基地的接待容量相适应，与自然环境相协调，且生态环保。

7.1.7 既有生态康养基地游览线路、养生步道以及健身步道等布局合理，线路布局地域生态修复强，材料生态环保，安全可靠，符合 LB/T 035 标准。具备无障碍通道，无障碍设施符合 GB 50763 要求。采用环保交通工具。

7.1.8 既有生态康养基地的导览标识采用了当地环保材料，标识内容清晰易懂，可读性强，符合 GB/T 10001.1 与 GB/T 10001.2 标准。

7.1.9 既有生态康养基地康养区域实现无线网络全覆盖。

7.1.10 既有生态康养基地的生活用水水量充足，尽量考虑水资源的循环利用，生活饮用水达到 GB 5749 卫生要求。

7.1.11 既有生态康养基地的供电、供热的线路铺设合理，没有破坏景观，同时符合安全、节约和便于维修的要求，尽可能地采用太阳能、风能、沼气等清洁能源。

7.1.12 既有生态康养基地的公共厕所数量充足，服务半径不大于 200 米，厕所蹲位数应与人员流量分布密度相适应，布局合理，干净卫生，配有适老化专用设施以及第三方厕所（如残疾人、孕妇、母婴），且全部采用生态厕所。

7.1.13 既有生态康养基地的垃圾箱隐蔽美观、数量充足、位置合理，做到了分类收集、集中处理，日产日清。垃圾排放标准符合 CJ/T 368 要求，生活废弃物处理符合 GB 50869 生活垃圾卫生填埋处理标准。

7.1.14 既有生态康养基地配备了应急供电系统及紧急照明设施，制定有完善的设备突发事故及突发事件的应急预案。

7.2 评分项（300 分）

7.2.1 既有生态康养基地须有良好的食宿基础设施。具体评分如下：

A. 食宿设施数量充足、类型丰富、舒适安全、康养食谱与设施完备，分值 50 ~ 60 分

B. 食宿设施数量充足、舒适安全、康养食谱与设施较完备，分值 40 ~ 49 分

C. 有简单食宿设施，并能提供一定的康养食谱与设施，分值 40 分以下

7.2.2 既有生态康养基地须有良好的康养文化娱乐设施。具体评分如下：

A. 各种康体文化娱乐设施数量充足、类型丰富、舒适安全、服务内容、人员配置与设施管理完备，分值 50 ~ 60 分

B. 各种康体文化娱乐设施数量较充足，类型较齐全，服务内容、人员配置与设施管理较完备，分值 40 ~ 49 分

C. 有三种以上基本的康体文化娱乐设施，能满足最基本的康养文化娱乐需求，分值 40 分以下

7.2.3 既有生态康养基地须有良好的医疗健康设施。具体评分如下：

A. 有完善的医疗健康服务设施和人员，周边 10 千米以内至少有一家三级以上医院，分值 50 ~ 60 分

B. 有较为完善的医疗健康服务设施和人员，周边 10 千米以内至少有一家二级以上医院，分值 40 ~ 49 分

C. 有基本的医疗健康服务设施和人员，周边 30 分钟以内至少有一家综合医院，分值 40 分以下

7.2.4 既有生态康养基地须有一定面积的室外康养活动区。具体评分如下：

A. ≥ 1000 平方米，分值 50 ~ 60 分

B. 500 ~ 1000 平方米，分值 40 ~ 49 分

C．200 ~ 500 平方米，分值 40 分以下

7.2.5 既有生态康养基地须有丰富的康养产品类型。具体评分如下：

A．具有保健型、理疗型、运动型、文化型、膳食型康养中 3 个以上生态康养产品类型，分值 50 ~ 60 分

B．具有 2 个以上生态康养特色产品类型，分值 40 ~ 49 分

C．至少具有 1 个生态康养特色产品类型，分值 40 分以下

8. 生态康养服务

8.1 控制项

8.1.1 既有生态康养基地的医疗保健设施齐全并配置相关的技术人员，与该地区相关的医疗保健机构保持密切合作，设置了长期的医疗保健项目并开展了地方特色的生态康养疗法。

8.1.2 既有生态康养基地的所有工作人员经过必要的业务培训，并取得相应的合格证书，能胜任相应岗位的工作，从业人员持有卫生部门统一颁发的《健康证》上岗，可提供必要的康养指导和服务。

8.1.3 既有生态康养基地设立了统一的投诉受理机构，投诉渠道通畅、处理及时；配备了充足的康养专业指导人员，康养指导服务体系完整。

8.1.4 既有生态康养基地拥有专门的康养规划与项目设计。建立康养服务档案，并制定保密协议。具有广告宣传对策，应提供生态康养相关知识的科普服务。

8.1.5 既有生态康养基地拥有专业的生态康养科普展示平台，建立了生态康养科普教育体系并配备了讲解团队。

8.2 评分项（200 分）

8.2.1 既有生态康养基地须有良好的生态康养规划。具体评分如下：

A．有完善的基于生态康养的规划及详细项目设计，分值 30 ~ 40 分

B．有生态康养规划，但缺乏详细项目设计，分值 20 ~ 29 分

C．没有专门的规划，但在相关规划中有生态康养内容，分值 20 分以下

8.2.2 既有生态康养基地须有良好的信息化和智能应用（设施）。具体评分如下：

A．有完善的信息化管理系统、大量智能应用，基地无线网络全覆盖，分值 30 ~ 40 分

B．有信息化管理系统和一定的智能应用，基地无线网络覆盖主要区域，分

值 20 ~ 29 分

C．未建信息管理系统，有借助电脑和网络的管理基地，部分区域有无线网络，分值 20 分以下

8.2.3 既有生态康养基地须有良好的生态康养服务。具体评分如下：

A．生态康养服务和培训体系完善、生态康养服务专业人员配备充分，分值 30 ~ 40 分

B．有基本的生态康养服务和培训体系、有匹配的生态康养服务专业人员，分值 20 ~ 29 分

C．有部分生态康养服务和基本培训、有部分专兼职生态康养服务人员，分值 20 分以下

8.2.4 既有生态康养基地须有良好的基地及客户管理。具体评分如下：

A．有系统完整的管理体系及客户档案，分值 30 ~ 40 分

B．有系统较为完整的管理体系及客户档案，分值 20 ~ 29 分

C．有基本的管理体系及基本的客户档案，分值 20 分以下

8.2.5 既有生态康养基地须有良好的品牌宣传推广。具体评分如下：

A．广告宣传方案完整、实施到位、推广效果显著，分值 30 ~ 40 分

B．有广告宣传方案、推广效果一般，分值 20 ~ 29 分

C．仅有广告宣传方案但未推广，分值 20 分以下

9. 提高与创新

9.1 一般规定

9.1.1 对既有生态康养基地进行评定时，应按本章规定对加分项进行评价。加分项包括服务提高和创新两部分。

9.1.2 加分项的附加得分为各加分项得分之和。

9.2 加分项（100 分）

I 服务提高

9.2.1 有利于康养的非物质文化遗产项目，并应用到康养服务中：

A．有国家级非物质文化遗产，并很好地应用到康养服务中，分值 20 ~ 30 分

B．有国家或省级非物质文化遗产，有基础的体验和应用，分值 10 ~ 19 分

C．有省级以下非物质文化遗产，有一定的体验和应用，分值 10 分以下

9.2.2 有利于康养的独特康养资源，如温泉等，并已开发和应用到康养服

务中：

A. 有独特的康养资源，已经很好地开发并应用到康养服务，分值 20 ~ 30 分

B. 有特色康养资源，并已经应用到康养服务，有基础的体验和应用，分值 10 ~ 19 分

C. 有康养资源，还需要加强开发和利用，分值 10 分以下

Ⅱ 服务创新

9.2.3 有开发创新的康养服务，并应用到具体业务中：

A. 有开发创新的康养服务，并很好地应用到康养服务中，分值 30 ~ 40 分

B. 有引入创新的康养服务，并应用到康养服务中，分值 20 ~ 29 分

C. 有创新康养服务，并有体验和应用，分值 20 分以下

二、中国康养城市评价体系

新中国成立70年以来，我国发生了翻天覆地的变化，特别是党的十八大以来，新产业、新业态、新商业模式不断涌现，数字经济和共享经济高速发展，在习近平总书记“绿水青山就是金山银山”理论的指导下，发挥生态服务价值的产业迅速兴起，文化、旅游和康养等“幸福产业”快速崛起，城市新兴服务业蓬勃发展；新动能持续发展壮大，转型升级成果明显，城市经济发展潜力和活力进一步释放。2020年5月17日中共中央、国务院发布《关于新时代推进西部大开发形成新格局的指导意见》，强调依托风景名胜区、边境旅游试验区等，大力发展旅游休闲、健康养生等服务业，打造区域重要支柱产业，康养产业被党中央、国务院定位为区域重要支柱产业，康养产业已逐渐成为各地经济转型发展的重要方向。

康养城市是指以“健康”为城市发展的出发点和归宿点，以康养产业为核心，将健康、养生、养老、体育、文化、休闲、旅游等多产业融合发展，形成的生态环境良好、健康宜居、相关产业充分发展的特色城市。

康养城市指标体系是在“养老城市指标体系”的基础上升级完成，由中国科学院、国家林业与草原局、中国老龄科学研究中心、北京林业大学等单位的专家参与研究编制，数据来源主要是国家统计局、各部委、各地方政府统计公报以及中国城市统计年鉴等权威数据。

康养城市的评价体系由5个一级指标、16个二级指标、32个三级指标组成。其中，5个一级指标为生态环境、医疗水平、产业融合、民生幸福、康养政策。

（一）生态环境指标

生态环境，是人类生存的基础，康养城市首先必须是生态环境的“优等生”。康养城市必然是以绿色可持续发展为理念，以保护生态环境为前提，以人与自然和谐发展为准则，并依托良好的自然生态环境和独特的人文生态系统，采取生态友好方式，开展的生态健康、生态养生、生态体验、生态教育、生态认知并获得心身愉悦的新型城市。

在这一指标体系里，空气质量、绿化率、适宜的温度、水源质量等都成为了重要的参照指征。天然氧吧、绿水青山，这是生态文明的形象代言。“十三五”期间是中国发展的关键时期，也是中国发展走向生态文明、健康发展的重要时期。生态环境是康养城市不可或缺的首要条件。

（二）医疗水平指标

医疗水平是康养的基础保障，医疗是健康的基础保障之一，特别是老年人在医疗健康方面的需求更多，也更复杂。在中国老年医疗健康市场供求严重失衡的背景下，综合医疗、康复、护理、养老各类服务以及能为老年群体提供连续性健康服务的康养项目存在巨大发展空间。聚焦服务老年群体的“以医疗为基础保障的、医养相结合的康养服务”将成为康养城市的重要的产业基础和康养城市竞争力。

医养结合是近几年逐渐兴起并逐渐完善的康养模式，将现代医疗服务技术与养老保障模式有效结合，实现“有病治病、无病疗养”的全方位的康养服务模式创新。因此，医疗环境指标中的医院数量、医疗人员数量、床位数量等成为支撑这一模式的主要内容，也是康养城市的评判标准之一。

（三）产业融合指标

国务院印发《“健康中国 2030”规划纲要》定下明确目标：到 2020 年，健康服务业总规模超 8 万亿，到 2030 年达 16 万亿。康养产业将迎来前所未有的发展契机。

康养产业本身就是一个多产业“康养 +”的联合概念，涵盖养老、文化、旅游、农业、医疗、体育、保险等产业。产业融合度，也体现了康养城市提供高质量康养服务的能力，同时也是康养产业规模化发展的基础，因此，产业如何融合、其融合度如何都是康养城市的重要评价方向。

（四）民生幸福指标

生活在康养城市的人们，应该是幸福的，一座好的康养城市还必须是宜居的，能让当地民众具有获得感、幸福感的。因此，城市的交通便利度、生活设施的便利度、消费居住成本的适宜度等都是康养城市的重要评价指标。

（五）康养政策指标

在康养城市的建设中，政府的重视、配套政策的完善，都是影响康养城市建设、康养产业发展的重要因素，近年来，为推动康养产业的发展，中央和地方政府都出台了很多的支持政策，通过城市康养产业发展规划，出台的康养政策以及政策执行情况进行分析，是判断康养城市建设的重要参考指标，就如同营商环境的改善对于经济发展的重要性一样，康养政策对于康养城市的建设影响深远。同时在城市层面，制定康养产业的发展规划，也是影响康养产业高效发展的重要措施。康养政策、产业规划等构成了康养城市的政策指标，通过政策和产业规划，对康养产业发展形成强大的支撑，成为构建康养城市核心竞争力的重要方式。

中国康养城市评价体系			
一级指标体系	二级指标体系	三级指标体系	计算方法
生态环境（35%）	空气指数 70%	空气质量指数	（1- 空气质量比最大值）× 系数
	绿化指数 10%	建成区绿化覆盖率	× 系数
	温度指数 10%	适宜温度	1-| 温度 -20℃|/20℃
	水源指数 10%	水资源量 / 行政面积	比最大值 × 系数
医疗水平（15%）	人均医院数量 25%	医院数量 / 人口	比最大值 × 系数
	医院总数量 10%	医院数量 / 最大值	× 系数
	人均医护人员数量 25%	医疗人员 / 人口	比最大值 × 系数
	医护人员总数量 10%	医疗人员 / 最大值	× 系数
	人均床位数目 20%	床位数 / 人口	比最大值 × 系数
	床位总数目 10%	床位数 / 医院数	比最大值 × 系数
产业融合（15%）	教育 40%	教育支出 / 人口 50%	比最大值 × 系数
		教育支出 / 最大值 50%	× 系数
	旅游 30%	旅游收入 / 最大值 50%	× 系数
		旅游业收入 /GDP50%	比最大值 × 系数
	科技 30%	科学技术支出 / 人口 50%	比最大值 × 系数
		科学支出 / 最大值 50%	× 系数
民生幸福（20%）	消费居住 70%	房价收入比 60%	（1- 房价收入比）× 系数
		人均居住用地面积 40%	比最大值 × 系数
	交通便利 15%	城市道路面积 / 最大值 20%	× 系数
		城市道路面积 / 建成区面积 15%	比最大值 × 系数
		邮局数 / 最大值 20%	× 系数
		邮局数 / 建成区面积 10%	比最大值 × 系数
		公共汽车量 / 城市道路面积 15%	比最大值 × 系数
		公共汽车量 / 最大值 20%	× 系数
	生活保障 15%	养老保险参保率 35%	× 系数
		医疗保险参保率 35%	× 系数
		失业保险参保率 30%	× 系数

续表

一级指标体系	二级指标体系	三级指标体系	计算方法
康养政策（15%）	基础建设 30%	公共财政支出 / 人数 50%	比最大值 × 系数
		公共财政支出 / 最大值 50%	× 系数
	城市维护 20%	城市维护建设资金支出 / 建成区面积 50%	比最大值 × 系数
		城市维护建设资金支出 / 最大值 50%	× 系数
	康养支持政策 25%	康养政策指数	× 系数
	康养产业规划 25%	康养规划指数	× 系数

康养城市评价主要数据来源：国家统计局、各省市统计局、统计年鉴、政府公报以及生态环境部、农业农村部、国家林草局、自然资源部、国家气象局等部门和第三方数据统计机构。

三、生态养老相关政策目录汇编

国家生态养老相关政策目录（2015—2020）

发文日期	文件名称（文号）	发文机关
2015 年		
2015 年 1 月 3 日	关于机关事业单位工作人员养老保险制度改革的决定（国发〔2015〕2 号）	国务院
2015 年 1 月 6 日	关于促进云计算创新发展培育信息产业新业态的意见（国发〔2015〕5 号）	国务院
2015 年 1 月 13 日	关于遴选全国职业院校养老服务类示范专业点的通知（教职成厅函〔2014〕50 号）	教育部办公厅、民政部办公厅、国家卫生计生委办公厅
2015 年 1 月 14 日	关于印发 2015 年卫生计生工作要点的通知（国卫办发〔2015〕3 号）	国家卫生计生委
2015 年 1 月 15 日	关于同意在宁夏、云南等 5 省区开展远程医疗政策试点工作的通知（发改办高技〔2015〕84 号）	国家发展改革委办公厅、国家卫生计生委办公厅
2015 年 1 月 19 日	关于规范国务院部门行政审批行为改进行政审批有关工作的通知（国发〔2015〕6 号）	国务院
2015 年 1 月 19 日	关于规范养老机构服务收费管理促进养老服务业健康发展的指导意见（发改价格〔2015〕129 号）	国家发展改革委、民政部
2015 年 1 月 27 日	关于认真做好农村土地承包经营权确权登记颁证工作的意见（农经发〔2015〕2 号）	农业部、中央农村工作领导小组办公室、财政部、国土资源部、国务院法制办、国家档案局
2015 年 1 月 28 日	国家卫生计生委医疗管理服务指导中心主要职责内设机构和人员编制规定的通知（国卫人发〔2015〕7 号）	国家卫生计生委
2015 年 1 月 28 日	关于加快发展服务贸易的若干意见（国发〔2015〕8 号）	国务院
2015 年 2 月 1 日	关于加大改革创新力度 加快农业现代化建设的若干意见（中央一号文件）	中共中央、国务院

续表

发文日期	文件名称（文号）	发文机关
2015年2月4日	关于扎实做好2015年农业农村经济工作的意见（农发〔2015〕1号）	农业部
2015年2月3日	关于鼓励民间资本参与养老服务业发展的实施意见（民发〔2015〕33号）	民政部、发展改革委、教育部、财政部、人力资源社会保障部、国土资源部、住房城乡建设部、国家卫生计生委、银监会、保监会
2015年2月5日	关于开展2015年全国休闲农业与乡村旅游示范县、示范点创建工作的通知（农办加〔2015〕5号）	农业部办公厅、国家旅游局办公室
2015年3月2日	关于发展众创空间推进大众创新创业的指导意见（国办发〔2015〕9号）	国务院办公厅
2015年3月6日	关于印发全国医疗卫生服务体系规划纲要（2015—2020年）的通知（国办发〔2015〕14号）	国务院办公厅
2015年3月13日	关于深化体制机制改革加快实施创新驱动发展战略的若干意见	中共中央、国务院
2015年3月25日	关于优化2015年住房及用地供应结构促进房地产市场平稳健康发展的通知（国土资发〔2015〕37号）	国土资源部、住房和城乡建设部
2015年3月25日	关于落实《政府工作报告》重点工作部门分工的意见（国发〔2015〕14号）	国务院
2015年3月27日	关于印发机关事业单位职业年金办法的通知（国办发〔2015〕18号）	国务院办公厅
2015年3月29日	关于进一步促进展览业改革发展的若干意见（国发〔2015〕15号）	国务院
2015年3月31日	建设项目使用林地审核审批管理办法（国家林业局令第35号）	国家林业局
2015年4月3日	关于印发《2015年电子商务工作要点》的通知（商办电函〔2015〕116号）	商务部办公厅
2015年4月7日	关于印发《养老产业专项债券发行指引》的通知（发改办财金〔2015〕817号）	国家发展改革委办公厅
2015年4月8日	关于同意设立湖南湘江新区的批复（国函〔2015〕66号）	国务院
2015年4月14日	关于开发性金融支持社会养老服务体系建设的实施意见（民发〔2015〕78号）	民政部、国家开发银行
2015年4月14日	中药材保护和发展规划（2015—2020年）的通知（国办发〔2015〕27号）	工业和信息化部、中医药局、发展改革委、科技部、财政部、环境保护部、农业部、商务部、卫生计生委、食品药品监管总局、林业局、保监会
2015年4月22日	关于进一步做好养老服务业发展有关工作的通知（发改办社会〔2015〕992号）	国家发展改革委办公厅、民政部办公厅、全国老龄办综合部
2015年4月23日	关于全面推开县级公立医院综合改革的实施意见（国办发〔2015〕33号）	国务院办公厅
2015年4月24日	关于印发中医药健康服务发展规划（2015—2020年）的通知（国办发〔2015〕32号）	国务院办公厅
2015年4月25日	关于加快推进生态文明建设的意见	中共中央、国务院
2015年4月26日	关于印发深化医药卫生体制改革2014年工作总结和2015年重点工作任务的通知（国办发〔2015〕34号）	国务院办公厅
2015年4月27日	关于进一步做好新形势下就业创业工作的意见（国发〔2015〕23号）	国务院

续表

发文日期	文件名称（文号）	发文机关
2015 年 5 月 4 日	关于大力发展电子商务加快培育经济新动力的意见（国发〔2015〕24 号）	国务院
2015 年 5 月 5 日	关于做好政府向社会力量购买公共文化服务工作意见的通知（国办发〔2015〕37 号）	国务院办公厅
2015 年 5 月 5 日	关于北京市服务业扩大开放综合试点总体方案的批复（国函〔2015〕81 号）	国务院
2015 年 5 月 6 日	关于城市公立医院综合改革试点的指导意见（国办发〔2015〕38 号）	国务院办公厅
2015 年 5 月 8 日	关于开展商业健康保险个人所得税政策试点工作的通知（财税〔2015〕56 号）	财政部、国家税务总局、保监会
2015 年 5 月 8 日	关于 2015 年深化经济体制改革重点工作意见的通知（国发〔2015〕26 号）	国务院
2015 年 5 月 19 日	关于在公共服务领域推广政府和社会资本合作模式指导意见的通知（国办发〔2015〕42 号）	国务院办公厅
2015 年 5 月 20 日	关于印发《全国农业可持续发展规划（2015—2030 年）》的通知（农计发〔2015〕145 号）	农业部、国家发展改革委 科技部、财政部、国土资源部、环境保护部、水利部、国家林业局
2015 年 5 月 31 日	关于印发《中央财政服务业发展专项资金管理办法》的通知（财建〔2015〕256 号）	财政部
2015 年 6 月 4 日	关于转发卫生计生委等部门全国精神卫生工作规划（2015—2020 年）的通知（国办发〔2015〕44 号）	国务院办公厅
2015 年 6 月 5 日	关于公布第六批获得中国国家森林公园专用标志使用授权的国家级森林公园名单的通知（林场发〔2015〕70 号）	国家林业局
2015 年 6 月 11 日	关于促进社会办医加快发展若干政策措施的通知（国办发〔2015〕45 号）	国务院办公厅
2015 年 6 月 11 日	关于大力推进大众创业万众创新若干政策措施的意见（国发〔2015〕32 号）	国务院
2015 年 6 月 11 日	关于开展第三次全国农业普查的通知（国发〔2015〕34 号）	国务院
2015 年 6 月 22 日	关于促进民营银行发展指导意见的通知（国办发〔2015〕49 号）	国务院办公厅
2015 年 6 月 25 日	关于进一步做好政府和社会资本合作项目示范工作的通知（财金〔2015〕57 号）	财政部
2015 年 6 月 29 日	关于中国保险投资基金设立方案的批复（国函〔2015〕104 号）	国务院
2015 年 7 月 1 日	关于积极推进“互联网 +”行动的指导意见（国发〔2015〕40 号）	国务院
2015 年 7 月 30 日	关于加快转变农业发展方式的意见（国办发〔2015〕59 号）	国务院办公厅
2015 年 7 月 31 日	关于做好全国性行业协会商会与行政机关脱钩试点工作的通知（民发〔2015〕150 号）	民政部、国家发展改革委
2015 年 8 月 4 日	关于进一步促进旅游投资和消费的若干意见（国办发〔2015〕62 号）	国务院办公厅
2015 年 8 月 7 日	关于促进融资担保行业加快发展的意见（国发〔2015〕43 号）	国务院
2015 年 8 月 10 日	关于开展农村承包土地的经营权和农民住房财产权抵押贷款试点的指导意见（国发〔2015〕45 号）	国务院

续表

发文日期	文件名称（文号）	发文机关
2015年8月17日	关于印发基本养老保险基金投资管理办法的通知（国发〔2015〕48号）	国务院
2015年8月18日	关于积极开发农业多种功能 大力促进休闲农业发展的通知（农加发〔2015〕5号）	农业部
2015年8月31日	关于加快融资租赁业发展的指导意见（国办发〔2015〕68号）	国务院办公厅
2015年9月2日	关于印发《建设项目使用林地审核审批管理规范》和《使用林地申请表》《使用林地现场查验表》的通知（林资发〔2015〕122号）	国家林业局
2015年9月8日	关于推进分级诊疗制度建设的指导意见（国办发〔2015〕70号）	国务院办公厅
2015年9月18日	关于支持新产业新业态发展促进大众创业万众创新用地的意见（国土资规〔2015〕5号）	国土资源部、发展改革委、科技部、工业和信息化部、住房城乡建设部、商务部
2015年9月21日	关于印发《2016年农业综合开发林业项目申报指南》的通知（规山函〔2015〕242号）	国家林业局计财司、国家农业综合开发办公室
2015年9月23日	关于加快构建大众创业万众创新支撑平台的指导意见（国发〔2015〕53号）	国务院
2015年9月24日	关于保险业支持重大工程建设有关事项的指导意见（发改投资〔2015〕2179号）	国家发展改革委、中国保监会
2015年9月28日	关于促进旅游装备制造业发展的实施意见（工信部联装〔2015〕331号）	工业和信息化部、发展改革委、交通运输部、质检总局、旅游局民航局
2015年10月9日	关于公布2015年中国最美休闲乡村推介结果的通知（农办加〔2015〕16号）	农业部办公厅
2015年10月11日	关于推进海绵城市建设的指导意见（国办发〔2015〕75号）	国务院办公厅
2015年10月12日	关于印发《扶持村级集体经济发展试点的指导意见》的通知（财农〔2015〕197号）	财政部
2015年10月13日	关于"先照后证"改革后加强事中事后监管的意见（国发〔2015〕62号）	国务院
2015年10月21日	关于加快推动生活方式绿色化的实施意见（环发〔2015〕135号）	环境保护部
2015年11月4日	关于发布推荐性卫生行业标准《老年人健康管理技术规范》的通告（国卫通〔2015〕14号）	国家卫生计生委
2015年11月18日	关于推进医疗卫生与养老服务相结合指导意见的通知（国办发〔2015〕84号）	卫生计生委、民政部、发展改革委、财政部、人力资源社会保障部、国土资源部、住房城乡建设部、全国老龄办、中医药局
2015年11月19日	关于加快发展生活性服务业促进消费结构升级的指导意见（国办发〔2015〕85号）	国务院办公厅
2015年11月19日	关于积极发挥新消费引领作用加快培育形成新供给新动力的指导意见（国发〔2015〕66号）	国务院
2015年11月24日	关于同步推进公立中医医院综合改革的实施意见（国中医药医政发〔2015〕33号）	国家卫生计生委、国家中医药管理局
2015年11月25日	关于支持旅游业发展用地政策的意见（国土资规〔2015〕10号）	国土资源部、住房和城乡建设部、国家旅游局
2015年11月25日	关于实施开发农业农村资源支持农民工等人员返乡创业行动计划的通知（农加发〔2015〕8号）	农业部、国家发展改革委、国家民委、民政部、国家林业局、国务院扶贫办

续表

发文日期	文件名称（文号）	发文机关
2015 年 11 月 27 日	关于简化优化公共服务流程方便基层群众办事创业的通知（国办发〔2015〕86 号）	国务院办公厅
2015 年 11 月 30 日	关于结合新型城镇化开展支持农民工等人员返乡创业试点工作的通知（发改就业〔2015〕2811 号）	国家发展改革委、工业和信息化部、财政部、人力资源社会保障部、国土资源部、住房城乡建设部、交通运输部、农业部、商务部、人民银行
2015 年 12 月 4 日	关于公布 2015 年全国休闲农业与乡村旅游示范县和示范点的通知（农加发〔2015〕9 号）	农业部、国家旅游局
2015 年 12 月 8 日	关于实施政府和社会资本合作项目以奖代补政策的通知（财金〔2015〕158 号）	财政部
2015 年 12 月 17 日	关于印发《2016 年中央财政支持社会组织参与社会服务项目实施方案》的通知（民办函〔2015〕455 号）	民政部办公厅
2015 年 12 月 17 日	关于印发国家标准化体系建设发展规划（2016—2020 年）的通知（国办发〔2015〕89 号）	国务院办公厅
2015 年 12 月 30 日	关于推进农村一二三产业融合发展的指导意见（国办发〔2015〕93 号）	国务院办公厅
2015 年 12 月 30 日	关于印发《中国公民健康素养——基本知识与技能（2015 年版）》的通知（国卫办宣传函〔2015〕1188 号）	国家卫生计生委办公厅
2015 年 12 月 31 日	关于印发推进普惠金融发展规划（2016—2020 年）的通知（国发〔2015〕74 号）	国务院
2015 年 12 月 31 日	关于落实发展新理念加快农业现代化实现全面小康目标的若干意见（2016 年中央一号文件）	中共中央、国务院
2016 年		
2016 年 1 月 3 日	关于整合城乡居民基本医疗保险制度的意见（国发〔2016〕3 号）	国务院
2016 年 1 月 5 日	中华人民共和国旅游行业标准 LB/T 051-2016 国家康养旅游示范基地 国家旅游局公告（〔2016〕1 号）	国家旅游局
2016 年 1 月 12 日	关于充分发挥农业政策性金融作用支持林业发展的意见（林规发〔2016〕12 号）	国家林业局、中国农业发展银行
2016 年 1 月 30 日	关于印发强制性标准整合精简工作方案的通知（国办发〔2016〕3 号）	国务院办公厅
2016 年 2 月 1 日	《关于加大脱贫攻坚力度支持革命老区开发建设的指导意见》	中共中央办公厅、国务院办公厅
2016 年 2 月 2 日	关于深入推进新型城镇化建设的若干意见（国发〔2016〕8 号）	国务院
2016 年 2 月 14 日	关于加快众创空间发展服务实体经济转型升级的指导意见（国办发〔2016〕7 号）	国务院办公厅
2016 年 2 月 17 日	关于调整房地产交易环节契税 营业税优惠政策的通知（财税〔2016〕23 号）	财政部、国家税务总局、住房城乡建设部
2016 年 2 月 17 日	印发关于促进绿色消费的指导意见的通知（发改环资〔2016〕353 号）	国家发展改革委、中宣部、科技部、财政部、环境保护部、住房城乡建设部、商务部、质检总局、旅游局、国管局
2016 年 2 月 22 日	关于同意开展服务贸易创新发展试点的批复（国函〔2016〕40 号）	国务院

续表

发文日期	文件名称（文号）	发文机关
2016年2月22日	关于印发中医药发展战略规划纲要（2016—2030年）的通知（国发〔2016〕15号）	国务院
2016年3月4日	关于促进医药产业健康发展的指导意见（国办发〔2016〕11号）	国务院办公厅
2016年3月10日	关于建立部分地区企业申请企业债券“直通车”机制的通知（发改办财金〔2016〕628号）	国家发展改革办公厅
2016年3月10日	中华人民共和国国务院令（第667号）	国务院
2016年3月25日	国务院批转国家发展改革委关于2016年深化经济体制改革重点工作意见的通知（国发〔2016〕21号）	国务院
2016年3月17日	关于印发国务院2016年立法工作计划的通知（国办发〔2016〕16号）	国务院办公厅
2016年4月7日	关于印发《中国生态文化发展纲要（2016—2020年）》的通知（林规发〔2016〕44号）	国家林业局
2016年4月8日	关于做好医养结合服务机构许可工作的通知（民发〔2016〕52号）	民政部、卫生计生委
2016年4月15日	关于印发促进消费带动转型升级行动方案的通知（发改综合〔2016〕832号）	国家发展改革委、教育部、工业和信息化部、公安部、民政部、人力资源社会保障部、国土资源部、住房城乡建设部、交通运输部、商务部、文化部、卫生计生委、工商总局、质检总局、新闻出版广电总局、体育总局 旅游局、保监会、能源局、民航局、邮政局、文物局、供销总社、中国铁路总公司
2016年4月21日	关于印发深化医药卫生体制改革2016年重点工作任务的通知（国办发〔2016〕26号）	国务院办公厅
2016年4月28日	关于健全生态保护补偿机制的意见（国办发〔2016〕31号）	国务院办公厅
2016年5月4日	关于印发《林地变更调查工作规则》的通知（林资发〔2016〕57号）	国家林业局
2016年5月10日	关于印发《“互联网+”现代农业三年行动实施方案》的通知（农市发〔2016〕2号）	农业部、国家发展和改革委员会、中央网络安全和信息化领导小组办公室、科学技术部、商务部、国家质量监督检验检疫总局、国家食品药品监督管理总局
2016年5月13日	关于印发农村集体经营性建设用地使用权抵押贷款管理暂行办法的通知（银监发〔2016〕26号）	中国银监会、国土资源部
2016年5月16日	关于印发《中央引导地方科技发展专项资金管理办法》的通知（财教〔2016〕81号）	财政部、科技部
2016年5月17日	关于遴选国家级医养结合试点单位的通知（国卫办家庭发〔2016〕511号）	国家卫生计生委办公厅、民政部办公厅
2016年5月17日	关于加快培育和发展住房租赁市场的若干意见（国办发〔2016〕39号）	国务院办公厅
2016年5月20日	关于推动电子商务发展有关工作的通知（发改办高技〔2016〕1284号）	国家发展改革委办公厅、商务部办公厅、人民银行办公厅、海关总署办公厅、税务总局办公厅、工商总局办公厅、质检总局办公厅

续表

发文日期	文件名称（文号）	发文机关
2016 年 5 月 25 日	关于印发推进家庭医生签约服务指导意见的通知（国医改办发〔2016〕1 号）	国务院医改办、国家卫生计生委、国家发展改革委、民政部、财政部、人力资源社会保障部、国家中医药管理局
2016 年 5 月 26 日	消费品工业“三品”专项行动营造良好市场环境的若干意见（国办发〔2016〕40 号）	国务院办公厅
2016 年 5 月 26 日	关于印发全国新型农村合作医疗异地就医联网结报实施方案的通知（国卫基层发〔2016〕23 号）	国家卫生计生委、财政部
2016 年 5 月 28 日	关于进一步共同做好政府和社会资本合作（PPP）有关工作的通知（财金〔2016〕32 号）	财政部、发展改革委
2016 年 6 月 2 日	关于印发《国家小型微型企业创业创新示范基地建设管理办法》的通知（工信部企业〔2016〕194 号）	工业和信息化部
2016 年 6 月 8 日	关于组织开展第三批政府和社会资本合作示范项目申报筛选工作的通知（财金函〔2016〕47 号）	财政部、教育部、科技部、民政部、人力资源社会保障部、国土资源部、环境保护部、住房城乡建设部、交通运输部、水利部、农业部、商务部、文化部、卫生计生委、国家体育总局、国家林业局、国家旅游局、国家能源局、国家铁路局、中国民用航空局
2016 年 6 月 1 日	关于在市场体系建设中建立公平竞争审查制度的意见（国发〔2016〕34 号）	国务院
2016 年 6 月 10 日	关于发挥品牌引领作用推动供需结构升级的意见（国办发〔2016〕44 号）	国务院办公厅
2016 年 6 月 15 日	关于公布首批全国职业院校养老服务类示范专业点名单的通知（教职成厅函〔2016〕31 号）	教育部办公厅、民政部办公厅、国家卫生计生委办公厅
2016 年 6 月 20 日	关于实施健康扶贫工程的指导意见（国卫财务发〔2016〕26 号）	国家卫生计生委、国务院扶贫办、国家发展改革委、教育部、科技部、民政部、财政部、人力资源社会保障部、环境保护部、住房城乡建设部、水利部、国家中医药管理局、中央军委政治工作部、中央军委后勤保障部、中国残联
2016 年 6 月 21 日	关于促进和规范健康医疗大数据应用发展的指导意见（国办发〔2016〕47 号）	国务院办公厅
2016 年 6 月 24 日	关于印发《民政事业发展第十三个五年规划》的通知（民发〔2016〕107 号）	民政部、国家发展改革委员会
2016 年 6 月 28 日	关于进一步推进社区教育发展的意见（教职成〔2016〕4 号）	教育部、民政部、科技部、财政部、人力资源社会保障部、文化部、体育总局、共青团中央、中国科学技术协会
2016 年 6 月 29 日	关于印发《农村土地经营权流转交易市场运行规范（试行）》的通知（农经发〔2016〕9 号）	农业部
2016 年 7 月 1 日	关于进一步做好民间投资有关工作的通知（国办发明电〔2016〕12 号）	国务院办公厅
2016 年 7 月 1 日	关于开展特色小镇培育工作的通知（建村〔2016〕147 号）	住房和城乡建设部、国家发展和改革委员会、财政部
2016 年 7 月 5 日	关于深化投融资体制改革的意见（中发〔2016〕18 号）	中共中央、国务院

续表

发文日期	文件名称（文号）	发文机关
2016 年 7 月 7 日	关于开展国家中医药健康旅游示范区（基地、项目）创建工作的通知（旅发〔2016〕87 号）	国家旅游局、国家中医药管理局
2016 年 7 月 13 日	关于中央财政支持开展居家和社区养老服务改革试点工作的通知（民函〔2016〕200 号）	民政部、财政部
2016 年 7 月 18 日	关于印发《关于开展健康城市健康村镇建设的指导意见》的通知（全爱卫发〔2016〕5 号）	全国爱国卫生运动委员会
2016 年 7 月 21 日	关于印发医疗机构设置规划指导原则（2016—2020 年）的通知（国卫医发〔2016〕38 号）	国家卫生计生委
2016 年 7 月 25 日	关于印发《各地促进民间投资典型经验和做法》的通知（发改办投资〔2016〕1722 号）	国家发展改革委办公厅
2016 年 8 月 10 日	关于印发中医药发展“十三五”规划的通知（国中医药规财发〔2016〕25 号）	国家中医药管理局
2016 年 8 月 11 日	关于印发乡村旅游扶贫工程行动方案的通知（旅发〔2016〕121 号）	国家开发银行、中国农业发展银行
2016 年 8 月 16 日	推进医疗服务价格改革意见的通知（发改办价格〔2016〕1864 号）	国家发展改革委办公厅
2016 年 8 月 19 日	关于印发国家农业可持续发展试验示范区建设方案的通知（农计发〔2016〕88 号）	农业部、国家发展改革委、科技部、财政部、国土资源部环境保护部、水利部、国家林业局
2016 年 8 月 19 日	关于开展以公建民营为重点的第二批公办养老机构改革试点工作的通知（民办发〔2016〕15 号）	民政部办公厅、发展改革委办公厅
2016 年 8 月 22 日	关于印发全国生态旅游发展规划（2016—2025 年）的通知（发改社会〔2016〕1831 号）	国家发展改革委、国家旅游局
2016 年 8 月 25 日	关于印发国家残疾预防行动计划（2016—2020 年）的通知（国办发〔2016〕66 号）	国务院办公厅
2016 年 9 月 1 日	关于大力发展休闲农业的指导意见（农加发〔2016〕3 号）	农业部
2016 年 9 月 6 日	关于印发消费品标准和质量提升规划（2016—2020 年）的通知（国办发〔2016〕68 号）	国务院办公厅
2016 年 9 月 9 日	关于着力开展森林城市建设的指导意见（林宣发〔2016〕126 号）	国家林业局
2016 年 9 月 14 日	关于确定第二批国家级医养结合试点单位的通知（国卫办家庭函〔2016〕1004 号）	国家卫生计生委办公厅、民政部办公厅
2016 年 9 月 14 日	关于同意新增部分县（市、区、旗）纳入国家重点生态功能区的批复（国函〔2016〕161 号）	国务院
2016 年 9 月 14 日	关于加快实施创新驱动发展战略支撑林业现代化建设的意见（林科发〔2016〕132 号）	国家林业局
2016 年 9 月 16 日	关于促进创业投资持续健康发展的若干意见（国发〔2016〕53 号）	国务院
2016 年 9 月 27 日	关于大力发展装配式建筑的指导意见（国办发〔2016〕71 号）	国务院办公厅
2016 年 9 月 28 日	关于北戴河生命健康产业创新示范区发展总体规划（2016—2030 年）的批复（发改社会〔2016〕2051 号）	国家发展改革委
2016 年 9 月 30 日	关于印发推动 1 亿非户籍人口在城市落户方案的通知（国办发〔2016〕72 号）	国务院办公厅

续表

发文日期	文件名称（文号）	发文机关
2016 年 9 月 30 日	关于加强卫生与健康科技成果转移转化工作的指导意见（国卫科教发〔2016〕51 号）	国家卫生计生委、科学技术部、国家食品药品监督管理总局、国家中医药管理局、中央军委后勤保障部卫生局
2016 年 9 月 30 日	关于全面推进卫生与健康科技创新的指导意见（国卫科教发〔2016〕50 号）	国家卫生计生委、科学技术部、国家食品药品监督管理总局、国家中医药管理局、中央军委后勤保障部卫生局
2016 年 10 月 5 日	关于印发老年教育发展规（2016—2020 年）的通知（国办发〔2016〕74 号）	国务院办公厅
2016 年 10 月 11 日	关于公布第一批中国特色小镇名单的通知（建村〔2016〕221 号）	中华人民共和国住房和城乡建设部
2016 年 10 月 18 日	关于推动落实农村一二三产业融合发展政策措施的通知（农加发〔2016〕6 号）	农业部
2016 年 10 月 23 日	关于加快发展康复辅助器具产业的若干意见（国发〔2016〕60 号）	国务院
2016 年 10 月 25 日	关于加快发展健身休闲产业的指导意见（国办发〔2016〕77 号）	国务院办公厅
2016 年 11 月 2 日	关于推动实体零售创新转型的意见（国办发〔2016〕78 号）	国务院办公厅
2016 年 11 月 4 日	关于完善产权保护制度依法保护产权的意见	中共中央、国务院
2016 年 11 月 12 日	关于对真抓实干成效明显地方加大激励支持力度的通知（国办发〔2016〕82 号）	国务院办公厅
2016 年 11 月 18 日	关于印发《全民健康保障工程建设规划》的通知（发改社会〔2016〕2439 号）	国家发改委
2016 年 11 月 16 日	关于完善集体林权制度的意见（国办发〔2016〕83 号）	国务院办公厅
2016 年 11 月 17 日	关于组织开展国家现代农业庄园创建工作的通知（旅发〔2016〕157 号）	国家旅游局、农业部
2016 年 11 月 18 日	关于征求行业标准《疗养院建筑设计规范（征求意见稿）》意见的函（建标标函〔2016〕218 号）	住房和城乡建设部
2016 年 11 月 18 日	关于支持返乡下乡人员创业创新促进农村一二三产业融合发展的意见（国办发〔2016〕84 号）	国务院办公厅
2016 年 11 月 18 日	关于印发全国护理事业发展规划（2016—2020 年）的通知（国卫医发〔2016〕64 号）	国家卫生计生委
2016 年 11 月 20 日	关于进一步扩大旅游文化体育健康养老教育培训等领域消费的意见（国办发〔2016〕85 号）	国务院办公厅
2016 年 11 月 22 日	关于建立统一的绿色产品标准、认证、标识体系的意见（国办发〔2016〕86 号）	国务院办公厅
2016 年 11 月 29 日	关于公布第三批国家新型城镇化综合试点地区名单的通知（发改规划〔2016〕2489 号）	国家发展改革委、中央编办、公安部、民政部、财政部、人力资源社会保障部、国土资源部、住房城乡建设部、农业部、中国人民银行、中国银监会
2016 年 12 月 3 日	关于印发中国落实 2030 年可持续发展议程创新示范区建设方案的通知（国发〔2016〕69 号）	国务院
2016 年 12 月 5 日	关于实施旅游休闲重大工程的通知（发改社会〔2016〕2550 号）	国家发展改革委、国家旅游局

续表

发文日期	文件名称（文号）	发文机关
2016年12月7日	关于全面放开养老服务市场提升养老服务质量的若干意见（国办发〔2016〕91号）	国务院办公厅
2016年12月16日	关于印发《教育脱贫攻坚“十三五”规划》的通知（教发〔2016〕18号）	教育部、国家发展改革委、民政部、财政部、人力资源社会保障部、国务院扶贫办
2016年12月19日	关于印发《行业协会商会综合监管办法》的通知（发改经体〔2016〕2657号）	国家发展改革委、民政部、中央组织部、中央直属机关工委、中央国家机关工委、外交部、财政部、人力资源社会保障部、国务院国资委、国家机关事务管理局
2016年12月22日	关于大力发展体育旅游的指导意见（旅发〔2016〕172号）	国家旅游局、国家体育总局
2016年12月28日	关于印发《养老服务体系建设中央补助激励支持实施办法》的通知（发改社会〔2016〕2776号）	国家发展改革委、财政部、民政部
2016年12月28日	关于公布第四批美丽宜居小镇、美丽宜居村庄示范名单的通知（建办村〔2016〕71号）	住房和城乡建设部办公厅
2016年12月29日	关于鼓励社会力量兴办教育促进民办教育健康发展的若干意见（国发〔2016〕81号）	国务院
2016年12月30日	关于印发中医中药中国行——中医药健康文化推进行动实施方案（2016—2020年）的通知（国中医药办发〔2016〕43号）	国家中医药管理局
2016年12月30日	关于印发国家人口发展规划（2016—2030年）的通知（国发〔2016〕87号）	国务院
2016年12月31日	关于印发“十三五”社会服务兜底工程实施方案的通知（发改社会〔2016〕2848号）	国家发展改革委、民政部、中国残联
2016年12月31日	关于深入推进农业供给侧结构性改革加快培育农业农村发展新动能的若干意见（2017年中央一号文件）	中共中央、国务院
2017年		
2017年1月3日	关于印发全国国土规划纲要（2016—2030年）的通知（国发〔2017〕3号）	国务院
2017年1月6日	关于加强分类引导培育资源型城市转型发展新动能的指导意见（发改振兴〔2017〕52号）	国家发展改革委
2017年1月11日	关于印发“十三五”全国健康促进与教育工作规划的通知（国卫宣传发〔2017〕2号）	国家卫生计生委
2017年1月12日	关于印发“十三五”市场监管规划的通知（国发〔2017〕6号）	国务院
2017年1月13日	关于创新管理优化服务培育壮大经济发展新动能加快新旧动能接续转换的意见（国办发〔2017〕4号）	国务院办公厅
2017年1月18日	关于同意建立加快发展康复辅助器具产业部际联席会议制度的函（国办函〔2017〕10号）	国务院办公厅
2017年1月19日	关于印发生育保险和职工基本医疗保险合并实施试点方案的通知（国办发〔2017〕6号）	国务院办公厅
2017年1月23日	关于加快推进养老服务业放管服改革的通知（民发〔2017〕25号）	民政部、发展改革委、公安部、财政部、国土资源部、环境保护部、住房城乡建设部、卫生计生委、中国人民银行、工商总局、食品药品监管总局、银监会、全国老龄办

续表

发文日期	文件名称（文号）	发文机关
2017年2月6日	关于印发《智慧健康养老产业发展行动计划（2017—2020年）》的通知（工信部联电子〔2017〕25号）	工业和信息化部、民政部、国家卫生计生委
2017年2月7日	中华人民共和国国务院令（第675号）	国务院
2017年2月10日	关于印发《中央财政支持居家和社区养老服务改革试点补助资金管理办法》的通知（财社〔2017〕2号）	财政部、民政部
2017年2月13日	关于印发《教育现代化推进工程实施方案》《教育现代化推进工程中央预算内投资项目管理办法》的通知（发改社会〔2017〕285号）	国家发展改革委、教育部、人力资源社会保障部
2017年2月21日	关于促进建筑业持续健康发展的意见（国办发〔2017〕19号）	国务院办公厅
2017年2月28日	关于印发“十三五”国家老龄事业发展和养老体系建设规划的通知（国发〔2017〕13号）	国务院
2017年3月7日	关于进一步激发社会领域投资活力的意见（国办发〔2017〕21号）	国务院办公厅
2017年3月9日	关于印发“十三五”健康老龄化规划的通知（国卫家庭发〔2017〕12号）	国家卫生计生委、国家发展改革委、教育部、工业和信息化部、民政部、财政部、人力资源社会保障部、国土资源部、住房城乡建设部、国家体育总局、国家中医药局、中国残联、全国老龄办
2017年3月28日	关于做好第一批中央财政支持开展居家和社区养老服务改革试点工作的通知（民发〔2017〕54号）	民政部、财政部
2017年4月13日	关于2017年深化经济体制改革重点工作意见的通知（国发〔2017〕27号）	国务院
2017年4月19日	关于全面推开公立医院综合改革工作的通知（国卫体改发〔2017〕22号）	国家卫生计生委、财政部、中央编办、国家发展改革委、人力资源社会保障部、国家中医药局、国务院医改办
2017年4月23日	关于推进医疗联合体建设和发展的指导意见（国办发〔2017〕32号）	国务院办公厅
2017年5月9日	关于推动运动休闲特色小镇建设工作的通知（体群字〔2017〕73号）	体育总局办公厅
2017年5月11日	关于县域创新驱动发展的若干意见（国办发〔2017〕43号）	国务院办公厅
2017年5月12日	关于促进健康旅游发展的指导意见（国卫规划发〔2017〕30号）	国家卫生计生委、国家发展改革委、财政部、国家旅游局、国家中医药局
2017年5月16日	关于支持社会力量提供多层次多样化医疗服务的意见（国办发〔2017〕44号）	国务院办公厅
2017年5月17日	关于印发《全域旅游示范区创建工作导则》的通知（旅发〔2017〕79号）	国家旅游局
2017年5月24日	关于成立国家生态大数据研究院的通知（办信字〔2017〕82号）	国家林业局办公室
2017年5月24日	关于开展田园综合体建设试点工作的通知（财办〔2017〕29号）	财政部
2017年6月6日	关于制定和实施老年人照顾服务项目的意见（国办发〔2017〕52号）	国务院办公厅

续表

发文日期	文件名称（文号）	发文机关
2017 年 6 月 20 日	关于进一步深化基本医疗保险支付方式改革的指导意见（国办发〔2017〕55 号）	国务院办公厅
2017 年 6 月 29 日	关于加快发展商业养老保险的若干意见 国办发〔2017〕59 号	国务院办公厅
2017 年 6 月 30 日	关于印发国民营养计划（2017—2030 年）的通知（国办发〔2017〕60 号）	国务院办公厅
2017 年 7 月 3 日	印发《关于促进分享经济发展的指导性意见》的通知（发改高技〔2017〕1245 号）	国家发展改革委、中央网信办、工业和信息化部、人力资源社会保障部、税务总局、工商总局、质检总局、国家统计局
2017 年 7 月 3 日	关于深化医教协同进一步推进医学教育改革与发展的意见（国办发〔2017〕63 号）	国务院办公厅
2017 年 7 月 4 日	关于开展森林特色小镇建设试点工作的通知（办场字〔2017〕110 号）	国家林业局办公室
2017 年 7 月 11 日	关于印发《促进乡村旅游发展提质升级行动方案（2017 年）》的通知（发改社会〔2017〕1292 号）	国家发展改革委、工业和信息化部、财政部、国土资源部、环境保护部、住房城乡建设部、交通运输部、农业部、人民银行、林业局、旅游局、扶贫办、银监会、文物局
2017 年 7 月 14 日	关于建立现代医院管理制度的指导意见（国办发〔2017〕67 号）	国务院办公厅
2017 年 7 月 17 日	关于印发社会资本参与林业生态建设第一批试点项目的通知（发改办农经〔2017〕1243 号）	国家发展改革委办公厅、国家林业局办公室
2017 年 7 月 21 日	关于强化实施创新驱动发展战略进一步推进大众创业万众创新深入发展的意见（国发〔2017〕37 号）	国务院
2017 年 7 月 27 日	关于开展智慧健康养老应用试点示范的通知（工信厅联电子〔2017〕75 号）	工业和信息化部办公厅、民政部办公厅、国家卫生和计划生育委员会办公厅
2017 年 8 月 1 日	关于印发《农村产业融合发展专项债券发行指引》的通知（发改办财金规〔2017〕1340 号）	国家发展改革委办公厅
2017 年 8 月 1 日	关于印发《社会领域产业专项债券发行指引》的通知（发改办财金规〔2017〕1341 号）	国家发展改革委办公厅
2017 年 8 月 13 日	关于进一步扩大和升级信息消费持续释放内需潜力的指导意见（国发〔2017〕40 号）	国务院
2017 年 8 月 14 日	关于运用政府和社会资本合作模式支持养老服务业发展的实施意见（财金〔2017〕86 号）	财政部、民政部、人力资源社会保障部
2017 年 8 月 21 日	关于印发《利用集体建设用地建设租赁住房试点方案》的通知（国土资发〔2017〕100 号）	国土资源部、住房城乡建设部
2017 年 8 月 22 日	中华人民共和国国务院令（第 685 号）	国务院
2017 年 9 月 1 日	关于支持山西省进一步深化改革促进资源型经济转型发展的意见（国发〔2017〕42 号）	国务院
2017 年 9 月 1 日	关于进一步激发民间有效投资活力促进经济持续健康发展的指导意见（国办发〔2017〕79 号）	国务院办公厅
2017 年 9 月 22 日	关于在更大范围推进“证照分离”改革试点工作的意见（国发〔2017〕45 号）	国务院
2017 年 9 月 30 日	关于实施森林生态标志产品建设工程的通知（林改发〔2017〕109 号）	国家林业局

续表

发文日期	文件名称（文号）	发文机关
2017 年 10 月 17 日	关于确定第二批公办养老机构改革试点的通知（民办函〔2017〕293 号）	民政部办公厅、发展改革委办公厅
2017 年 10 月 26 日	关于加快精神障碍社区康复服务发展的意见（民发〔2017〕167 号）	民政部、财政部、卫生计生委、中国残疾人联合会
2017 年 10 月 30 日	关于印发康复医疗中心、护理中心基本标准和管理规范（试行）的通知（国卫医发〔2017〕51 号）	国家卫生计生委
2017 年 11 月 8 日	关于印发《公共实训基地建设中央预算内投资专项管理办法》的通知（发改就业规〔2017〕1937 号）	国家发展改革委
2017 年 11 月 9 日	关于印发划转部分国有资本充实社保基金实施方案的通知（国发〔2017〕49 号）	国务院
2017 年 11 月 10 日	关于确定第二批中央财政支持开展居家和社区养老服务改革试点地区的通知（民函〔2017〕252 号）	民政部、财政部
2017 年 11 月 16 日	关于国有资本加大对公益性行业投入的指导意见（财建〔2017〕743 号）	财政部
2017 年 12 月 5 日	关于深化产教融合的若干意见（国办发〔2017〕95 号）	国务院办公厅
2017 年 12 月 8 日	关于推动发展第一批共享经济示范平台的通知（发改办高技〔2017〕2020 号）	国家发展改革委办公厅
2017 年 12 月 18 日	中华人民共和国人力资源和社会保障部 中华人民共和国财政部令（第 36 号）	人力资源社会保障部、财政部
2017 年 12 月 19 日	关于公布 2017 年智慧健康养老应用试点示范名单的通告（工信部联电子函〔2017〕588 号）	工业和信息化部、民政部、国家卫生和计划生育委员会
2017 年 12 月 29 日	关于印发进一步改善医疗服务行动计划（2018—2020 年）的通知（国卫医发〔2017〕73 号）	国家卫生计生委、国家中医药管理局
2018 年		
2018 年 1 月 2 日	关于实施乡村振兴战略的意见（2018 年中央一号文件）	中共中央、国务院
2018 年 1 月 12 日	关于印发山东新旧动能转换综合试验区建设总体方案的通知（发改地区〔2018〕67 号）	国家发展改革委
2018 年 1 月 14 日	关于改革完善全科医生培养与使用激励机制的意见（国办发〔2018〕3 号）	国务院办公厅
2018 年 1 月 18 日	关于印发《生态扶贫工作方案》的通知（发改农经〔2018〕124 号）	国家发展改革委、国家林业局、财政部、水利部、农业部、国务院扶贫办
2018 年 2 月 7 日	关于非营利组织免税资格认定管理有关问题的通知（财税〔2018〕13 号）	财政部、税务总局
2018 年 2 月 9 日	关于推进社会公益事业建设领域政府信息公开的意见（国办发〔2018〕10 号）	国务院办公厅
2018 年 3 月 9 日	关于促进全域旅游发展的指导意见（国办发〔2018〕15 号）	国务院办公厅
2018 年 4 月 2 日	关于开展个人税收递延型商业养老保险试点的通知（财税〔2018〕22 号）	财政部、税务总局、人力资源社会保障部、中国银行保险监督管理委员会、证监会
2018 年 4 月 11 日	关于支持海南全面深化改革开放的指导意见	中共中央、国务院

续表

发文日期	文件名称（文号）	发文机关
2018 年 4 月 19 日	关于在旅游领域推广政府和社会资本合作模式的指导意见（文旅旅发〔2018〕3 号）	文化和旅游部、财政部
2018 年 4 月 25 日	关于促进“互联网＋医疗健康”发展的意见（国办发〔2018〕26 号）	国务院办公厅
2018 年 4 月 25 日	关于印发《个人税收递延型商业养老保险产品开发指引》的通知（银保监发〔2018〕20 号）	中国银行保险监督管理委员会、财政部、人力资源和社会保障部、国家税务总局
2018 年 4 月 28 日	关于印发第一批国家新型城镇化综合试点经验的通知（发改办规划〔2018〕496 号）	国家发展改革委办公厅
2018 年 5 月 3 日	关于推行终身职业技能培训制度的意见（国发〔2018〕11 号）	国务院
2018 年 5 月 3 日	关于进一步做好技能人员职业资格证书发放管理有关工作的通知（人社厅发〔2018〕42 号）	人力资源社会保障部办公厅
2018 年 5 月 4 日	关于发布 2018 年中央财政支持社会组织参与社会服务项目立项名单的通知（民办函〔2018〕83 号）	民政部办公厅
2018 年 5 月 10 日	关于 2018 年提高全国城乡居民基本养老保险基础养老金最低标准的通知（人社部规〔2018〕3 号）	人力资源社会保障部、财政部
2018 年 5 月 14 日	关于开展工程建设项目审批制度改革试点的通知（国办发〔2018〕33 号）	国务院办公厅
2018 年 6 月 10 日	关于积极有效利用外资推动经济高质量发展若干措施的通知（国发〔2018〕19 号）	国务院
2018 年 6 月 21 日	关于印发促进护理服务业改革与发展指导意见的通知（国卫医发〔2018〕20 号）	国家卫生健康委员会、国家发展和改革委员会、教育部、民政部、财政部、人力资源和社会保障部、国家市场监督管理总局、中国银行保险监督管理委员会、国家中医药管理局、中国残疾人联合会、中央军委后勤保障部
2018 年 7 月 2 日	关于扩大进口促进对外贸易平衡发展意见的通知（国办发〔2018〕53 号）	国务院办公厅
2018 年 7 月 5 日	关于开展 2018 年国务院大督查的通知（国发明电〔2018〕3 号）	国务院
2018 年 7 月 5 日	关于调整国务院深化医药卫生体制改革领导小组组成人员的通知（国办发〔2018〕56 号）	国务院办公厅
2018 年 7 月 4 日	关于印发《银龄讲学计划实施方案》的通知（教师〔2018〕7 号）	教育部、财政部
2018 年 7 月 10 日	关于大力发展实体经济积极稳定和促进就业的指导意见（发改就业〔2018〕1008 号）	国家发展改革委、教育部、科技部、工业和信息化部、公安部、民政部、财政部、人力资源社会保障部、自然资源部、住房城乡建设部、交通运输部、农业农村部、商务部、人民银行、市场监管总局、国家统计局、全国总工会
2018 年 7 月 12 日	关于印发国家健康医疗大数据标准、安全和服务管理办法（试行）的通知（国卫规划发〔2018〕23 号）	国家卫生健康委员会
2018 年 7 月 19 日	关于印发医疗卫生领域中央与地方财政事权和支出责任划分改革方案的通知（国办发〔2018〕67 号）	国务院办公厅

续表

发文日期	文件名称（文号）	发文机关
2018 年 7 月 31 日	中华人民共和国国务院令（第 701 号）	国务院
2018 年 8 月 2 日	关于优化社会办医疗机构跨部门审批工作的通知（发改社会〔2018〕1147 号）	国家发展改革委、民政部、自然资源部、生态环境部、住房城乡建设部、卫生健康委、应急部、市场监管总局、中医药局
2018 年 8 月 5 日	关于印发全国深化“放管服”改革转变政府职能电视电话会议重点任务分工方案的通知（国办发〔2018〕79 号）	国务院办公厅
2018 年 8 月 7 日	关于坚持以人民健康为中心推动医疗服务高质量发展的意见（国卫医发〔2018〕29 号）	国家卫生健康委员会、国家中医药管理局
2018 年 8 月 7 日	关于进一步做好分级诊疗制度建设有关重点工作的通知（国卫医发〔2018〕28 号）	国家卫生健康委员会、国家中医药管理局
2018 年 8 月 20 日	关于印发深化医药卫生体制改革 2018 年下半年重点工作任务的通知（国办发〔2018〕83 号）	国务院办公厅
2018 年 8 月 30 日	关于建立特色小镇和特色小城镇高质量发展机制的通知（发改办规划〔2018〕1041 号）	国家发展改革委办公厅
2018 年 9 月 18 日	关于发展数字经济稳定并扩大就业的指导意见（发改就业〔2018〕1363 号）	国家发展改革委、教育部、科技部、工业和信息化部、公安部、财政部、人力资源社会保障部、自然资源部、农业农村部、商务部、人民银行、税务总局、市场监管总局、国家统计局、银保监会、证监会、知识产权局、全国总工会、全国工商联
2018 年 9 月 24 日	关于印发完善促进消费体制机制实施方案（2018—2020 年）的通知（国办发〔2018〕93 号）	国务院办公厅
2018 年 9 月 29 日	关于规范家庭医生签约服务管理的指导意见（国卫基层发〔2018〕35 号）	国家卫生健康委员会、国家中医药管理局
2018 年 9 月 30 日	关于调整全国老龄工作委员会组成人员的通知（国办发〔2018〕96 号）	国务院办公厅
2018 年 11 月 9 日	关于优化医疗机构和医护人员准入服务的通知（国卫办医发〔2018〕29 号）	国家卫生健康委办公厅、国家中医药局办公室
2018 年 11 月 13 日	关于积极推进大规模国土绿化行动的意见（全绿字〔2018〕5 号）	全国绿化委员会、国家林业和草原局
2018 年 11 月 16 日	关于实施进一步支持和服务民营经济发展若干措施的通知（税总发〔2018〕174 号）	国家税务总局
2018 年 11 月 19 日	关于成立国家林业和草原局森林旅游工作领导小组的通知（办场字〔2018〕178 号）	国家林业和草原局办公室
2018 年 11 月 25 日	关于提升假日及高峰期旅游供给品质的指导意见（文旅资源发〔2018〕100 号）	文化和旅游部
2018 年 12 月 4 日	关于做好村规民约和居民公约工作的指导意见	民政部、中央组织部、中央政法委、中央文明办、司法部、农业农村部、全国妇联
2018 年 12 月 6 日	关于对真抓实干成效明显地方进一步加大激励支持力度的通知（国办发〔2018〕117 号）	国务院办公厅
2018 年 12 月 17 日	关于开展康复辅助器具社区租赁服务试点的通知（民发〔2018〕152 号）	民政部、发展改革委、财政部、中国残联
2018 年 12 月 29 日	中华人民共和国主席令（第二十四号）	中共中央

续表

发文日期	文件名称（文号）	发文机关
2019 年		
2019 年 1 月 2 日	关于贯彻落实新修改的《中华人民共和国老年人权益保障法》的通知（民函〔2019〕1 号）	民政部
2019 年 1 月 3 日	关于坚持农业农村优先发展做好“三农”工作的若干意见（2019 年中央一号文件）	中共中央、国务院
2019 年 1 月 4 日	关于统筹推进村庄规划工作的意见（农规发〔2019〕1 号）	中央农办、农业农村部、自然资源部、国家发展改革委、财政部
2019 年 1 月 23 日	关于印发《加大力度推动社会领域公共服务补短板强弱项提质量促进形成强大国内市场的行动方案》的通知（发改社会〔2019〕0160 号）	国家发展改革委、中央宣传部、教育部、工业和信息化部、民政部、财政部、人力资源社会保障部、自然资源部、住房城乡建设部、农业农村部、商务部、文化和旅游部、国家卫生健康委、广电总局、体育总局、国家文物局、国家中医药局、中国残联
2019 年 1 月 24 日	关于印发国家职业教育改革实施方案的通知（国发〔2019〕4 号）	国务院
2019 年 1 月 29 日	关于金融服务乡村振兴的指导意见（银发〔2019〕11 号）	中国人民银行、银保监会、证监会、财政部、农业农村部
2019 年 2 月 14 日	关于促进林草产业高质量发展的指导意见（林改发〔2019〕14 号）	国家林业和草原局
2019 年 2 月 27 日	关于取消和下放一批行政许可事项的决定（国发〔2019〕6 号）	国务院
2019 年 3 月 6 日	关于促进森林康养产业发展的意见（林改发〔2019〕20 号）	国家林业和草原局、民政部、国家卫生健康委员会、国家中医药管理局
2019 年 3 月 6 日	关于开展医疗乱象专项整治行动的通知（国卫医发〔2019〕36 号）	国家卫生健康委、中央网信办、国家发展改革委、公安部、国家市场监管总局、国家医保局、国家中医药局、国家药监局
2019 年 3 月 13 日	关于全面开展工程建设项目审批制度改革的实施意见（国办发〔2019〕11 号）	国务院办公厅
2019 年 3 月 15 日	关于开展第二批国家农村产业融合发展示范园创建工作的通知（发改办农经〔2019〕334 号）	国家发展改革委办公厅
2019 年 3 月 15 日	关于印发《服务业发展资金管理办法》的通知（财建〔2019〕50 号）	财政部
2019 年 3 月 19 日	关于印发《贯彻落实〈国家林业和草原局关于促进林草产业高质量发展的指导意见〉任务分工方案》的通知（办改字〔2019〕64 号）	国家林业和草原局办公室
2019 年 3 月 25 日	关于印发《乡村绿化美化行动方案》的通知（林生发〔2019〕33 号）	国家林业和草原局
2019 年 3 月 28 日	关于实施老年人心理关爱项目的通知（国卫办老龄函〔2019〕322 号）	国家卫生健康委办公厅
2019 年 3 月 29 日	关于落实《政府工作报告》重点工作部门分工的意见（国发〔2019〕8 号）	国务院
2019 年 3 月 29 日	关于推进养老服务发展的意见（国办发〔2019〕5 号）	国务院办公厅
2019 年 3 月 31 日	关于印发《2019 年新型城镇化建设重点任务》的通知（发改规划〔2019〕0617 号）	国家发展改革委

续表

发文日期	文件名称（文号）	发文机关
2019 年 4 月 1 日	关于印发降低社会保险费率综合方案的通知（国办发〔2019〕13 号）	国务院办公厅
2019 年 4 月 1 日	关于印发《生活性服务业统计分类（2019）》的通知（国统字〔2019〕44 号）	国家统计局
2019 年 4 月 13 日	关于下达 2019 年现代职业教育质量提升计划专项资金预算的通知（财科教〔2019〕32 号）	财政部、教育部
2019 年 4 月 14 日	关于统筹推进自然资源资产产权制度改革的指导意见	中共中央、国务院
2019 年 4 月 15 日	关于建立健全城乡融合发展体制机制和政策体系的意见	中共中央、国务院
2019 年 4 月 17 日	关于推进建设用地审批和城乡规划许可“多审合一”改革的通知	自然资源部
2019 年 4 月 28 日	关于贯彻落实《降低社会保险费率综合方案》的通知（人社部发〔2019〕35 号）	人力资源社会保障部、财政部、国家税务总局、国家医保局
2019 年 4 月 30 日	关于印发社会救助和养老服务领域基层政务公开标准指引的通知（民办函〔2019〕52 号）	民政部办公厅
2019 年 5 月 12 日	印发《国家生态文明试验区（海南）实施方案》	中共中央、国务院
2019 年 5 月 13 日	关于开展第四批居家和社区养老服务改革试点申报工作的通知（民办函〔2019〕57 号）	民政部办公厅、财政部办公厅
2019 年 5 月 13 日	关于做好 2019 年养老院服务质量建设专项行动工作的通知（民发〔2019〕52 号）	民政部、国家卫生健康委、应急管理部、市场监管总局
2019 年 5 月 18 日	关于印发职业技能提升行动方案（2019—2021 年）的通知（国办发〔2019〕24 号）	国务院办公厅
2019 年 5 月 23 日	关于建立国土空间规划体系并监督实施的若干意见（中发〔2019〕18 号）	中共中央、国务院
2019 年 5 月 23 日	关于印发深化医药卫生体制改革 2019 年重点工作任务的通知（国办发〔2019〕28 号）	国务院办公厅
2019 年 5 月 27 日	关于做好医养结合机构审批登记工作的通知（国卫办老龄发〔2019〕17 号）	国家卫生健康委办公厅、民政部办公厅、市场监管总局办公厅、国家中医药局办公室
2019 年 5 月 29 日	关于加强村庄规划促进乡村振兴的通知（自然资办发〔2019〕35 号）	自然资源部办公厅
2019 年 6 月 4 日	关于开展第三批智慧健康养老应用试点示范的通知（工信厅联电子函〔2019〕133 号）	工业和信息化部办公厅、民政部办公厅、国家卫生健康委员会办公厅
2019 年 6 月 6 日	关于开展全国乡村旅游重点村名录建设工作的通知（办资源发〔2019〕90 号）	文化和旅游部办公厅、国家发展改革委办公厅
2019 年 6 月 10 日	关于印发促进社会办医持续健康规范发展意见的通知（国卫医发〔2019〕42 号）	国家卫生健康委、国家发展改革委、科技部、财政部、人力资源社会保障部、自然资源部、住房城乡建设部、市场监管总局、国家医保局、中国银保监会
2019 年 6 月 14 日	关于全面推开行业协会商会与行政机关脱钩改革的实施意见（发改体改〔2019〕1063 号）	国家发展改革委、民政部、中央组织部、中央编办、中央和国家机关工委、外交部、财政部、人力资源社会保障部、国资委、国管局
2019 年 6 月 16 日	关于促进家政服务业提质扩容的意见（国办发〔2019〕30 号）	国务院办公厅

续表

发文日期	文件名称（文号）	发文机关
2019年6月17日	关于促进乡村产业振兴的指导意见（国发〔2019〕12号）	国务院
2019年6月24日	关于印发健康中国行动组织实施和考核方案的通知（国办发〔2019〕32号）	国务院办公厅
2019年6月24日	关于实施健康中国行动的意见（国发〔2019〕13号）	国务院
2019年6月26日	关于建立以国家公园为主体的自然保护地体系的指导意见	中共中央、国务院
2019年6月27日	关于印发农村集体土地征收基层政务公开标准指引的通知（自然资办函〔2019〕1105号）	自然资源部办公厅
2019年7月5日	关于开展2019—2020年家政培训提升行动的通知（发改办社会〔2019〕769号）	国家发展改革委办公厅、商务部办公厅、教育部办公厅、人力资源社会保障部办公厅、全国总工会办公厅、共青团中央办公厅、全国妇联办公厅
2019年7月5日	关于开展家政服务业提质扩容“领跑者”行动试点工作的通知（发改社会〔2019〕1182号）	国家发展改革委、商务部、教育部、人力资源社会保障部、全国妇联
2019年7月6日	关于完善建设用地使用权转让、出租、抵押二级市场的指导意见（国办发〔2019〕34号）	国务院办公厅
2019年7月11日	关于印发《自然资源统一确权登记暂行办法》的通知（自然资发〔2019〕116号）	自然资源部、财政部、生态环境部、水利部、国家林业和草原局
2019年7月15日	关于同意建立完善促进消费体制机制部际联席会议制度的函（国办函〔2019〕66号）	国务院办公厅
2019年7月15日	关于同意建立城镇化工作暨城乡融合发展工作部际联席会议制度的函（国办函〔2019〕67号）	国务院办公厅
2019年7月16日	关于印发修订后的《国家级森林公园总体规划审批管理办法》的通知（林场规〔2019〕1号）	国家林业和草原局
2019年7月15日	关于开展国家森林康养基地建设工作的通知（办改字〔2019〕121号）	国家林草局办公室、民政部办公厅、国家卫生健康委办公厅、国家中医药局办公室
2019年7月25日	关于开展老年护理需求评估和规范服务工作的通知（国卫医发〔2019〕48号）	国家卫生健康委员会、中国银行保险监督管理委员会、国家中医药管理局
2019年7月26日	关于加强医疗护理员培训和规范管理工作的通知（国卫医发〔2019〕49号）	国家卫生健康委员会、财政部、人力资源和社会保障部、国家市场监督管理总局、国家中医药管理局
2019年7月26日	关于印发基本公共卫生服务等5项补助资金管理办法的通知（财社〔2019〕113号）	财政部、国家卫生健康委、国家医疗保障局、国家中医药管理局
2019年7月27日	关于同意建立养老服务部际联席会议制度的函（国办函〔2019〕74号）	国务院办公室
2019年8月1日	关于促进平台经济规范健康发展的指导意见（国办发〔2019〕38号）	国务院办公厅
2019年8月1日	关于印发全国深化“放管服”改革优化营商环境电视电话会议重点任务分工方案的通知（国办发〔2019〕39号）	国务院办公厅
2019年8月10日	关于印发体育强国建设纲要的通知（国办发〔2019〕40号）	国务院办公厅

续表

发文日期	文件名称（文号）	发文机关
2019年8月12日	关于进一步激发文化和旅游消费潜力的意见（国办发〔2019〕41号）	国务院办公厅
2019年8月16日	关于加快发展流通促进商业消费的意见（国办发〔2019〕42号）	国务院办公厅
2019年8月21日	关于实施特困人员供养服务设施（敬老院）改造提升工程的意见（民发〔2019〕80号）	民政部、发展改革委、财政部
2019年8月26日	中华人民共和国主席令（第三十二号）	中共中央、国务院
2019年8月28日	关于确定第四批中央财政支持开展居家和社区养老服务改革试点地区的通知（民函〔2019〕88号）	民政部、财政部
2019年8月28日	关于印发《促进健康产业高质量发展行动纲要（2019—2022年）》的通知（发改社会〔2019〕1427号）	国家发展改革委、教育部、科技部、工业和信息化部、民政部、财政部、人力资源社会保障部、自然资源部、生态环境部、住房城乡建设部、商务部、文化和旅游部、国家卫生健康委、人民银行、税务总局、市场监管总局、体育总局、银保监会、医疗保障局、中医药局、药品监管局
2019年8月29日	关于开展中国美丽休闲乡村推介活动的通知（农办产〔2019〕9号）	农业农村部办公厅
2019年8月29日	关于开展家政服务领域信用建设专项行动的通知（发改办社会〔2019〕878号）	国家发展改革委办公厅、商务部办公厅、公安部办公厅、人民银行办公厅、税务总局办公厅、市场监管总局办公厅、银保监会办公厅
2019年8月30日	关于做好2019年基本公共卫生服务项目工作的通知（国卫基层发〔2019〕52号）	国家卫生健康委、财政部、国家中医药局
2019年8月30日	关于印发《深化新时代职业教育“双师型”教师队伍建设改革实施方案》的通知（教师〔2019〕6号）	教育部、国家发展改革委、财政部、人力资源社会保障部
2019年9月4日	关于促进全民健身和体育消费推动体育产业高质量发展的意见（国办发〔2019〕43号）	国务院办公厅
2019年9月4日	关于编报社会服务兜底工程（养老服务领域）2020年中央预算内投资项目计划建议的通知（发改办社会〔2019〕889号）	国家发展改革委办公厅、民政部办公厅、退役军人事务部办公厅
2019年9月5日	关于进一步加强特困人员供养服务设施（敬老院）管理有关工作的通知（民发〔2019〕83号）	民政部、财政部、人力资源社会保障部
2019年9月5日	关于提升社会办医疗机构管理能力和医疗质量安全水平的通知（国卫医发〔2019〕55号）	国家卫生健康委员会、国家中医药管理局
2019年9月5日	关于教育支持社会服务产业发展 提高紧缺人才培养培训质量的意见（教职成厅〔2019〕3号）	教育部办公厅、国家发展改革委办公厅、民政部办公厅、国家中医药局办公室、全国妇联办公厅
2019年9月10日	关于全面推开划转部分国有资本充实社保基金工作的通知（财资〔2019〕49号）	财政部、人力资源社会保障部、国资委、税务总局、证监会
2019年9月16日	关于完善城乡居民高血压糖尿病门诊用药保障机制的指导意见（医保发〔2019〕54号）	国家医疗保障局、财政部、国家卫生健康委、国家药监局
2019年9月17日	关于以“多规合一”为基础推进规划用地“多审合一、多证合一”改革的通知（自然资规〔2019〕2号）	自然资源部

续表

发文日期	文件名称（文号）	发文机关
2019 年 9 月 17 日	关于印发阿尔茨海默病预防与干预核心信息的通知（国卫办老龄函〔2019〕738 号）	国家卫生健康委办公厅
2019 年 9 月 19 日	关于促进在线教育健康发展的指导意见（教发〔2019〕11 号）	教育部、中央网信办、国家发展改革委、工业和信息化部、公安部、财政部、中国人民银行、市场监管总局、中国银保监会、中国证监会、国家知识产权局
2019 年 9 月 20 日	关于进一步扩大养老服务供给 促进养老服务消费的实施意见（民发〔2019〕88 号）	民政部
2019 年 9 月 23 日	关于公布首批全国职业教育教师企业实践基地名单的通知（教师函〔2019〕9 号）	教育部、国家发展改革委、工业和信息化部、国务院国资委
2019 年 9 月 25 日	关于印发国家产教融合建设试点实施方案的通知（发改社会〔2019〕1558 号）	国家发展改革委、教育部、工业和信息化部、财政部、人力资源社会保障部、国资委
2019 年 9 月 29 日	关于同意建立促进家政服务业提质扩容部际联席会议制度的函（国办函〔2019〕104 号）	国务院办公厅
2019 年 9 月 30 日	关于积极稳妥开展农村闲置宅基地和闲置住宅盘活利用工作的通知（农经发〔2019〕4 号）	农业农村部
2019 年 10 月 20 日	关于促进中医药传承创新发展的意见	中共中央、国务院
2019 年 10 月 23 日	关于深入推进医养结合发展的若干意见（国卫老龄发〔2019〕60 号）	国家卫生健康委、民政部、国家发展改革委、教育部、财政部、人力资源社会保障部、自然资源部、住房城乡建设部、市场监管总局、国家医保局、国家中医药局、全国老龄办
2019 年 10 月 28 日	关于建立完善老年健康服务体系的指导意见（国卫老龄发〔2019〕61 号）	国家卫生健康委、国家发展改革委、教育部、民政部、财政部、人力资源社会保障部、国家医保局、国家中医药局
2019 年 10 月 30 日	关于印发诊所改革试点地区诊所基本标准（2019 年修订版）的通知（国卫办医函〔2019〕802 号）	国家卫生健康委办公厅
2019 年 10 月 31 日	关于开展第七次全国人口普查的通知（国发〔2019〕24 号）	国务院
2019 年 11 月 10 日	关于推动先进制造业和现代服务业深度融合发展的实施意见（发改产业〔2019〕1762 号）	国家发展改革委、工业和信息化部、中央网信办、教育部、财政部、人力资源社会保障部、自然资源部、商务部、人民银行、市场监管总局、统计局、版权局、银保监会、证监会、知识产权局
2019 年 11 月 15 日	关于开展加速康复外科试点工作的通知（国卫办医函〔2019〕833 号）	国家卫生健康委办公厅
2019 年 11 月 24 日	关于改善节假日旅游出行环境促进旅游消费的实施意见（发改社会〔2019〕1822 号）	国家发展改革委、中央组织部、教育部、公安部、人力资源社会保障部、交通运输部、文化和旅游部、全国总工会、中国气象局
2019 年 11 月 26 日	关于印发老年医学科建设与管理指南（试行）的通知（国卫办医函〔2019〕855 号）	国家卫生健康委办公厅
2019 年 11 月 26 日	关于印发《养老服务质量信息公开标准指引》的通知（民办函〔2019〕137 号）	民政部办公厅

续表

发文日期	文件名称（文号）	发文机关
2019 年 11 月 27 日	关于加强规划和用地保障支持养老服务发展的指导意见（自然资规〔2019〕3 号）	自然资源部
2019 年 12 月 3 日	关于建立政务服务“好差评”制度提高政务服务水平的意见（国办发〔2019〕51 号）	国务院办公厅
2019 年 12 月 4 日	关于营造更好发展环境支持民营企业改革发展的意见	中共中央、国务院
2019 年 12 月 5 日	关于印发老年护理专业护士培训大纲（试行）和老年护理实践指南（试行）的通知（国卫办医函〔2019〕898 号）	国家卫生健康委办公厅、国家中医药管理局办公室
2019 年 12 月 5 日	关于加强老年护理服务工作的通知（国卫办医发〔2019〕22 号）	国家卫生健康委办公厅、国家中医药管理局办公室
2019 年 12 月 6 日	关于促进“互联网＋社会服务”发展的意见（发改高技〔2019〕1903 号）	国家发展改革委、教育部、民政部、商务部、文化和旅游部、卫生健康委、体育总局
2019 年 12 月 6 日	关于服务全民终身学习 促进现代远程教育试点高校网络教育高质量发展有关工作的通知（教职成厅〔2019〕8 号）	教育部办公厅
2019 年 12 月 13 日	关于整顿规范住房租赁市场秩序的意见（建房规〔2019〕10 号）	住房和城乡建设部、国家发展改革委、公安部、市场监管总局、银保监会、国家网信办
2019 年 12 月 16 日	关于公布第三批智慧健康养老应用试点示范名单的通告（工信部联电子函〔2019〕415 号）	工业和信息化部、民政部、国家卫生健康委员会
2019 年 12 月 18 日	关于印发《民办养老机构消防安全达标提升工程实施方案》的通知（民发〔2019〕126 号）	民政部、财政部、住房和城乡建设部、应急管理部
2019 年 12 月 23 日	关于印发医养结合机构服务指南（试行）的通知（国卫办老龄发〔2019〕24 号）	国家卫生健康委办公厅、民政部办公厅、国家中医药管理局办公室
2019 年 12 月 26 日	中华人民共和国外商投资法实施条例 中华人民共和国国务院令（第 723 号）	国务院
2019 年 12 月 28 日	中华人民共和国基本医疗卫生与健康促进法 中华人民共和国主席令（第三十八号）	中共中央
2019 年 12 月 28 日	中华人民共和国森林法中华人民共和国主席令（第三十九号）	中共中央
2019 年 12 月 30 日	关于推动银行业和保险业高质量发展的指导意见（银保监发〔2019〕52 号）	中国银保监会
2019 年 12 月 31 日	关于确定首批老年健康西部行项目点的通知（国卫办老龄函〔2019〕930 号）	国家卫生健康委办公厅
2019 年 12 月 31 日	印发《关于促进老年用品产业发展的指导意见》的通知（工信部联消费〔2019〕292 号）	工业和信息化部、民政部、国家卫生健康委员会、国家市场监督管理总局、全国老龄工作委员会办公室
2020 年		
2020 年 1 月 23 日	关于促进社会服务领域商业保险发展的意见（银保监发〔2020〕4 号）	中国银保监会、发展改革委、教育部、民政部、司法部、财政部、人力资源社会保障部、自然资源部、住房城乡建设部、商务部、卫生健康委、税务总局、医保局
2020 年 2 月 12 日	关于确定第五批中央财政支持开展居家和社区养老服务改革试点地区的通知（民函〔2020〕13 号）	民政部、财政部

续表

发文日期	文件名称（文号）	发文机关
2020年2月13日	关于印发《2020年乡村产业工作要点》的通知（农办产〔2020〕1号）	农业农村部办公厅
2020年2月14日	关于印发《养老服务体系建设中央补助激励支持实施办法》（2020年修订版）的通知（发改社会〔2020〕227号）	国家发展改革委、民政部、财政部
2020年2月20日	关于阶段性减免企业社会保险费的通知（人社部发〔2020〕11号）	人力资源社会保障部、财政部、税务总局
2020年2月25日	关于贯彻落实阶段性减免企业社会保险费政策的通知（税总函〔2020〕33号）	国家税务总局
2020年2月28日	关于促进消费扩容提质加快形成强大国内市场的实施意见（发改就业〔2020〕293号）	国家发展改革委、中央宣传部、教育部、工业和信息化部、公安部、民政部、财政部、人力资源社会保障部、自然资源部、生态环境部、住房城乡建设部、交通运输部、农业农村部、商务部、文化和旅游部、卫生健康委、人民银行、海关总署、税务总局、市场监管总局、广电总局、体育总局、证监会
2020年3月1日	关于授权和委托用地审批权的决定（国发〔2020〕4号）	国务院
2020年3月6日	关于贯彻落实《国务院关于授权和委托用地审批权的决定》的通知（自然资规〔2020〕1号）	自然资源部
2020年3月26日	关于开展社会服务领域双创带动就业示范工作的通知（发改办高技〔2020〕244号）	国家发展改革委办公厅
2020年3月27日	关于开展志愿服务促进中小企业发展的指导意见（工信厅联企业〔2020〕12号）	工业和信息化部办公厅、民政部办公厅
2020年4月3日	关于及时调整完善疫情防控策略 有序恢复养老机构服务秩序的指导意见（民电〔2020〕52号）	民政部办公厅
2020年4月3日	关于印发《2020年新型城镇化建设和城乡融合发展重点任务》的通知（发改规划〔2020〕532号）	国家发展改革委
2020年4月7日	关于发挥“银税互动”作用助力小微企业复工复产的通知（税总办发〔2020〕10号）	国家税务总局办公厅、中国银行保险监督管理委员会办公厅
2020年4月7日	《关于推进“上云用数赋智”行动 培育新经济发展实施方案》的通知（发改高技〔2020〕552号）	国家发展改革委、中央网信办
2020年4月13日	关于印发《社会资本投资农业农村指引》的通知（农办计财〔2020〕11号）	农业农村部办公厅
2020年4月22日	关于做好2020年养老院服务质量建设专项行动工作的通知（民发〔2020〕46号）	民政部、住房城乡建设部、国家卫生健康委、应急管理部、市场监管总局
2020年5月5日	关于对2019年落实有关重大政策措施真抓实干成效明显地方予以督查激励的通报（国办发〔2020〕9号）	国务院办公厅
2020年5月11日	关于新时代加快完善社会主义市场经济体制的意见	中共中央、国务院
2020年5月13日	关于开展公办养老机构改革试点工作总结 推广公办养老机构改革典型经验的通知（民办函〔2020〕57号）	民政部办公厅、国家发展改革委办公厅
2020年5月14日	关于加快宅基地和集体建设用地使用权确权登记工作的通知（自然资发〔2020〕84号）	自然资源部

续表

发文日期	文件名称（文号）	发文机关
2020 年 5 月 17 日	关于新时代推进西部大开发形成新格局的指导意见	中共中央、国务院
2020 年 6 月 2 日	关于公布国家森林康养基地（第一批）名单的通知（办改字〔2020〕53 号）	国家林草局办公室、民政部办公厅、国家卫生健康委办公厅、国家中医药局办公室
2020 年 6 月 3 日	关于进一步规范林权类不动产登记做好林权登记与林业管理衔接的通知（自然资办发〔2020〕31 号）	自然资源部办公厅、国家林业和草原局办公室
2020 年 6 月 12 日	关于做好 2020 年基本公共卫生服务项目工作的通知（国卫基层发〔2020〕9 号）	国家卫生健康委、财政部、国家中医药局
2020 年 6 月 22 日	关于延长阶段性减免企业社会保险费政策实施期限等问题的通知（人社部发〔2020〕49 号）	人力资源社会保障部、财政部、税务总局

康养城市湖北省宜昌市支持康养发展的政策目录

发文日期	文件名称（文号）	发文部门
宜昌市		
2016 年 4 月	关于加快发展体育产业促进体育消费的实施意见（宜府发〔2016〕12 号）	宜昌市人民政府
2016 年 5 月	关于印发宜昌市旅游标准化工作管理办法的通知（宜府办发〔2016〕28 号）	宜昌市人民政府
2016 年 6 月	关于印发宜昌市加强基层卫生服务能力建设实施方案等“互联网 + 分级诊疗”惠民医疗服务配套方案的通知（宜府办发〔2016〕37 号）	宜昌市人民政府
2016 年 7 月	关于加强城区全民健身设施建设与管理的意见（宜府办发〔2016〕55 号）	宜昌市人民政府
2016 年 9 月	关于成立宜昌市康养产业发展工作领导小组的通知（宜府办文〔2016〕44 号）	宜昌市人民政府
2016 年 10 月	关于印发宜昌市区域卫生发展规划（2016—2020 年）的通知（宜府办发〔2016〕73 号）	宜昌市人民政府
2017 年 10 月	关于印发宜昌市千亿旅游产业三年行动计划（2017—2019 年）的通知（宜府办发〔2017〕75 号）	宜昌市人民政府
2017 年 10 月	关于印发宜昌市仿制药质量和疗效一致性评价工作扶持办法的通知（宜府办发〔2017〕76 号）	宜昌市人民政府
2018 年 2 月	关于进一步完善药品生产流通使用政策的实施意见（宜府办发〔2018〕21 号）	宜昌市人民政府
2018 年 6 月	关于印发宜昌市健康城市建设规划（2018—2020 年）的通知（宜府办发〔2018〕61 号）	宜昌市人民政府
2018 年 7 月	关于印发宜昌市推进县域医疗共同体建设实施方案的通知（宜府办发〔2018〕66 号）	宜昌市人民政府
2018 年 8 月	关于推进医疗卫生与养老服务相结合的实施方案的通知（宜府办发〔2018〕66 号）	宜昌市人民政府
2018 年 8 月	关于支持社会力量提供多层次多样化医疗服务的实施方案的通知（宜府办发〔2018〕75 号）	宜昌市人民政府
2018 年 9 月	关于印发宜昌市居家和社区养老服务改革试点实施方案的通知（宜府办发〔2018〕81 号）	宜昌市人民政府
2018 年 10 月	宜昌林业特色产业发展三年行动计划（2018—2020）	宜昌市发改委
2018 年 12 月	关于进一步激发社会领域投资活力实施方案的通知（宜府办发〔2018〕90 号）	宜昌市人民政府

续表

发文日期	文件名称（文号）	发文部门
2018 年 12 月	关于印发宜昌市建立现代医院管理制度实施方案的通知（宜府办发〔2018〕91 号）	宜昌市人民政府
2018 年 12 月	关于印发宜昌市深化医药卫生体制改革重点工作任务的通知（宜府办发〔2018〕92 号）	宜昌市人民政府
2018 年 12 月	关于进一步推进职业教育发展的意见（宜府发〔2018〕26 号）	宜昌市人民政府
2018 年 12 月	关于印发宜昌市改革完善全科医生培养与使用激励机制实施方案的通知（宜府办发〔2018〕93 号）	宜昌市人民政府
2018 年 12 月	关于全面放开养老服务市场提升养老服务质量的实施意见（宜府办发〔2018〕94 号）	宜昌市人民政府
2019 年 1 月	关于印发宜昌市进一步深化基层医疗卫生机构综合改革实施方案的通知（宜府办发〔2019〕2 号）	宜昌市人民政府
2019 年 1 月	关于促进中医药振兴发展的实施意见（宜府发〔2019〕1 号）	宜昌市人民政府
2019 年 8 月 30 日	三峡（宜昌）康养产业试验区发展规划（2019—2023 年）	宜昌市人民政府

地方政府支持康养产业发展的代表性政策

地方政府支持康养产业发展的代表性政策目录（部分）		
发文日期	文件名称（文号）	发文部门
2014 年 1 月 20 日	中国阳光康养旅游城市发展规划（2012—2020 年）	攀枝花人民政府
2018 年 7 月 6 日	关于建设综合康养产业区实施意见（同政办发〔2018〕108 号）	大同市人民政府
2019 年 5 月 13 日	关于印发海南省康养产业发展规划（2019—2025 年）的通知	海南省卫生健康委员会、海南省发展和改革委员会
2019 年 12 月 20 日	关于实施点状供地助力乡村产业振兴的通知	广东省自然资源厅
2020 年 2 月 26 日	关于加快推进森林康养产业发展的意见	福建省林业局、福建省民政厅、福建省卫生健康委员会、福建省总工会、福建省医疗保障局
2020 年 3 月 10 日	关于加快生态康养产业发展的指导意见（安政发〔2020〕6 号）	安康市人民政府
部分省级政府“点状供地”政策		
2019 年 7 月 1 日	关于印发规范实施“点状用地”助推乡村振兴指导意见（试行）的通知（川自然资规〔2019〕2 号）	四川省自然资源厅
2019 年 12 月 20 日	关于实施点状供地助力乡村产业振兴的通知 粤自然资规字〔2019〕7 号	广东省自然资源厅
2019 年 12 月 31 日	关于实施点状供地助推乡村振兴的通知（桂自然资规〔2019〕12 号）	广西壮族自治区自然资源厅
2020 年 4 月 17 日	关于实施点状用地制度的意见 琼自然资规〔2020〕3 号	海南省自然资源和规划厅

参考文献

第一章

[1] 国务院 .“健康中国 2030”规划纲要 [EB/OL]. http://www.gov.cn/zhengce/2016-10/25/content_5124174.htm，2016-10-25.

[2] 国家中医药管理局 . 关于促进森林康养产业发展的意见 [EB/OL]. http://bgs.satcm.gov.cn/zhengcewenjian/2019-03-20/9349. html，2019-03-06.

[3] 民政部 . 关于国家森林康养基地（第一批）名单的公示 [EB/OL]. http://www.mca.gov.cn/article/xw/tzgg/202003/20200300025698.shtml，2020-03-16.

[4] 程希平 , 陈鑫峰 , 叶文 , 赵敏燕 , 李舒雅 . 日本森林体验的发展及启示 [J]. 世界林业研究 , 2015, 28（02）: 75–80.

[5] 程希平 . 森林旅游怎样为林区扶贫提供助力？[N]. 中国绿色时报 , 2016-03–29（A04）.

[6] 程希平 , 陈鑫峰 , 沈超 , 赵敏燕 , 马月伟 , 李小龙 . 森林养生基地建设的探索与实践 [J]. 林业经济问题 , 2015, 35（06）: 548–553.

[7] 程希平 , 董李勤 , 巩合德 , 陈鑫峰 . 森林体验基地建设的模式与路径探究 [J]. 林业资源管理 , 2016（02）: 25–29.

[8] 程希平，陈鑫峰．我国的森林养生事业该如何发展：关于森林养生的发展与探索 [N]．中国绿色时报，2016–01–05（A4）.

[9] 郭海增 , 邢万明 , 潘献涛 . 生态养老的现状分析 [J]. 当代经济 , 2016（25）: 104–105.

[10] 邓三龙 . 森林康养的理论研究与实践 [J]. 世界林业研究 , 2016, 29（06）: 1–6.

[11] 杨国亭，李玉宝，韩笑．论森林与人类健康 [J]. 防护林科技，2017（06）：1–3+9.

[12] 刘照，王屏．国内外森林康养研究进展 [J]. 湖北林业科技，2017, 46（05）：53–58.

[13] 吴后建，但新球，刘世好，舒勇，曹虹，黄琰，卢立．森林康养：概念内涵、产品类型和发展路径 [J]. 生态学杂志，2018, 37（07）：2159–2169.

[14] 崔萌．发展森林康养产业的现实意义及策略探析 [J]. 现代园艺，2018（22）：21.

[15] 张胜军．国外森林康养业发展及启示 [J]. 中国林业产业，2018（05）：76–80.

[16] 张洋，林楠，吴成亮．我国森林康养产业的供需前景分析 [J]. 中南林业科技大学学报（社会科学版），2019, 13（01）：89–95.

[17] 高丹丹，王姝雅，刘鹏，李顺龙．消费者对森林康养产品购买意愿研究 [J]. 林业经济，2019, 41（03）：27–32.

[18] 刘芳，王梦迪，刘婷婷，张露馨．生态养老产业与乡村振兴融合发展综述 [J]. 中国市场，2019（32）：17–20.

[19] 张宝红．基于发展森林生态康养新业态的思考 [J]. 中国林业经济，2019（05）：87–88.

第二章

[1] 李强．特色小镇是浙江创新发展的战略选择 [J]. 中国经贸导刊，2016（04）.

[2] 唐慧．国内特色小镇研究综述 [J]. 湖北经济学院学报．2018（03）.

[3] 赵佩佩，丁元．浙江省特色小镇创建及其规划设计特点剖析 [J]. 规划师，2016（12）：57-62.

[4] 朱建刚．德国森林体验教育与森林疗养考察 [J]. 国土绿化，2017（02）：42–45.

[5] 苏乃坤．立足秦岭生态优势发展养老养生产业［J］. 产业与科技论坛，2013（24）：33–34.

[6] 何莽．中国康养产业发展报告（2017）[M]. 北京：社会科学文献出版社，2017.

[7] 刘纹卉，刘彦平．云南森林康养产业发展探析 [J]. 西南林业大学学报（社

会科学）, 2019, 3（06）: 85–89.

第三章

[1] 廖敏 . 生态养老社区养老模式的建设与思考 [J]. 邢台学院学报，2014，29（03）.

[2] 中健联盟研究中心 . 生态养老、森林康养是大健康产业最好的发展方向 [DB/OL]. http://www.jkyl.org.cn/index.php?a=show&c=index&catid=9&id=6215&m=-content，2017-09-06.

[3] 徐珊 . 湖北省生态养老产业发展现状与问题分析 [J]. 南方农业，2016，10（09）.